KUBIKTABELLE
für Rundholz
nach Mittendurchmesser

DRW-Verlag

ISBN 3-87181-079-7
ISBN 978-3-87181-079-4

20. Auflage 2022

Leinfelden-Echterdingen
Druck:
DCC Kästl
Ostfildern
Best.-Nr. 079

Vorwort

Um den vielseitigen Bedürfnissen der Forst- und Holzwirtschaft gerecht zu werden, wurde die vorliegende, stark erweiterte und handlich gestaltete Rundholz-Kubiktabelle ausgearbeitet, die nicht nur den Anforderungen der Forstwirtschaft, des Rundholzhandels und der Sägeindustrie, sondern auch den Ansprüchen der Furnier- und Sperrholzindustrie entspricht. Die Tabelle ist auf die Mittendurchmesser von 5 –100 cm und die Längen von 0,10 bis 30 m (teils von 10 zu 10 cm, teils sogar von 5 zu 5 cm ansteigend) aufgebaut, und die Kubikinhaltszahlen sind auf 3 Dezimalstellen ausgerechnet. So lassen sich anhand der übersichtlichen Tabelle ebenso dünnste Stämme wie überdimensionale Hölzer schnell und genau kubieren.

DRW-Verlag

Mittendurchmesser 5 cm = 15,71 Mittenumfang

Lg. m	cbm	Lg. m	cbm	Lg. m	cbm	Lg. m	cbm
0,10	0,000196	3,10	0,006	6,10	0,012	9,10	0,018
20	0,000393	20	0,006	20	0,012	20	0,018
25	0,000491	25	0,006	25	0,012	25	0,018
30	0,000589	30	0,006	30	0,012	30	0,018
40	0,000785	40	0,007	40	0,013	40	0,018
50	0,000982	50	0,007	50	0,013	50	0,019
60	0,001178	60	0,007	60	0,013	60	0,019
70	0,001374	70	0,007	70	0,013	70	0,019
75	0,001473	75	0,007	75	0,013	75	0,019
80	0,001571	80	0,007	80	0,013	80	0,019
90	0,001767	90	0,008	90	0,014	90	0,019
1,00	0,001963	4,00	0,008	7,00	0,014	10,00	0,020
10	0,002	10	0,008	10	0,014	10	0,020
20	0,002	20	0,008	20	0,014	20	0,020
25	0,002	25	0,008	25	0,014	25	0,020
30	0,003	30	0,008	30	0,014	30	0,020
40	0,003	40	0,009	40	0,015	40	0,020
50	0,003	50	0,009	50	0,015	50	0,021
60	0,003	60	0,009	60	0,015	60	0,021
70	0,003	70	0,009	70	0,015	70	0,021
75	0,003	75	0,009	75	0,015	75	0,021
80	0,004	80	0,009	80	0,015	80	0,021
90	0,004	90	0,010	90	0,016	90	0,021
2,00	0,004	5,00	0,010	8,00	0,016	11,00	0,022
10	0,004	10	0,010	10	0,016	10	0,022
20	0,004	20	0,010	20	0,016	20	0,022
25	0,004	25	0,010	25	0,016	25	0,022
30	0,005	30	0,010	30	0,016	30	0,022
40	0,005	40	0,011	40	0,016	40	0,022
50	0,005	50	0,011	50	0,017	50	0,023
60	0,005	60	0,011	60	0,017	60	0,023
70	0,005	70	0,011	70	0,017	70	0,023
75	0,005	75	0,011	75	0,017	75	0,023
80	0,005	80	0,011	80	0,017	80	0,023
90	0,006	90	0,012	90	0,017	90	0,023
3,00	0,006	6,00	0,012	9,00	0,018	12,00	0,024

Mittendurchmesser 6 cm = 18,85 Mittenumfang

Lg. m	cbm	Lg. m	cbm	Lg. m	cbm	Lg. m	cbm
0,10	0,000282	3,10	0,009	6,10	0,017	9,10	0,026
20	0,000565	20	0,009	20	0,018	20	0,026
25	0,000707	25	0,009	25	0,018	25	0,026
30	0,000848	30	0,009	30	0,018	30	0,026
40	0,001131	40	0,010	40	0,018	40	0,027
50	0,001414	50	0,010	50	0,018	50	0,027
60	0,001696	60	0,010	60	0,019	60	0,027
70	0,001979	70	0,010	70	0,019	70	0,027
75	0,002121	75	0,011	75	0,019	75	0,028
80	0,002262	80	0,011	80	0,019	80	0,028
90	0,002545	90	0,011	90	0,020	90	0,028
1,00	0,002827	4,00	0,011	7,00	0,020	10,00	0,028
10	0,003	10	0,012	10	0,020	10	0,029
20	0,003	20	0,012	20	0,020	20	0,029
25	0,004	25	0,012	25	0,020	25	0,029
30	0,004	30	0,012	30	0,021	30	0,029
40	0,004	40	0,012	40	0,021	40	0,029
50	0,004	50	0,013	50	0,021	50	0,030
60	0,005	60	0,013	60	0,021	60	0,030
70	0,005	70	0,013	70	0,022	70	0,030
75	0,005	75	0,013	75	0,022	75	0,030
80	0,005	80	0,014	80	0,022	80	0,031
90	0,005	90	0,014	90	0,022	90	0,031
2,00	0,006	5,00	0,014	8,00	0,023	11,00	0,031
10	0,006	10	0,014	10	0,023	10	0,031
20	0,006	20	0,015	20	0,023	20	0,032
25	0,006	25	0,015	25	0,023	25	0,032
30	0,007	30	0,015	30	0,023	30	0,032
40	0,007	40	0,015	40	0,024	40	0,032
50	0,007	50	0,016	50	0,024	50	0,033
60	0,007	60	0,016	60	0,024	60	0,033
70	0,008	70	0,016	70	0,025	70	0,033
75	0,008	75	0,016	75	0,025	75	0,033
80	0,008	80	0,016	80	0,025	80	0,033
90	0,008	90	0,017	90	0,025	90	0,034
3,00	0,008	6,00	0,017	9,00	0,025	12,00	0,034

Mittendurchmesser 7 cm = 21,99 Mittenumfang

Lg. m	cbm	Lg. m	cbm	Lg. m	cbm	Lg. m	cbm
0,10	0,0003	**3,10**	0,012	**6,10**	0,023	**9,10**	0,035
20	0,001	**20**	0,012	**20**	0,024	**20**	0,035
25	0,001	**25**	0,013	**25**	0,024	**25**	0,036
30	0,001	**30**	0,013	**30**	0,024	**30**	0,036
40	0,002	**40**	0,013	**40**	0,025	**40**	0,036
50	0,002	**50**	0,013	**50**	0,025	**50**	0,037
60	0,002	**60**	0,014	**60**	0,025	**60**	0,037
70	0,003	**70**	0,014	**70**	0,026	**70**	0,037
75	0,003	**75**	0,014	**75**	0,026	**75**	0,038
80	0,003	**80**	0,015	**80**	0,026	**80**	0,038
90	0,004	**90**	0,015	**90**	0,027	**90**	0,038
1,00	0,004	**4,00**	0,015	**7,00**	0,027	**10,00**	0,038
10	0,004	**10**	0,016	**10**	0,027	**10**	0,039
20	0,005	**20**	0,016	**20**	0,028	**20**	0,039
25	0,005	**25**	0,016	**25**	0,028	**25**	0,040
30	0,005	**30**	0,017	**30**	0,028	**30**	0,040
40	0,005	**40**	0,017	**40**	0,028	**40**	0,040
50	0,006	**50**	0,017	**50**	0,029	**50**	0,040
60	0,006	**60**	0,018	**60**	0,029	**60**	0,041
70	0,007	**70**	0,018	**70**	0,030	**70**	0,041
75	0,007	**75**	0,018	**75**	0,030	**75**	0,041
80	0,007	**80**	0,018	**80**	0,030	**80**	0,042
90	0,007	**90**	0,019	**90**	0,030	**90**	0,042
2,00	0,008	**5,00**	0,019	**8,00**	0,031	**11,00**	0,042
10	0,008	**10**	0,020	**10**	0,031	**10**	0,043
20	0,008	**20**	0,020	**20**	0,032	**20**	0,043
25	0,009	**25**	0,020	**25**	0,032	**25**	0,043
30	0,009	**30**	0,020	**30**	0,032	**30**	0,044
40	0,009	**40**	0,021	**40**	0,032	**40**	0,044
50	0,010	**50**	0,021	**50**	0,033	**50**	0,044
60	0,010	**60**	0,022	**60**	0,033	**60**	0,045
70	0,010	**70**	0,022	**70**	0,033	**70**	0,045
75	0,011	**75**	0,022	**75**	0,034	**75**	0,045
80	0,011	**80**	0,022	**80**	0,034	**80**	0,045
90	0,011	**90**	0,023	**90**	0,034	**90**	0,046
3,00	0,012	**6,00**	0,023	**9,00**	0,035	**12,00**	0,046

Mittendurchmesser 8 cm = 25,13 Mittenumfang

Lg. m	cbm	Lg. m	cbm	Lg. m	cbm	Lg. m	cbm
0,10	0,001	**3,10**	0,016	**6,10**	0,031	**9,10**	0,046
20	0,001	**20**	0,016	**20**	0,031	**20**	0,046
25	0,001	**25**	0,016	**25**	0,031	**25**	0,047
30	0,002	**30**	0,017	**30**	0,032	**30**	0,047
40	0,002	**40**	0,017	**40**	0,032	**40**	0,047
50	0,003	**50**	0,018	**50**	0,033	**50**	0,048
60	0,003	**60**	0,018	**60**	0,033	**60**	0,048
70	0,004	**70**	0,019	**70**	0,034	**70**	0,049
75	0,004	**75**	0,019	**75**	0,034	**75**	0,049
80	0,004	**80**	0,019	**80**	0,034	**80**	0,049
90	0,005	**90**	0,020	**90**	0,035	**90**	0,050
1,00	0,005	**4,00**	0,020	**7,00**	0,035	**10,00**	0,050
10	0,006	**10**	0,021	**10**	0,036	**10**	0,051
20	0,006	**20**	0,021	**20**	0,036	**20**	0,051
25	0,006	**25**	0,021	**25**	0,037	**25**	0,052
30	0,007	**30**	0,022	**30**	0,037	**30**	0,052
40	0,007	**40**	0,022	**40**	0,037	**40**	0,052
50	0,008	**50**	0,023	**50**	0,038	**50**	0,053
60	0,008	**60**	0,023	**60**	0,038	**60**	0,053
70	0,009	**70**	0,024	**70**	0,039	**70**	0,054
75	0,009	**75**	0,024	**75**	0,039	**75**	0,054
80	0,009	**80**	0,024	**80**	0,039	**80**	0,054
90	0,010	**90**	0,025	**90**	0,040	**90**	0,055
2,00	0,010	**5,00**	0,025	**8,00**	0,040	**11,00**	0,055
10	0,011	**10**	0,626	**10**	0,041	**10**	0,056
20	0,011	**20**	0,026	**20**	0,041	**20**	0,056
25	0,011	**25**	0,026	**25**	0,042	**25**	0,057
30	0,012	**30**	0,027	**30**	0,042	**30**	0,057
40	0,012	**40**	0,027	**40**	0,042	**40**	0,057
50	0,013	**50**	0,028	**50**	0,043	**50**	0,058
60	0,013	**60**	0,028	**60**	0,043	**60**	0,058
70	0,014	**70**	0,029	**70**	0,044	**70**	0,059
75	0,014	**75**	0,029	**75**	0,044	**75**	0,059
80	0,014	**80**	0,029	**80**	0,044	**80**	0,059
90	0,015	**90**	0,030	**90**	0,045	**90**	0,060
3,00	0,015	**6,00**	0,030	**9,00**	0,045	**12,00**	0,060

Mittendurchmesser 9 cm = 28,27 Mittenumfang

Lg. m	cbm	Lg. m	cbm	Lg. m	cbm	Lg. m	cbm
0,10	0,001	**3,10**	0,020	**6,10**	0,039	**9,10**	0,058
20	0,001	**20**	0,020	**20**	0,039	**20**	0,059
25	0,001	**25**	0,021	**25**	0,040	**25**	0,059
30	0,002	**30**	0,021	**30**	0,040	**30**	0,059
40	0,003	**40**	0,022	**40**	0,041	**40**	0,060
50	0,003	**50**	0,022	**50**	0,041	**50**	0,060
60	0,004	**60**	0,023	**60**	0,042	**60**	0,061
70	0,004	**70**	0,024	**70**	0,043	**70**	0,062
75	0,005	**75**	0,024	**75**	0,043	**75**	0,062
80	0,005	**80**	0,024	**80**	0,043	**80**	0,062
90	0,006	**90**	0,025	**90**	0,044	**90**	0,063
1,00	0,006	**4,00**	0,025	**7,00**	0,045	**10,00**	0,064
10	0,007	**10**	0,026	**10**	0,045	**10**	0,064
20	0,008	**20**	0,027	**20**	0,046	**20**	0,065
25	0,008	**25**	0,027	**25**	0,046	**25**	0,065
30	0,008	**30**	0,027	**30**	0,046	**30**	0,066
40	0,009	**40**	0,028	**40**	0,047	**40**	0,066
50	0,010	**50**	0,029	**50**	0,048	**50**	0,067
60	0,010	**60**	0,029	**60**	0,048	**60**	0,067
70	0,011	**70**	0,030	**70**	0,049	**70**	0,068
75	0,011	**75**	0,030	**75**	0,049	**75**	0,068
80	0,011	**80**	0,031	**80**	0,050	**80**	0,069
90	0,012	**90**	0,031	**90**	0,050	**90**	0,069
2,00	0,013	**5,00**	0,032	**8,00**	0,051	**11,00**	0,070
10	0,013	**10**	0,032	**10**	0,052	**10**	0,071
20	0,014	**20**	0,033	**20**	0,052	**20**	0,071
25	0,014	**25**	0,033	**25**	0,053	**25**	0,072
30	0,015	**30**	0,034	**30**	0,053	**30**	0,072
40	0,015	**40**	0,034	**40**	0,053	**40**	0,073
50	0,016	**50**	0,035	**50**	0,054	**50**	0,073
60	0,017	**60**	0,036	**60**	0,055	**60**	0,074
70	0,017	**70**	0,036	**70**	0,055	**70**	0,074
75	0,018	**75**	0,037	**75**	0,056	**75**	0,075
80	0,018	**80**	0,037	**80**	0,056	**80**	0,075
90	0,018	**90**	0,038	**90**	0,057	**90**	0,076
3,00	0,019	**6,00**	0,038	**9,00**	0,057	**12,00**	0,076

Mittendurchmesser 10 cm = 31,42 Mittenumfang

0,10	0,001	**3,10**	0,024	**6,10**	0,048	**9,10**	0,071
20	0,002	**20**	0,025	**20**	0,049	**20**	0,072
25	0,002	**25**	0,026	**25**	0,049	**25**	0,073
30	0,002	**30**	0,026	**30**	0,049	**30**	0,073
40	0,003	**40**	0,027	**40**	0,050	**40**	0,074
50	0,004	**50**	0,027	**50**	0,051	**50**	0,075
60	0,005	**60**	0,028	**60**	0,052	**60**	0,075
70	0,005	**70**	0,029	**70**	0,053	**70**	0,076
75	0,006	**75**	0,029	**75**	0,053	**75**	0,077
80	0,006	**80**	0,030	**80**	0,053	**80**	0,077
90	0,007	**90**	0,031	**90**	0,054	**90**	0,078
1,00	0,008	**4,00**	0,031	**7,00**	0,055	**10,00**	0,079
10	0,009	**10**	0,032	**10**	0,056	**10**	0,079
20	0,009	**20**	0,033	**20**	0,057	**20**	0,080
25	0,010	**25**	0,033	**25**	0,057	**25**	0,081
30	0,010	**30**	0,034	**30**	0,057	**30**	0,081
40	0,011	**40**	0,035	**40**	0,058	**40**	0,082
50	0,012	**50**	0,035	**50**	0,059	**50**	0,082
60	0,013	**60**	0,036	**60**	0,060	**60**	0,083
70	0,013	**70**	0,037	**70**	0,060	**70**	0,084
75	0,014	**75**	0,037	**75**	0,061	**75**	0,084
80	0,014	**80**	0,038	**80**	0,061	**80**	0,085
90	0,015	**90**	0,038	**90**	0,062	**90**	0,086
2,00	0,016	**5,00**	0,039	**8,00**	0,063	**11,00**	0,086
10	0,016	**10**	0,040	**10**	0,064	**10**	0,087
20	0,017	**20**	0,041	**20**	0,064	**20**	0,088
25	0,018	**25**	0,041	**25**	0,065	**25**	0,088
30	0,018	**30**	0,042	**30**	0,065	**30**	0,089
40	0,019	**40**	0,042	**40**	0,066	**40**	0,090
50	0,020	**50**	0,043	**50**	0,067	**50**	0,090
60	0,020	**60**	0,044	**60**	0,068	**60**	0,091
70	0,021	**70**	0,045	**70**	0,068	**70**	0,092
75	0,022	**75**	0,045	**75**	0,069	**75**	0,092
80	0,022	**80**	0,046	**80**	0,069	**80**	0,093
90	0,023	**90**	0,046	**90**	0,070	**90**	0,093
3,00	0,024	**6,00**	0,047	**9,00**	0,071	**12,00**	0,094

Mittendurchmesser 11 cm = 34,56 Mittenumfang

Lg. m	cbm	Lg. m	cbm	Lg. m	cbm	Lg. m	cbm
0,10	0,001	6,30	0,060	12,60	0,120	18,80	0,179
20	0,002	40	0,061	70	0,121	90	0,180
25	0,002	50	0,062	75	0,121	19,00	0,181
30	0,003	60	0,063	80	0,122	10	0,182
40	0,004	70	0,064	90	0,123	20	0,182
50	0,005	75	0,064	13,00	0,124	25	0,183
60	0,006	80	0,065	10	0,125	30	0,183
70	0,007	90	0,066	20	0,125	40	0,184
75	0,007	7,00	0,067	25	0,126	50	0,185
80	0,008	10	0,067	30	0,126	60	0,186
90	0,009	20	0,068	40	0,127	70	0,187
1,00	0,010	25	0,069	50	0,128	75	0,188
10	0,010	30	0,069	60	0,129	80	0,188
20	0,011	40	0,070	70	0,130	90	0,189
25	0,012	50	0,071	75	0,131	20,00	0,190
30	0,012	60	0,072	80	0,131	20	0,192
40	0,013	70	0,073	90	0,132	40	0,194
50	0,014	75	0,074	14,00	0,133	50	0,195
60	0,015	80	0,074	10	0,134	60	0,196
70	0,016	90	0,075	20	0,135	80	0,198
75	0,017	8,00	0,076	25	0,135	21,00	0,200
80	0,017	10	0,077	30	0,136	20	0,202
90	0,018	20	0,078	40	0,137	40	0,203
2,00	0,019	25	0,078	50	0,138	50	0,204
10	0,020	30	0,079	60	0,139	60	0,205
20	0,021	40	0,080	70	0,140	80	0,207
25	0,021	50	0,081	75	0,140	22,00	0,209
30	0,022	60	0,082	80	0,141	20	0,211
40	0,023	70	0,083	90	0,142	40	0,213
50	0,024	75	0,083	15,00	0,143	50	0,214
60	0,025	80	0,084	10	0,144	60	0,215
70	0,026	90	0,085	20	0,144	80	0,217
75	0,026	9,00	0,086	25	0,145	23,00	0,219
80	0,027	10	0,086	30	0,145	20	0,221
90	0,028	20	0,087	40	0,146	40	0,222
3,00	0,029	25	0,088	50	0,147	50	0,223
10	0,029	30	0,088	60	0,148	60	0,224
20	0,030	40	0,089	70	0,149	80	0,226
25	0,031	50	0,090	75	0,150	24,00	0,228
30	0,031	60	0,091	80	0,150	20	0,230
40	0,032	70	0,092	90	0,151	40	0,232
50	0,033	75	0,093	16,00	0,152	50	0,233
60	0,034	80	0,093	10	0,153	60	0,234
70	0,035	90	0,094	20	0,154	80	0,236
75	0,036	10,00	0,095	25	0,154	25,00	0,238
80	0,036	10	0,096	30	0,155	20	0,239
90	0,037	20	0,097	40	0,156	40	0,241
4,00	0,038	25	0,097	50	0,157	50	0,242
10	0,039	30	0,098	60	0,158	60	0,243
20	0,040	40	0,099	70	0,159	80	0,245
25	0,040	50	0,100	75	0,159	26,00	0,247
30	0,041	60	0,101	80	0,160	20	0,249
40	0,042	70	0,102	90	0,161	40	0,251
50	0,043	75	0,102	17,00	0,162	50	0,252
60	0,044	80	0,103	10	0,163	60	0,253
70	0,045	90	0,104	20	0,163	80	0,255
75	0,045	11,00	0,105	25	0,164	27,00	0,257
80	0,046	10	0,106	30	0,164	20	0,258
90	0,047	20	0,106	40	0,165	40	0,260
5,00	0,048	25	0,107	50	0,166	50	0,261
10	0,048	30	0,107	60	0,167	60	0,262
20	0,049	40	0,108	70	0,168	80	0,264
25	0,050	50	0,109	75	0,169	28,00	0,266
30	0,050	60	0,110	80	0,169	20	0,268
40	0,051	70	0,111	90	0,170	40	0,270
50	0,052	75	0,112	18,00	0,171	50	0,271
60	0,053	80	0,112	10	0,172	60	0,272
70	0,054	90	0,113	20	0,173	80	0,274
75	0,055	12,00	0,114	25	0,173	29,00	0,276
80	0,055	10	0,115	30	0,174	20	0,277
90	0,056	20	0,116	40	0,175	40	0,279
6,00	0,057	25	0,116	50	0,176	50	0,280
10	0,058	30	0,117	60	0,177	60	0,281
20	0,059	40	0,118	70	0,178	80	0,283
25	0,059	50	0,119	75	0,178	30,00	0,285

Mittendurchmesser 12 cm = 37,70 Mittenumfang

Lg. m	cbm	Lg. m	cbm	Lg. m	cbm	Lg. m	cbm
0,10	0,001	**6,30**	0,071	**12,60**	0,142	**18,80**	0,212
20	0,002	**40**	0,072	**70**	0,144	**90**	0,214
25	0,003	**50**	0,074	**75**	0,144	**19,00**	0,215
30	0,003	**60**	0,075	**80**	0,145	**10**	0,216
40	0,005	**70**	0,076	**90**	0,146	**20**	0,217
50	0,006	**75**	0,076	**13,00**	0,147	**25**	0,218
60	0,007	**80**	0,077	**10**	0,148	**30**	0,218
70	0,008	**90**	0,078	**20**	0,149	**40**	0,219
75	0,009	**7,00**	0,079	**25**	0,150	**50**	0,221
80	0,009	**10**	0,080	**30**	0,150	**60**	0,222
90	0,010	**20**	0,081	**40**	0,151	**70**	0,223
1,00	0,011	**25**	0,082	**50**	0,153	**75**	0,223
10	0,012	**30**	0,083	**60**	0,154	**80**	0,224
20	0,014	**40**	0,084	**70**	0,155	**90**	0,225
25	0,014	**50**	0,085	**75**	0,155	**20,00**	0,226
30	0,015	**60**	0,086	**80**	0,156	**20**	0,228
40	0,016	**70**	0,087	**90**	0,157	**40**	0,231
50	0,017	**75**	0,088	**14,00**	0,158	**50**	0,232
60	0,018	**80**	0,088	**10**	0,159	**60**	0,233
70	0,019	**90**	0,089	**20**	0,161	**80**	0,235
75	0,020	**8,00**	0,090	**25**	0,161	**21,00**	0,237
80	0,020	**10**	0,092	**30**	0,162	**20**	0,240
90	0,021	**20**	0,093	**40**	0,163	**40**	0,242
2,00	0,023	**25**	0,093	**50**	0,164	**50**	0,243
10	0,024	**30**	0,094	**60**	0,165	**60**	0,244
20	0,025	**40**	0,095	**70**	0,166	**80**	0,246
25	0,025	**50**	0,096	**75**	0,167	**22,00**	0,249
30	0,026	**60**	0,097	**80**	0,167	**20**	0,251
40	0,027	**70**	0,098	**90**	0,168	**40**	0,253
50	0,028	**75**	0,099	**15,00**	0,170	**50**	0,254
60	0,029	**80**	0,100	**10**	0,171	**60**	0,255
70	0,031	**90**	0,101	**20**	0,172	**80**	0,258
75	0,031	**9,00**	0,102	**25**	0,172	**23,00**	0,260
80	0,032	**10**	0,103	**30**	0,173	**20**	0,262
90	0,033	**20**	0,104	**40**	0,174	**40**	0,264
3,00	0,034	**25**	0,105	**50**	0,175	**50**	0,266
10	0,035	**30**	0,105	**60**	0,176	**60**	0,267
20	0,036	**40**	0,106	**70**	0,177	**80**	0,269
25	0,037	**50**	0,107	**75**	0,178	**24,00**	0,271
30	0,037	**60**	0,109	**80**	0,179	**20**	0,274
40	0,038	**70**	0,110	**90**	0,180	**40**	0,276
50	0,040	**75**	0,110	**16,00**	0,181	**50**	0,277
60	0,041	**80**	0,111	**10**	0,182	**60**	0,278
70	0,042	**90**	0,112	**20**	0,183	**80**	0,280
75	0,042	**10,00**	0,113	**25**	0,184	**25,00**	0,283
80	0,043	**10**	0,114	**30**	0,184	**20**	0,285
90	0,044	**20**	0,115	**40**	0,185	**40**	0,287
4,00	0,045	**25**	0,116	**50**	0,187	**50**	0,288
10	0,046	**30**	0,116	**60**	0,188	**60**	0,289
20	0,048	**40**	0,118	**70**	0,189	**80**	0,292
25	0,048	**50**	0,119	**75**	0,189	**26,00**	0,294
30	0,049	**60**	0,120	**80**	0,190	**20**	0,296
40	0,050	**70**	0,121	**90**	0,191	**40**	0,298
50	0,051	**75**	0,122	**17,00**	0,192	**50**	0,300
60	0,052	**80**	0,122	**10**	0,193	**60**	0,301
70	0,053	**90**	0,123	**20**	0,194	**80**	0,303
75	0,054	**11,00**	0,124	**25**	0,195	**27,00**	0,305
80	0,054	**10**	0,125	**30**	0,196	**20**	0,307
90	0,055	**20**	0,127	**40**	0,197	**40**	0,310
5,00	0,057	**25**	0,127	**50**	0,198	**50**	0,311
10	0,058	**30**	0,128	**60**	0,199	**60**	0,312
20	0,059	**40**	0,129	**70**	0,200	**80**	0,314
25	0,059	**50**	0,130	**75**	0,201	**28,00**	0,316
30	0,060	**60**	0,131	**80**	0,201	**20**	0,319
40	0,061	**70**	0,132	**90**	0,202	**40**	0,321
50	0,062	**75**	0,133	**18,00**	0,204	**50**	0,322
60	0,063	**80**	0,133	**10**	0,205	**60**	0,323
70	0,064	**90**	0,135	**20**	0,206	**80**	0,325
75	0,065	**12,00**	0,136	**25**	0,206	**29,00**	0,328
80	0,066	**10**	0,137	**30**	0,207	**20**	0,330
90	0,067	**20**	0,138	**40**	0,208	**40**	0,332
6,00	0,068	**25**	0,138	**50**	0,209	**50**	0,333
10	0,069	**30**	0,139	**60**	0,210	**60**	0,335
20	0,070	**40**	0,140	**70**	0,211	**80**	0,337
25	0,071	**50**	0,141	**75**	0,212	**30,00**	0,339

Mittendurchmesser 13 cm = 40,84 Mittenumfang

Lg. m	cbm	Lg. m	cbm	Lg. m	cbm	Lg. m	cbm
0,10	0,001	**6,30**	0,084	**12,60**	0,168	**18,80**	0,250
20	0,003	**40**	0,085	**70**	0,169	**90**	0,251
25	0,003	**50**	0,086	**75**	0,170	**19,00**	0,252
30	0,004	**60**	0,088	**80**	0,170	**10**	0,254
40	0,005	**70**	0,089	**90**	0,172	**20**	0,255
50	0,007	**75**	0,090	**13,00**	0,173	**25**	0,256
60	0,008	**80**	0,090	**10**	0,174	**30**	0,257
70	0,009	**90**	0,092	**20**	0,176	**40**	0,258
75	0,010	**7,00**	0,093	**25**	0,176	**50**	0,259
80	0,011	**10**	0,094	**30**	0,177	**60**	0,260
90	0,012	**20**	0,096	**40**	0,178	**70**	0,262
1,00	0,013	**25**	0,096	**50**	0,179	**75**	0,262
10	0,015	**30**	0,097	**60**	0,181	**80**	0,263
20	0,016	**40**	0,098	**70**	0,182	**90**	0,264
25	0,017	**50**	0,100	**75**	0,183	**20,00**	0,265
30	0,017	**60**	0,101	**80**	0,184	**20**	0,268
40	0,019	**70**	0,102	**90**	0,185	**40**	0,270
50	0,020	**75**	0,103	**14,00**	0,186	**50**	0,272
60	0,021	**80**	0,104	**10**	0,188	**60**	0,273
70	0,023	**90**	0,105	**20**	0,189	**80**	0,276
75	0,023	**8,00**	0,106	**25**	0,190	**21,00**	0,278
80	0,024	**10**	0,108	**30**	0,190	**20**	0,281
90	0,025	**20**	0,109	**40**	0,191	**40**	0,284
2,00	0,027	**25**	0,109	**50**	0,192	**50**	0,285
10	0,028	**30**	0,110	**60**	0,194	**60**	0,286
20	0,029	**40**	0,111	**70**	0,195	**80**	0,289
25	0,030	**50**	0,113	**75**	0,196	**22,00**	0,292
30	0,031	**60**	0,114	**80**	0,197	**20**	0,294
40	0,032	**70**	0,115	**90**	0,198	**40**	0,297
50	0,033	**75**	0,116	**15,00**	0,199	**50**	0,298
60	0,035	**80**	0,117	**10**	0,201	**60**	0,300
70	0,036	**90**	0,118	**20**	0,202	**80**	0,302
75	0,037	**9,00**	0,119	**25**	0,203	**23,00**	0,305
80	0,037	**10**	0,121	**30**	0,203	**20**	0,308
90	0,038	**20**	0,122	**40**	0,205	**40**	0,310
3,00	0,040	**25**	0,123	**50**	0,206	**50**	0,311
10	0,041	**30**	0,123	**60**	0,207	**60**	0,313
20	0,042	**40**	0,125	**70**	0,209	**80**	0,315
25	0,043	**50**	0,126	**75**	0,209	**24,00**	0,318
30	0,044	**60**	0,127	**80**	0,210	**20**	0,321
40	0,045	**70**	0,129	**90**	0,211	**40**	0,323
50	0,046	**75**	0,130	**16,00**	0,212	**50**	0,325
60	0,048	**80**	0,130	**10**	0,214	**60**	0,326
70	0,049	**90**	0,131	**20**	0,215	**80**	0,329
75	0,050	**10,00**	0,133	**25**	0,216	**25,00**	0,331
80	0,050	**10**	0,134	**30**	0,217	**20**	0,334
90	0,052	**20**	0,136	**40**	0,218	**40**	0,337
4,00	0,053	**25**	0,136	**50**	0,219	**50**	0,338
10	0,054	**30**	0,137	**60**	0,221	**60**	0,339
20	0,056	**40**	0,138	**70**	0,222	**80**	0,342
25	0,057	**50**	0,139	**75**	0,223	**26,00**	0,345
30	0,057	**60**	0,141	**80**	0,223	**20**	0,347
40	0,058	**70**	0,142	**90**	0,225	**40**	0,350
50	0,060	**75**	0,143	**17,00**	0,226	**50**	0,351
60	0,061	**80**	0,144	**10**	0,227	**60**	0,353
70	0,062	**90**	0,145	**20**	0,229	**80**	0,355
75	0,063	**11,00**	0,146	**25**	0,229	**27,00**	0,358
80	0,064	**10**	0,148	**30**	0,230	**20**	0,361
90	0,065	**20**	0,149	**40**	0,231	**40**	0,363
5,00	0,066	**25**	0,150	**50**	0,232	**50**	0,365
10	0,068	**30**	0,150	**60**	0,234	**60**	0,366
20	0,069	**40**	0,152	**70**	0,235	**80**	0,369
25	0,070	**50**	0,153	**75**	0,236	**28,00**	0,371
30	0,070	**60**	0,154	**80**	0,237	**20**	0,374
40	0,072	**70**	0,155	**90**	0,238	**40**	0,377
50	0,073	**75**	0,156	**18,00**	0,239	**50**	0,378
60	0,074	**80**	0,157	**10**	0,241	**60**	0,379
70	0,076	**90**	0,158	**20**	0,242	**80**	0,382
75	0,077	**12,00**	0,159	**25**	0,243	**29,00**	0,384
80	0,077	**10**	0,161	**30**	0,243	**20**	0,387
90	0,078	**20**	0,162	**40**	0,245	**40**	0,390
6,00	0,080	**25**	0,163	**50**	0,246	**50**	0,391
10	0,081	**30**	0,164	**60**	0,247	**60**	0,392
20	0,082	**40**	0,165	**70**	0,249	**80**	0,395
25	0,083	**50**	0,166	**75**	0,249	**30,00**	0,398

Mittendurchmesser 14 cm = 43,98 Mittenumfang

Lg. m	cbm	Lg. m	cbm	Lg. m	cbm	Lg. m	cbm
0,10	0,002	6,30	0,097	12,60	0,194	18,80	0,289
20	0,003	40	0,099	70	0,196	90	0,291
25	0,004	50	0,100	75	0,196	19,00	0,292
30	0,005	60	0,102	80	0,197	10	0,294
40	0,006	70	0,103	90	0,199	20	0,295
50	0,008	75	0,104	13,00	0,200	25	0,296
60	0,009	80	0,105	10	0,202	30	0,297
70	0,011	90	0,106	20	0,203	40	0,299
75	0,012	7,00	0,108	25	0,204	50	0,300
80	0,012	10	0,109	30	0,205	60	0,302
90	0,014	20	0,111	40	0,206	70	0,303
1,00	0,015	25	0,111	50	0,208	75	0,304
10	0,017	30	0,112	60	0,209	80	0,305
20	0,018	40	0,114	70	0,211	90	0,306
25	0,019	50	0,115	75	0,212	20,00	0,308
30	0,020	60	0,117	80	0,212	20	0,310
40	0,022	70	0,119	90	0,214	40	0,313
50	0,023	75	0,119	14,00	0,216	50	0,315
60	0,025	80	0,120	10	0,217	60	0,316
70	0,026	90	0,122	20	0,219	80	0,319
75	0,027	8,00	0,123	25	0,219	21,00	0,322
80	0,028	10	0,125	30	0,220	20	0,326
90	0,029	20	0,126	40	0,222	40	0,329
2,00	0,031	25	0,127	50	0,223	50	0,330
10	0,032	30	0,128	60	0,225	60	0,332
20	0,034	40	0,129	70	0,226	80	0,335
25	0,035	50	0,131	75	0,227	22,00	0,338
30	0,035	60	0,132	80	0,228	20	0,341
40	0,037	70	0,134	90	0,229	40	0,344
50	0,038	75	0,135	15,00	0,231	50	0,345
60	0,040	80	0,135	10	0,232	60	0,347
70	0,042	90	0,137	20	0,234	80	0,350
75	0,042	9,00	0,139	25	0,235	23,00	0,353
80	0,043	10	0,140	30	0,236	20	0,356
90	0,045	20	0,142	40	0,237	40	0,359
3,00	0,046	25	0,142	50	0,239	50	0,361
10	0,048	30	0,143	60	0,240	60	0,362
20	0,049	40	0,145	70	0,242	80	0,365
25	0,050	50	0,146	75	0,242	24,00	0,369
30	0,051	60	0,148	80	0,243	20	0,372
40	0,052	70	0,149	90	0,245	40	0,375
50	0,054	75	0,150	16,00	0,246	50	0,376
60	0,055	80	0,151	10	0,248	60	0,378
70	0,057	90	0,152	20	0,249	80	0,381
75	0,058	10,00	0,154	25	0,250	25,00	0,384
80	0,058	10	0,156	30	0,251	20	0,387
90	0,060	20	0,157	40	0,252	40	0,390
4,00	0,062	25	0,158	50	0,254	50	0,392
10	0,063	30	0,159	60	0,255	60	0,393
20	0,065	40	0,160	70	0,257	80	0,396
25	0,065	50	0,162	75	0,258	26,00	0,399
30	0,066	60	0,163	80	0,259	20	0,402
40	0,068	70	0,165	90	0,260	40	0,405
50	0,069	75	0,166	17,00	0,262	50	0,407
60	0,071	80	0,166	10	0,263	60	0,408
70	0,072	90	0,168	20	0,265	80	0,412
75	0,073	11,00	0,169	25	0,265	27,00	0,415
80	0,074	10	0,171	30	0,266	20	0,418
90	0,075	20	0,173	40	0,268	40	0,421
5,00	0,077	25	0,173	50	0,269	50	0,422
10	0,079	30	0,174	60	0,271	60	0,424
20	0,080	40	0,176	70	0,272	80	0,427
25	0,081	50	0,177	75	0,273	28,00	0,430
30	0,082	60	0,179	80	0,274	20	0,433
40	0,083	70	0,180	90	0,275	40	0,436
50	0,085	75	0,181	18,00	0,277	50	0,438
60	0,086	80	0,182	10	0,279	60	0,439
70	0,088	90	0,183	20	0,280	80	0,442
75	0,088	12,00	0,185	25	0,281	29,00	0,445
80	0,089	10	0,186	30	0,282	20	0,448
90	0,091	20	0,188	40	0,283	40	0,452
6,00	0,092	25	0,189	50	0,285	50	0,453
10	0,094	30	0,189	60	0,286	60	0,455
20	0,095	40	0,191	70	0,288	80	0,458
25	0,096	50	0,192	75	0,289	30,00	0,461

Mittendurchmesser 15 cm = 47,12 Mittenumfang

Lg. m	cbm	Lg. m	cbm	Lg. m	cbm	Lg. m	cbm
0,10	0,002	6,30	0,111	12,60	0,223	18,80	0,333
20	0,004	40	0,114	70	0,225	90	0,334
25	0,004	50	0,115	75	0,226	19,00	0,336
30	0,005	60	0,117	80	0,226	10	0,338
40	0,007	70	0,118	90	0,228	20	0,340
50	0,009	75	0,119	13,00	0,230	25	0,340
60	0,011	80	0,120	10	0,232	30	0,341
70	0,012	90	0,122	20	0,234	40	0,343
75	0,013	7,00	0,124	25	0,234	50	0,345
80	0,014	10	0,125	30	0,235	60	0,347
90	0,016	20	0,127	40	0,237	70	0,348
1,00	0,018	25	0,128	50	0,239	75	0,349
10	0,019	30	0,129	60	0,241	80	0,350
20	0,021	40	0,131	70	0,242	90	0,352
25	0,022	50	0,133	75	0,243	20,00	0,353
30	0,023	60	0,134	80	0,244	20	0,357
40	0,025	70	0,136	90	0,246	40	0,360
50	0,027	75	0,137	14,00	0,248	50	0,362
60	0,028	80	0,138	10	0,250	60	0,364
70	0,030	90	0,140	20	0,251	80	0,367
75	0,031	8,00	0,141	25	0,252	21,00	0,371
80	0,032	10	0,143	30	0,253	20	0,374
90	0,034	20	0,145	40	0,255	40	0,378
2,00	0,035	25	0,146	50	0,256	50	0,380
10	0,037	30	0,147	60	0,258	60	0,381
20	0,039	40	0,148	70	0,260	80	0,385
25	0,040	50	0,150	75	0,261	22,00	0,388
30	0,041	60	0,152	80	0,262	20	0,392
40	0,042	70	0,154	90	0,264	40	0,395
50	0,044	75	0,155	15,00	0,265	50	0,397
60	0,046	80	0,156	10	0,267	60	0,399
70	0,048	90	0,157	20	0,269	80	0,402
75	0,049	9,00	0,159	25	0,270	23,00	0,406
80	0,049	10	0,161	30	0,271	20	0,410
90	0,051	20	0,163	40	0,273	40	0,413
3,00	0,053	25	0,163	50	0,274	50	0,415
10	0,055	30	0,164	60	0,276	60	0,417
20	0,057	40	0,166	70	0,278	80	0,420
25	0,057	50	0,168	75	0,279	24,00	0,424
30	0,058	60	0,170	80	0,280	20	0,427
40	0,060	70	0,171	90	0,281	40	0,431
50	0,062	75	0,172	16,00	0,283	50	0,433
60	0,064	80	0,173	10	0,285	60	0,434
70	0,065	90	0,175	20	0,287	80	0,438
75	0,066	10,00	0,177	25	0,287	25,00	0,441
80	0,067	10	0,179	30	0,288	20	0,445
90	0,069	20	0,181	40	0,290	40	0,449
4,00	0,071	25	0,181	50	0,292	50	0,450
10	0,072	30	0,182	60	0,294	60	0,452
20	0,074	40	0,184	70	0,295	80	0,456
25	0,075	50	0,186	75	0,296	26,00	0,459
30	0,076	60	0,188	80	0,297	20	0,463
40	0,078	70	0,189	90	0,299	40	0,466
50	0,080	75	0,190	17,00	0,301	50	0,468
60	0,081	80	0,191	10	0,303	60	0,470
70	0,083	90	0,193	20	0,304	80	0,473
75	0,084	11,00	0,195	25	0,305	27,00	0,477
80	0,085	10	0,197	30	0,306	20	0,480
90	0,087	20	0,198	40	0,308	40	0,484
5,00	0,088	25	0,199	50	0,309	50	0,486
10	0,090	30	0,200	60	0,311	60	0,487
20	0,092	40	0,202	70	0,313	80	0,491
25	0,093	50	0,204	75	0,314	28,00	0,494
30	0,094	60	0,205	80	0,315	20	0,498
40	0,095	70	0,207	90	0,317	40	0,502
50	0,097	75	0,208	18,00	0,318	50	0,503
60	0,099	80	0,209	10	0,320	60	0,505
70	0,101	90	0,211	20	0,322	80	0,509
75	0,102	12,00	0,212	25	0,323	29,00	0,512
80	0,102	10	0,214	30	0,324	20	0,516
90	0,104	20	0,216	40	0,326	40	0,519
6,00	0,106	25	0,217	50	0,327	50	0,521
10	0,108	30	0,218	60	0,329	60	0,523
20	0,110	40	0,219	70	0,331	80	0,526
25	0,110	50	0,221	75	0,332	30,00	0,530

Mittendurchmesser 16 cm = 50,27 Mittenumfang

Lg. m	cbm	Lg. m	cbm	Lg. m	cbm	Lg. m	cbm
0,10	0,002	6,30	0,127	12,60	0,253	18,80	0,378
20	0,004	40	0,129	70	0,255	90	0,380
25	0,005	50	0,131	75	0,256	19,00	0,382
30	0,006	60	0,133	80	0,257	10	0,384
40	0,008	70	0,135	90	0,259	20	0,386
50	0,010	75	0,136	13,00	0,261	25	0,387
60	0,012	80	0,137	10	0,263	30	0,388
70	0,014	90	0,139	20	0,265	40	0,390
75	0,015	7,00	0,141	25	0,266	50	0,392
80	0,016	10	0,143	30	0,267	60	0,394
90	0,018	20	0,145	40	0,269	70	0,396
1,00	0,020	25	0,146	50	0,271	75	0,397
10	0,022	30	0,147	60	0,273	80	0,398
20	0,024	40	0,149	70	0,275	90	0,400
25	0,025	50	0,151	75	0,276	20,00	0,402
30	0,026	60	0,153	80	0,277	20	0,405
40	0,028	70	0,155	90	0,279	40	0,410
50	0,030	75	0,156	14,00	0,281	50	0,412
60	0,032	80	0,157	10	0,283	60	0,414
70	0,034	90	0,159	20	0,285	80	0,418
75	0,035	8,00	0,161	25	0,286	21,00	0,422
80	0,036	10	0,163	30	0,287	20	0,426
90	0,038	20	0,165	40	0,289	40	0,430
2,00	0,040	25	0,166	50	0,292	50	0,432
10	0,042	30	0,167	60	0,294	60	0,434
20	0,044	40	0,169	70	0,296	80	0,438
25	0,045	50	0,171	75	0,297	22,00	0,442
30	0,046	60	0,173	80	0,298	20	0,446
40	0,048	70	0,175	90	0,300	40	0,450
50	0,050	75	0,176	15,00	0,302	50	0,452
60	0,052	80	0,177	10	0,304	60	0,454
70	0,054	90	0,179	20	0,306	80	0,458
75	0,055	9,00	0,181	25	0,307	23,00	0,462
80	0,056	10	0,183	30	0,308	20	0,466
90	0,058	20	0,185	40	0,310	40	0,470
3,00	0,060	25	0,186	50	0,312	50	0,472
10	0,062	30	0,187	60	0,314	60	0,474
20	0,064	40	0,189	70	0,316	80	0,478
25	0,065	50	0,191	75	0,317	24,00	0,482
30	0,066	60	0,193	80	0,318	20	0,486
40	0,068	70	0,195	90	0,320	40	0,490
50	0,070	75	0,196	16,00	0,322	50	0,493
60	0,072	80	0,197	10	0,324	60	0,495
70	0,074	90	0,199	20	0,326	80	0,499
75	0,075	10,00	0,201	25	0,327	25,00	0,503
80	0,076	10	0,203	30	0,328	20	0,507
90	0,078	20	0,205	40	0,330	40	0,511
4,00	0,080	25	0,206	50	0,332	50	0,513
10	0,082	30	0,207	60	0,334	60	0,515
20	0,084	40	0,209	70	0,336	80	0,519
25	0,085	50	0,211	75	0,337	26,00	0,523
30	0,086	60	0,213	80	0,338	20	0,527
40	0,088	70	0,215	90	0,340	40	0,531
50	0,090	75	0,216	17,00	0,342	50	0,533
60	0,092	80	0,217	10	0,344	60	0,535
70	0,094	90	0,219	20	0,346	80	0,539
75	0,096	11,00	0,221	25	0,347	27,00	0,543
80	0,097	10	0,223	30	0,348	20	0,547
90	0,099	20	0,225	40	0,350	40	0,551
5,00	0,101	25	0,226	50	0,352	50	0,553
10	0,103	30	0,227	60	0,354	60	0,555
20	0,105	40	0,229	70	0,356	80	0,559
25	0,106	50	0,231	75	0,357	28,00	0,563
30	0,107	60	0,233	80	0,358	20	0,567
40	0,109	70	0,235	90	0,360	40	0,571
50	0,111	75	0,236	18,00	0,362	50	0,573
60	0,113	80	0,237	10	0,364	60	0,575
70	0,115	90	0,239	20	0,366	80	0,579
75	0,116	12,00	0,241	25	0,367	29,00	0,583
80	0,117	10	0,243	30	0,368	20	0,587
90	0,119	20	0,245	40	0,370	40	0,591
6,00	0,121	25	0,246	50	0,372	50	0,593
10	0,123	30	0,247	60	0,374	60	0,595
20	0,125	40	0,249	70	0,376	80	0,599
25	0,126	50	0,251	75	0,377	30,00	0,603

Mittendurchmesser 17 cm = 53,41 Mittenumfang

Lg. m	cbm	Lg. m	cbm	Lg. m	cbm	Lg. m	cbm
0,10	0,002	**6,30**	0,143	**12,60**	0,286	**18,80**	0,427
20	0,005	**40**	0,145	**70**	0,288	**90**	0,429
25	0,006	**50**	0,148	**75**	0,289	**19,00**	0,431
30	0,007	**60**	0,150	**80**	0,291	**10**	0,434
40	0,009	**70**	0,152	**90**	0,293	**20**	0,436
50	0,011	**75**	0,153	**13,00**	0,295	**25**	0,437
60	0,014	**80**	0,154	**10**	0,297	**30**	0,438
70	0,016	**90**	0,157	**20**	0,300	**40**	0,440
75	0,017	**7,00**	0,159	**25**	0,301	**50**	0,443
80	0,018	**10**	0,161	**30**	0,302	**60**	0,445
90	0,020	**20**	0,163	**40**	0,304	**70**	0,447
1,00	0,023	**25**	0,165	**50**	0,306	**75**	0,448
10	0,025	**30**	0,166	**60**	0,309	**80**	0,450
20	0,027	**40**	0,168	**70**	0,311	**90**	0,451
25	0,028	**50**	0,170	**75**	0,312	**20,00**	0,454
30	0,030	**60**	0,173	**80**	0,313	**20**	0,459
40	0,032	**70**	0,175	**90**	0,316	**40**	0,463
50	0,034	**75**	0,176	**14,00**	0,318	**50**	0,465
60	0,036	**80**	0,177	**10**	0,320	**60**	0,468
70	0,039	**90**	0,179	**20**	0,322	**80**	0,472
75	0,040	**8,00**	0,182	**25**	0,324	**21,00**	0,477
80	0,041	**10**	0,184	**30**	0,325	**20**	0,481
90	0,043	**20**	0,186	**40**	0,327	**40**	0,486
2,00	0,045	**25**	0,187	**50**	0,329	**50**	0,488
10	0,048	**30**	0,188	**60**	0,331	**60**	0,490
20	0,050	**40**	0,191	**70**	0,334	**80**	0,495
25	0,051	**50**	0,193	**75**	0,335	**22,00**	0,499
30	0,052	**60**	0,195	**80**	0,336	**20**	0,504
40	0,054	**70**	0,197	**90**	0,338	**40**	0,509
50	0,057	**75**	0,199	**15,00**	0,340	**50**	0,511
60	0,059	**80**	0,200	**10**	0,343	**60**	0,513
70	0,061	**90**	0,202	**20**	0,345	**80**	0,518
75	0,062	**9,00**	0,204	**25**	0,346	**23,00**	0,522
80	0,064	**10**	0,207	**30**	0,347	**20**	0,527
90	0,066	**20**	0,209	**40**	0,350	**40**	0,531
3,00	0,068	**25**	0,210	**50**	0,352	**50**	0,534
10	0,070	**30**	0,211	**60**	0,354	**60**	0,536
20	0,073	**40**	0,213	**70**	0,356	**80**	0,540
25	0,074	**50**	0,216	**75**	0,358	**24,00**	0,545
30	0,075	**60**	0,218	**80**	0,359	**20**	0,549
40	0,077	**70**	0,220	**90**	0,361	**40**	0,554
50	0,079	**75**	0,221	**16,00**	0,363	**50**	0,556
60	0,082	**80**	0,222	**10**	0,366	**60**	0,557
70	0,084	**90**	0,225	**20**	0,368	**80**	0,563
75	0,085	**10,00**	0,227	**25**	0,369	**25,00**	0,568
80	0,086	**10**	0,229	**30**	0,370	**20**	0,572
90	0,089	**20**	0,232	**40**	0,372	**40**	0,577
4,00	0,091	**25**	0,233	**50**	0,375	**50**	0,579
10	0,093	**30**	0,234	**60**	0,377	**60**	0,581
20	0,095	**40**	0,236	**70**	0,379	**80**	0,586
25	0,097	**50**	0,238	**75**	0,380	**26,00**	0,590
30	0,098	**60**	0,240	**80**	0,381	**20**	0,595
40	0,100	**70**	0,243	**90**	0,384	**40**	0,599
50	0,102	**75**	0,244	**17,00**	0,386	**50**	0,601
60	0,104	**80**	0,245	**10**	0,388	**60**	0,604
70	0,107	**90**	0,247	**20**	0,390	**80**	0,608
75	0,108	**11,00**	0,250	**25**	0,392	**27,00**	0,613
80	0,109	**10**	0,252	**30**	0,393	**20**	0,617
90	0,111	**20**	0,254	**40**	0,395	**40**	0,622
5,00	0,113	**25**	0,255	**50**	0,397	**50**	0,624
10	0,116	**30**	0,257	**60**	0,400	**60**	0,627
20	0,118	**40**	0,259	**70**	0,402	**80**	0,631
25	0,119	**50**	0,261	**75**	0,403	**28,00**	0,636
30	0,120	**60**	0,263	**80**	0,404	**20**	0,640
40	0,123	**70**	0,266	**90**	0,406	**40**	0,645
50	0,125	**75**	0,267	**18,00**	0,409	**50**	0,647
60	0,127	**80**	0,268	**10**	0,411	**60**	0,649
70	0,129	**90**	0,270	**20**	0,413	**80**	0,654
75	0,131	**12,00**	0,272	**25**	0,414	**29,00**	0,658
80	0,132	**10**	0,275	**30**	0,415	**20**	0,663
90	0,134	**20**	0,277	**40**	0,418	**40**	0,667
6,00	0,136	**25**	0,278	**50**	0,420	**50**	0,670
10	0,138	**30**	0,279	**60**	0,422	**60**	0,672
20	0,141	**40**	0,282	**70**	0,425	**80**	0,677
25	0,142	**50**	0,284	**75**	0,426	**30,00**	0,681

Mittendurchmesser 18 cm = 56,55 Mittenumfang

Lg. m	cbm	Lg. m	cbm	Lg. m	cbm	Lg. m	cbm
0,10	0,003	**6,30**	0,160	**12,60**	0,320	**18,80**	0,479
20	0,005	**40**	0,163	**70**	0,323	**90**	0,481
25	0,006	**50**	0,165	**75**	0,324	**19,00**	0,483
30	0,008	**60**	0,168	**80**	0,325	**10**	0,486
40	0,010	**70**	0,170	**90**	0,328	**20**	0,489
50	0,013	**75**	0,172	**13,00**	0,331	**25**	0,490
60	0,015	**80**	0,173	**10**	0,333	**30**	0,491
70	0,018	**90**	0,176	**20**	0,335	**40**	0,494
75	0,019	**7,00**	0,178	**25**	0,337	**50**	0,496
80	0,020	**10**	0,181	**30**	0,338	**60**	0,499
90	0,023	**20**	0,183	**40**	0,340	**70**	0,501
1,00	0,025	**25**	0,184	**50**	0,344	**75**	0,503
10	0,028	**30**	0,186	**60**	0,345	**80**	0,504
20	0,031	**40**	0,188	**70**	0,348	**90**	0,507
25	0,032	**50**	0,191	**75**	0,349	**20,00**	0,509
30	0,033	**60**	0,193	**80**	0,351	**20**	0,514
40	0,036	**70**	0,196	**90**	0,353	**40**	0,519
50	0,038	**75**	0,197	**14,00**	0,356	**50**	0,522
60	0,041	**80**	0,198	**10**	0,358	**60**	0,524
70	0,043	**90**	0,201	**20**	0,361	**80**	0,529
75	0,045	**8,00**	0,204	**25**	0,362	**21,00**	0,535
80	0,046	**10**	0,206	**30**	0,363	**20**	0,540
90	0,048	**20**	0,209	**40**	0,366	**40**	0,545
2,00	0,051	**25**	0,210	**50**	0,369	**50**	0,547
10	0,053	**30**	0,211	**60**	0,371	**60**	0,550
20	0,056	**40**	0,214	**70**	0,373	**80**	0,555
25	0,057	**50**	0,216	**75**	0,375	**22,00**	0,560
30	0,059	**60**	0,219	**80**	0,376	**20**	0,565
40	0,061	**70**	0,221	**90**	0,379	**40**	0,570
50	0,064	**75**	0,222	**15,00**	0,382	**50**	0,573
60	0,066	**80**	0,224	**10**	0,385	**60**	0,575
70	0,069	**90**	0,226	**20**	0,387	**80**	0,581
75	0,070	**9,00**	0,229	**25**	0,388	**23,00**	0,585
80	0,071	**10**	0,232	**30**	0,390	**20**	0,590
90	0,074	**20**	0,234	**40**	0,392	**40**	0,593
3,00	0,076	**25**	0,235	**50**	0,394	**50**	0,598
10	0,079	**30**	0,237	**60**	0,397	**60**	0,601
20	0,081	**40**	0,239	**70**	0,400	**80**	0,606
25	0,083	**50**	0,242	**75**	0,401	**24,00**	0,611
30	0,084	**60**	0,244	**80**	0,402	**20**	0,616
40	0,087	**70**	0,247	**90**	0,405	**40**	0,621
50	0,089	**75**	0,248	**16,00**	0,407	**50**	0,623
60	0,092	**80**	0,249	**10**	0,410	**60**	0,626
70	0,094	**90**	0,252	**20**	0,413	**80**	0,631
75	0,095	**10,00**	0,254	**25**	0,414	**25,00**	0,636
80	0,097	**10**	0,257	**30**	0,415	**20**	0,641
90	0,099	**20**	0,259	**40**	0,418	**40**	0,646
4,00	0,102	**25**	0,260	**50**	0,420	**50**	0,649
10	0,104	**30**	0,262	**60**	0,423	**60**	0,652
20	0,107	**40**	0,264	**70**	0,425	**80**	0,657
25	0,108	**50**	0,267	**75**	0,427	**26,00**	0,662
30	0,109	**60**	0,269	**80**	0,428	**20**	0,667
40	0,112	**70**	0,272	**90**	0,430	**40**	0,672
50	0,115	**75**	0,273	**17,00**	0,433	**50**	0,674
60	0,117	**80**	0,274	**10**	0,435	**60**	0,677
70	0,120	**90**	0,277	**20**	0,438	**80**	0,682
75	0,121	**11,00**	0,280	**25**	0,439	**27,00**	0,687
80	0,122	**10**	0,2ä2	**30**	0,440	**20**	0,692
90	0,125	**20**	0,285	**40**	0,443	**40**	0,697
5,00	0,127	**25**	0,286	**50**	0,445	**50**	0,700
10	0,130	**30**	0,287	**60**	0,448	**60**	0,702
20	0,132	**40**	0,290	**70**	0,451	**80**	0,708
25	0,133	**50**	0,293	**75**	0,452	**28,00**	0,713
30	0,135	**60**	0,295	**80**	0,453	**20**	0,718
40	0,137	**70**	0,297	**90**	0,456	**40**	0,723
50	0,140	**75**	0,299	**18,00**	0,458	**50**	0,725
60	0,143	**80**	0,300	**10**	0,461	**60**	0,728
70	0,145	**90**	0,302	**20**	0,463	**80**	0,733
75	0,146	**12,00**	0,305	**25**	0,465	**29,00**	0,738
80	0,148	**10**	0,307	**30**	0,466	**20**	0,743
90	0,150	**20**	0,310	**40**	0,468	**40**	0,748
6,00	0,153	**25**	0,311	**50**	0,471	**50**	0,751
10	0,155	**30**	0,312	**60**	0,473	**60**	0,753
20	0,158	**40**	0,315	**70**	0,476	**80**	0,758
25	0,159	**50**	0,318	**75**	0,477	**30,00**	0,764

Mittendurchmesser 19 cm = 59,69 Mittenumfang

Lg. m	cbm	Lg. m	cbm	Lg. m	cbm	Lg. m	cbm
0,10	0,003	**6,30**	0,179	**12,60**	0,357	**18,80**	0,533
20	0,006	**40**	0,181	**70**	0,360	**90**	0,536
25	0,007	**50**	0,184	**75**	0,362	**19,00**	0,539
30	0,009	**60**	0,187	**80**	0,363	**10**	0,542
40	0,011	**70**	0,190	**90**	0,366	**20**	0,544
50	0,014	**75**	0,191	**13,00**	0,369	**25**	0,546
60	0,017	**80**	0,193	**10**	0,371	**30**	0,547
70	0,020	**90**	0,196	**20**	0,374	**40**	0,550
75	0,021	**7,00**	0,198	**25**	0,376	**50**	0,553
80	0,023	**10**	0,201	**30**	0,377	**60**	0,556
90	0,026	**20**	0,204	**40**	0,380	**70**	0,559
1,00	0,028	**25**	0,206	**50**	0,383	**75**	0,560
10	0,031	**30**	0,207	**60**	0,386	**80**	0,561
20	0,034	**40**	0,210	**70**	0,388	**90**	0,564
25	0,035	**50**	0,213	**75**	0,390	**20,00**	0,567
30	0,037	**60**	0,215	**80**	0,391	**20**	0,573
40	0,040	**70**	0,218	**90**	0,394	**40**	0,578
50	0,043	**75**	0,220	**14,00**	0,397	**50**	0,581
60	0,045	**80**	0,221	**10**	0,400	**60**	0,584
70	0,048	**90**	0,224	**20**	0,403	**80**	0,590
75	0,050	**8,00**	0,227	**25**	0,404	**21,00**	0,595
80	0,051	**10**	0,230	**30**	0,405	**20**	0,601
90	0,054	**20**	0,232	**40**	0,408	**40**	0,607
2,00	0,057	**25**	0,234	**50**	0,411	**50**	0,610
10	0,060	**30**	0,235	**60**	0,414	**60**	0,612
20	0,062	**40**	0,238	**70**	0,417	**80**	0,618
25	0,064	**50**	0,241	**75**	0,418	**22,00**	0,624
30	0,065	**60**	0,244	**80**	0,420	**20**	0,629
40	0,068	**70**	0,247	**90**	0,422	**40**	0,635
50	0,071	**75**	0,248	**15,00**	0,425	**50**	0,638
60	0,074	**80**	0,250	**10**	0,428	**60**	0,641
70	0,077	**90**	0,252	**20**	0,431	**80**	0,646
75	0,078	**9,00**	0,255	**25**	0,432	**23,00**	0,652
80	0,079	**10**	0,258	**30**	0,434	**20**	0,658
90	0,082	**20**	0,261	**40**	0,437	**40**	0,663
3,00	0,085	**25**	0,262	**50**	0,439	**50**	0,666
10	0,088	**30**	0,264	**60**	0,442	**60**	0,669
20	0,091	**40**	0,267	**70**	0,445	**80**	0,675
25	0,092	**50**	0,269	**75**	0,447	**24,00**	0,680
30	0,094	**60**	0,272	**80**	0,448	**20**	0,686
40	0,096	**70**	0,275	**90**	0,451	**40**	0,692
50	0,099	**75**	0,276	**16,00**	0,454	**50**	0,695
60	0,102	**80**	0,278	**10**	0,456	**60**	0,697
70	0,105	**90**	0,281	**20**	0,459	**80**	0,703
75	0,106	**10,00**	0,284	**25**	0,461	**25,00**	0,709
80	0,108	**10**	0,286	**30**	0,462	**20**	0,714
90	0,111	**20**	0,289	**40**	0,465	**40**	0,720
4,00	0,113	**25**	0,291	**50**	0,468	**50**	0,723
10	0,116	**30**	0,292	**60**	0,471	**60**	0,726
20	0,119	**40**	0,295	**70**	0,473	**80**	0,731
25	0,121	**50**	0,298	**75**	0,475	**26,00**	0,737
30	0,122	**60**	0,301	**80**	0,476	**20**	0,743
40	0,125	**70**	0,303	**90**	0,479	**40**	0,748
50	0,128	**75**	0,305	**17,00**	0,482	**50**	0,751
60	0,130	**80**	0,306	**10**	0,485	**60**	0,754
70	0,133	**90**	0,309	**20**	0,488	**80**	0,763
75	0,135	**11,00**	0,312	**25**	0,489	**27,00**	0,766
80	0,136	**10**	0,315	**30**	0,491	**20**	0,771
90	0,139	**20**	0,318	**40**	0,493	**40**	0,777
5,00	0,142	**25**	0,319	**50**	0,496	**50**	0,780
10	0,145	**30**	0,320	**60**	0,499	**60**	0,783
20	0,147	**40**	0,323	**70**	0,502	**80**	0,788
25	0,149	**50**	0,326	**75**	0,503	**28,00**	0,794
30	0,150	**60**	0,329	**80**	0,505	**20**	0,800
40	0,153	**70**	0,332	**90**	0,508	**40**	0,805
50	0,156	**75**	0,333	**18,00**	0,510	**50**	0,808
60	0,159	**80**	0,335	**10**	0,513	**60**	0,811
70	0,162	**90**	0,337	**20**	0,516	**80**	0,817
75	0,163	**12,00**	0,340	**25**	0,517	**29,00**	0,822
80	0,164	**10**	0,343	**30**	0,519	**20**	0,828
90	0,167	**20**	0,346	**40**	0,522	**40**	0,834
6,00	0,170	**25**	0,347	**50**	0,525	**50**	0,836
10	0,173	**30**	0,349	**60**	0,527	**60**	0,839
20	0,176	**40**	0,352	**70**	0,530	**80**	0,845
25	0,177	**50**	0,354	**75**	0,532	**30,00**	0,851

Mittendurchmesser 20 cm = 62,83 Mittenumfang

Lg. m	cbm	Lg. m	cbm	Lg. m	cbm	Lg. m	cbm
0,10	0,003	6,30	0,198	12,60	0,396	18,80	0,590
20	0,006	40	0,201	70	0,399	90	0,594
25	0,008	50	0,204	75	0,400	19,00	0,597
30	0,009	60	0,207	80	0,402	10	0,600
40	0,013	70	0,210	90	0,405	20	0,603
50	0,016	75	0,212	13,00	0,408	25	0,605
60	0,019	80	0,214	10	0,411	30	0,606
70	0,022	90	0,217	20	0,415	40	0,609
75	0,024	7,00	0,220	25	0,416	50	0,613
80	0,025	10	0,223	30	0,418	60	0,615
90	0,028	20	0,226	40	0,421	70	0,619
1,00	0,031	25	0,228	50	0,424	75	0,620
10	0,035	30	0,229	60	0,427	80	0,622
20	0,038	40	0,232	70	0,430	90	0,625
25	0,03g	50	0,236	75	0,432	20,00	0,628
30	0,041	60	0,239	80	0,433	20	0,634
40	0,044	70	0,242	90	0,437	40	0,641
50	0,047	75	0,243	14,00	0,440	50	0,644
60	0,050	80	0,245	10	0,443	60	0,647
70	0,053	90	0,248	20	0,446	80	0,653
75	0,055	8,00	0,251	25	0,448	21,00	0,659
80	0,057	10	0,254	30	0,449	20	0,666
90	0,060	20	0,258	40	0,452	40	0,672
2,00	0,063	25	0,259	50	0,456	50	0,675
10	0,066	30	0,261	60	0,458	60	0,678
20	0,069	40	0,264	70	0,462	80	0,685
25	0,071	50	0,267	75	0,463	22,00	0,691
30	0,072	60	0,270	80	0,464	20	0,697
40	0,075	70	0,273	90	0,468	40	0,703
50	0,079	75	0,275	15,00	0,471	50	0,707
60	0,082	80	0,276	10	0,474	60	0,710
70	0,085	90	0,280	20	0,477	80	0,716
75	0,087	9,00	0,283	25	0,479	23,00	0,722
80	0,088	10	0,286	30	0,480	20	0,729
90	0,091	20	0,289	40	0,484	40	0,735
3,00	0,094	25	0,291	50	0,487	50	0,738
10	0,097	30	0,292	60	0,490	60	0,741
20	0,101	40	0,295	70	0,494	80	0,747
25	0,102	50	0,298	75	0,495	24,00	0,754
30	0,104	60	0,302	80	0,496	20	0,760
40	0,107	70	0,305	90	0,499	40	0,766
50	0,110	75	0,306	16,00	0,503	50	0,769
60	0,113	80	0,308	10	0,506	60	0,772
70	0,116	90	0,311	20	0,509	80	0,779
75	0,118	10,00	0,314	25	0,510	25,00	0,785
80	0,119	10	0,317	30	0,512	20	0,791
90	0,123	20	0,320	40	0,515	40	0,798
4,00	0,126	25	0,322	50	0,518	50	0,801
10	0,129	30	0,323	60	0,521	60	0,804
20	0,132	40	0,327	70	0,524	80	0,810
25	0,134	50	0,330	75	0,526	26,00	0,816
30	0,135	60	0,333	80	0,528	20	0,822
40	0,138	70	0,336	90	0,531	40	0,829
50	0,141	75	0,338	17,00	0,534	50	0,832
60	0,145	80	0,339	10	0,537	60	0,835
70	0,148	90	0,342	20	0,540	80	0,842
75	0,149	11,00	0,346	25	0,542	27,00	0,848
80	0,151	10	0,349	30	0,543	20	0,854
90	0,154	20	0,352	40	0,546	40	0,860
5,00	0,157	25	0,353	50	0,550	50	0,864
10	0,160	30	0,355	60	0,553	60	0,867
20	0,163	40	0,358	70	0,556	80	0,873
25	0,165	50	0,361	75	0,557	28,00	0,879
30	0,167	60	0,364	80	0,559	20	0,886
40	0,170	70	0,367	90	0,562	40	0,892
50	0,173	75	0,369	18,00	0,565	50	0,895
60	0,176	80	0,371	10	0,568	60	0,898
70	0,179	90	0,374	20	0,572	80	0,904
75	0,181	12,00	0,377	25	0,573	29,00	0,911
80	0,182	10	0,380	30	0,575	20	0,917
90	0,185	20	0,383	40	0,578	40	0,923
6,00	0,188	25	0,385	50	0,581	50	0,926
10	0,192	30	0,386	60	0,584	60	0,929
20	0,195	40	0,389	70	0,587	80	0,936
25	0,196	50	0,393	75	0,589	30,00	0,942

Mittendurchmesser 21 cm = 65,97 Mittenumfang

Lg. m	cbm	Lg. m	cbm	Lg. m	cbm	Lg. m	cbm
0,10	0,004	**6,30**	0,218	**12,60**	0,436	**18,80**	0,651
20	0,007	**40**	0,222	**70**	0,439	**90**	0,655
25	0,009	**50**	0,225	**75**	0,441	**19,00**	0,658
30	0,010	**60**	0,229	**80**	0,443	**10**	0,662
40	0,014	**70**	0,232	**90**	0,446	**20**	0,665
50	0,017	**75**	0,234	**13,00**	0,450	**25**	0,667
60	0,021	**80**	0,236	**10**	0,453	**30**	0,669
70	0,024	**90**	0,239	**20**	0,457	**40**	0,672
75	0,026	**7,00**	0,242	**25**	0,459	**50**	0,675
80	0,028	**10**	0,246	**30**	0,460	**60**	0,679
90	0,031	**20**	0,249	**40**	0,464	**70**	0,683
1,00	0,035	**25**	0,251	**50**	0,468	**75**	0,684
10	0,038	**30**	0,253	**60**	0,471	**80**	0,686
20	0,042	**40**	0,256	**70**	0,475	**90**	0,689
25	0,043	**50**	0,260	**75**	0,476	**20,00**	0,693
30	0,045	**60**	0,263	**80**	0,478	**20**	0,700
40	0,048	**70**	0,267	**90**	0,482	**40**	0,707
50	0,052	**75**	0,268	**14,00**	0,485	**50**	0,710
60	0,055	**80**	0,270	**10**	0,489	**60**	0,714
70	0,059	**90**	0,274	**20**	0,492	**80**	0,721
75	0,061	**8,00**	0,277	**25**	0,494	**21,00**	0,727
80	0,062	**10**	0,281	**30**	0,495	**20**	0,734
90	0,066	**20**	0,284	**40**	0,499	**40**	0,741
2,00	0,069	**25**	0,286	**50**	0,502	**50**	0,745
10	0,073	**30**	0,287	**60**	0,506	**60**	0,748
20	0,076	**40**	0,291	**70**	0,509	**80**	0,755
25	0,078	**50**	0,294	**75**	0,511	**22,00**	0,762
30	0,080	**60**	0,298	**80**	0,513	**20**	0,769
40	0,083	**70**	0,301	**90**	0,516	**40**	0,776
50	0,087	**75**	0,303	**15,00**	0,520	**50**	0,779
60	0,090	**80**	0,305	**10**	0,523	**60**	0,783
70	0,094	**90**	0,308	**20**	0,527	**80**	0,790
75	0,095	**9,00**	0,312	**25**	0,528	**23,00**	0,797
80	0,097	**10**	0,315	**30**	0,530	**20**	0,804
90	0,100	**20**	0,319	**40**	0,534	**40**	0,811
3,00	0,104	**25**	0,320	**50**	0,537	**50**	0,814
10	0,107	**30**	0,322	**60**	0,540	**60**	0,818
20	0,111	**40**	0,326	**70**	0,544	**80**	0,824
25	0,113	**50**	0,329	**75**	0,546	**24,00**	0,831
30	0,114	**60**	0,333	**80**	0,547	**20**	0,838
40	0,118	**70**	0,336	**90**	0,551	**40**	0,845
50	0,121	**75**	0,337	**16,00**	0,554	**50**	0,849
60	0,125	**80**	0,339	**10**	0,558	**60**	0,852
70	0,128	**90**	0,343	**20**	0,561	**80**	0,859
75	0,130	**10,00**	0,346	**25**	0,563	**25,00**	0,866
80	0,132	**10**	0,350	**30**	0,565	**20**	0,873
90	0,135	**20**	0,353	**40**	0,568	**40**	0,880
4,00	0,139	**25**	0,355	**50**	0,571	**50**	0,883
10	0,142	**30**	0,356	**60**	0,575	**60**	0,887
20	0,145	**40**	0,360	**70**	0,579	**80**	0,894
25	0,147	**50**	0,364	**75**	0,580	**26,00**	0,901
30	0,149	**60**	0,367	**80**	0,582	**20**	0,908
40	0,152	**70**	0,370	**90**	0,585	**40**	0,915
50	0,156	**75**	0,372	**17,00**	0,589	**50**	0,918
60	0,159	**80**	0,374	**10**	0,592	**60**	0,921
70	0,163	**90**	0,377	**20**	0,596	**80**	0,928
75	0,164	**11,00**	0,381	**25**	0,598	**27,00**	0,935
80	0,166	**10**	0,384	**30**	0,599	**20**	0,942
90	0,170	**20**	0,388	**40**	0,603	**40**	0,949
5,00	0,173	**25**	0,389	**50**	0,606	**50**	0,953
10	0,177	**30**	0,391	**60**	0,610	**60**	0,956
20	0,180	**40**	0,394	**70**	0,613	**80**	0,963
25	0,182	**50**	0,398	**75**	0,615	**28,00**	0,970
30	0,184	**60**	0,401	**80**	0,617	**20**	0,977
40	0,187	**70**	0,405	**90**	0,620	**40**	0,984
50	0,190	**75**	0,407	**18,00**	0,624	**50**	0,987
60	0,194	**80**	0,408	**10**	0,627	**60**	0,991
70	0,197	**90**	0,412	**20**	0,630	**80**	0,998
75	0,199	**12,00**	0,416	**25**	0,632	**29,00**	1,005
80	0,201	**10**	0,419	**30**	0,634	**20**	1,012
90	0,204	**20**	0,422	**40**	0,637	**40**	1,018
6,00	0,208	**25**	0,424	**50**	0,641	**50**	1,022
10	0,211	**30**	0,426	**60**	0,644	**60**	1,025
20	0,215	**40**	0,429	**70**	0,648	**80**	1,032
25	0,216	**50**	0,433	**75**	0,650	**30,00**	1,039

Mittendurchmesser 22 cm = 69,12 Mittenumfang

Lg. m	cbm	Lg. m	cbm	Lg. m	cbm	Lg. m	cbm
0,10	0,004	**6,30**	0,239	**12,60**	0,479	**18,80**	0,714
20	0,008	**40**	0,243	**70**	0,483	**90**	0,718
25	0,010	**50**	0,247	**75**	0,485	**19,00**	0,722
30	0,011	**60**	0,251	**80**	0,486	**10**	0,726
40	0,015	**70**	0,255	**90**	0,490	**20**	0,730
50	0,019	**75**	0,257	**13,00**	0,494	**25**	0,732
60	0,023	**80**	0,258	**10**	0,498	**30**	0,733
70	0,027	**90**	0,262	**20**	0,502	**40**	0,737
75	0,029	**7,00**	0,266	**25**	0,504	**50**	0,741
80	0,030	**10**	0,270	**30**	0,505	**60**	0,745
90	0,034	**20**	0,274	**40**	0,509	**70**	0,749
1,00	0,038	**25**	0,276	**50**	0,513	**75**	0,751
10	0,042	**30**	0,277	**60**	0,517	**80**	0,752
20	0,046	**40**	0,281	**70**	0,521	**90**	0,756
25	0,048	**50**	0,285	**75**	0,523	**20,00**	0,760
30	0,049	**60**	0,289	**80**	0,524	**20**	0,768
40	0,053	**70**	0,293	**90**	0,528	**40**	0,775
50	0,057	**75**	0,295	**14,00**	0,532	**50**	0,779
60	0,061	**80**	0,297	**10**	0,536	**60**	0,783
70	0,065	**90**	0,300	**20**	0,540	**80**	0,790
75	0,067	**8,00**	0,304	**25**	0,542	**21,00**	0,798
80	0,068	**10**	0,308	**30**	0,543	**20**	0,806
90	0,072	**20**	0,312	**40**	0,547	**40**	0,813
2,00	0,076	**25**	0,314	**50**	0,551	**50**	0,817
10	0,080	**30**	0,316	**60**	0,555	**60**	0,821
20	0,084	**40**	0,319	**70**	0,559	**80**	0,828
25	0,086	**50**	0,323	**75**	0,561	**22,00**	0,836
30	0,087	**60**	0,327	**80**	0,562	**20**	0,844
40	0,091	**70**	0,331	**90**	0,566	**40**	0,851
50	0,095	**75**	0,333	**15,00**	0,570	**50**	0,855
60	0,099	**80**	0,335	**10**	0,574	**60**	0,859
70	0,103	**90**	0,338	**20**	0,578	**80**	0,866
75	0,105	**9,00**	0,342	**25**	0,580	**23,00**	0,874
80	0,106	**10**	0,346	**30**	0,581	**20**	0,882
90	0,110	**20**	0,350	**40**	0,585	**40**	0,889
3,00	0,114	**25**	0,352	**50**	0,589	**50**	0,893
10	0,118	**30**	0,354	**60**	0,593	**60**	0,897
20	0,122	**40**	0,357	**70**	0,597	**80**	0,904
25	0,124	**50**	0,361	**75**	0,599	**24,00**	0,912
30	0,125	**60**	0,365	**80**	0,600	**20**	0,920
40	0,129	**70**	0,369	**90**	0,604	**40**	0,927
50	0,133	**75**	0,371	**16,00**	0,608	**50**	0,931
60	0,137	**80**	0,373	**10**	0,612	**60**	0,935
70	0,141	**90**	0,376	**20**	0,616	**80**	0,942
75	0,143	**10,00**	0,380	**25**	0,618	**25,00**	0,950
80	0,144	**10**	0,384	**30**	0,619	**20**	0,958
90	0,148	**20**	0,388	**40**	0,623	**40**	0,965
4,00	0,152	**25**	0,390	**50**	0,627	**50**	0,969
10	0,156	**30**	0,391	**60**	0,631	**60**	0,973
20	0,160	**40**	0,395	**70**	0,635	**80**	0,980
25	0,162	**50**	0,399	**75**	0,637	**26,00**	0,988
30	0,163	**60**	0,403	**80**	0,638	**20**	0,996
40	0,167	**70**	0,407	**90**	0,642	**40**	1,003
50	0,171	**75**	0,409	**17,00**	0,646	**50**	1,005
60	0,175	**80**	0,410	**10**	0,650	**60**	1,011
70	0,179	**90**	0,414	**20**	0,654	**80**	1,018
75	0,181	**11,00**	0,418	**25**	0,655	**27,00**	1,026
80	0,182	**10**	0,422	**30**	0,657	**20**	1,034
90	0,186	**20**	0,426	**40**	0,661	**40**	1,041
5,00	0,190	**25**	0,428	**50**	0,665	**50**	1,045
10	0,194	**30**	0,429	**60**	0,669	**60**	1,049
20	0,1g8	**40**	0,433	**70**	0,673	**80**	1,056
25	0,200	**50**	0,437	**75**	0,675	**28,00**	1,064
30	0,201	**60**	0,441	**80**	0,676	**20**	1,072
40	0,205	**70**	0,445	**90**	0,680	**40**	1,079
50	0,209	**75**	0,447	**18,00**	0,684	**50**	1,083
60	0,213	**80**	0,448	**10**	0,688	**60**	1,087
70	0,217	**90**	0,452	**20**	0,692	**80**	1,094
75	0,219	**12,00**	0,456	**25**	0,694	**29,00**	1,102
80	0,220	**10**	0,460	**30**	0,695	**20**	1,110
90	0,224	**20**	0,464	**40**	0,699	**40**	1,117
6,00	0,228	**25**	0,466	**50**	0,703	**50**	1,121
10	0,232	**30**	0,467	**60**	0,707	**60**	1,125
20	0,236	**40**	0,471	**70**	0,711	**80**	1,132
25	0,238	**50**	0,475	**75**	0,713	**30,00**	1,140

Mittendurchmesser 23 cm = 72,26 Mittenumfang

Lg. m	cbm	Lg. m	cbm	Lg. m	cbm	Lg. m	cbm
0,10	0,004	6,30	0,262	12,60	0,524	18,80	0,782
20	0,008	40	0,266	70	0,528	90	0,786
25	0,010	50	0,270	75	0,530	19,00	0,790
30	0,012	60	0,274	80	0,533	10	0,795
40	0,017	70	0,278	90	0,537	20	0,799
50	0,021	75	0,281	13,00	0,541	25	0,801
60	0,025	80	0,283	10	0,545	30	0,803
70	0,029	90	0,287	20	0,549	40	0,807
75	0,031	7,00	0,291	25	0,551	50	0,811
80	0,033	10	0,295	30	0,553	60	0,815
90	0,037	20	0,299	40	0,557	70	0,820
1,00	0,042	25	0,302	50	0,562	80	0,824
10	0,046	30	0,303	60	0,566	90	0,828
20	0,050	40	0,307	70	0,570	20,00	0,832
25	0,052	50	0,312	75	0,572	20	0,840
30	0,054	60	0,316	80	0,574	40	0,849
40	0,058	70	0,320	90	0,578	50	0,853
50	0,062	75	0,322	14,00	0,582	60	0,857
60	0,066	80	0,324	10	0,587	80	0,863
70	0,071	90	0,328	20	0,591	21,00	0,874
75	0,074	8,00	0,332	25	0,593	20	0,882
80	0,075	10	0,337	30	0,595	40	0,890
90	0,079	20	0,341	40	0,599	50	0,894
2,00	0,083	25	0,343	50	0,603	60	0,899
10	0,087	30	0,345	60	0,607	80	0,907
20	0,091	40	0,349	70	0,612	22,00	0,915
25	0,094	50	0,353	75	0,614	20	0,924
30	0,096	60	0,357	80	0,616	40	0,932
40	0,100	70	0,361	90	0,620	50	0,936
50	0,104	75	0,364	15,00	0,624	60	0,940
60	0,108	80	0,366	10	0,628	80	0,949
70	0,112	90	0,370	20	0,632	23,00	0,957
75	0,114	9,00	0,374	25	0,634	20	0,965
80	0,116	10	0,378	30	0,637	40	0,973
90	0,120	20	0,382	40	0,641	50	0,978
3,00	0,125	25	0,385	50	0,645	60	0,982
10	0,129	30	0,386	60	0,649	80	0,990
20	0,133	40	0,391	70	0,653	24,00	0,998
25	0,135	50	0,395	75	0,655	20	1,007
30	0,137	60	0,399	80	0,657	40	1,015
40	0,141	70	0,403	90	0,661	50	1,019
50	0,145	75	0,406	16,00	0,666	60	1,023
60	0,150	80	0,407	10	0,670	80	1,032
70	0,154	90	0,411	20	0,674	25,00	1,040
75	0,156	10,00	0,415	25	0,676	20	1,048
80	0,158	10	0,420	30	0,678	40	1,057
90	0,162	20	0,424	40	0,682	50	1,061
4,00	0,166	25	0,426	50	0,686	60	1,065
10	0,170	30	0,429	60	0,691	80	1,073
20	0,175	40	0,433	70	0,695	26,00	1,082
25	0,177	50	0,437	75	0,697	20	1,090
30	0,179	60	0,441	80	0,699	40	1,098
40	0,183	70	0,445	90	0,703	50	1,102
50	0,187	75	0,447	17,00	0,707	60	1,107
60	0,191	80	0,449	10	0,711	80	1,115
70	0,195	90	0,453	20	0,716	27,00	1,123
75	0,198	11,00	0,458	25	0,718	20	1,132
80	0,199	10	0,462	30	0,720	40	1,140
90	0,204	20	0,466	40	0,724	50	1,144
5,00	0,208	25	0,468	50	0,728	60	1,148
10	0,212	30	0,470	60	0,732	80	1,157
20	0,216	40	0,474	70	0,736	28,00	1,165
25	0,218	50	0,478	75	0,738	20	1,173
30	0,220	60	0,482	80	0,741	40	1,181
40	0,224	70	0,487	90	0,745	50	1,184
50	0,229	75	0,489	18,00	0,749	60	1,190
60	0,233	80	0,491	10	0,753	80	1,198
70	0,237	90	0,495	20	0,757	29,00	1,206
75	0,239	12,00	0,499	25	0,759	20	1,215
80	0,241	10	0,503	30	0,761	40	1,223
90	0,245	20	0,508	40	0,765	50	1,227
6,00	0,249	25	0,510	50	0,770	60	1,231
10	0,253	30	0,512	60	0,774	80	1,240
20	0,258	40	0,518	70	0,778	30,00	1,248
25	0,260	50	0,520	75	0,780		

Mittendurchmesser 24 cm = 75,40 Mittenumfang

Lg. m	cbm	Lg. m	cbm	Lg. m	cbm	Lg. m	cbm
0,10	0,005	**6,30**	0,285	**12,60**	0,570	**18,80**	0,851
20	0,009	**40**	0,290	**70**	0,575	**90**	0,855
25	0,011	**50**	0,294	**75**	0,577	**19,00**	0,860
30	0,014	**60**	0,299	**80**	0,579	**10**	0,864
40	0,018	**70**	0,303	**90**	0,584	**20**	0,869
50	0,023	**75**	0,305	**13,00**	0,588	**25**	0,871
60	0,027	**80**	0,308	**10**	0,593	**30**	0,873
70	0,032	**90**	0,312	**20**	0,597	**40**	0,877
75	0,033	**7,00**	0,317	**25**	0,599	**50**	0,882
80	0,036	**10**	0,321	**30**	0,602	**60**	0,887
90	0,041	**20**	0,326	**40**	0,606	**70**	0,891
1,00	0,045	**25**	0,328	**50**	0,611	**80**	0,896
10	0,050	**30**	0,330	**60**	0,615	**90**	0,900
20	0,054	**40**	0,335	**70**	0,620	**20,00**	0,905
25	0,057	**50**	0,339	**75**	0,622	**20**	0,914
30	0,059	**60**	0,344	**80**	0,624	**40**	0,923
40	0,063	**70**	0,348	**90**	0,629	**50**	0,927
50	0,068	**75**	0,351	**14,00**	0,633	**60**	0,932
60	0,072	**80**	0,353	**10**	0,638	**80**	0,941
70	0,077	**90**	0,357	**20**	0,642	**21,00**	0,950
75	0,079	**8,00**	0,362	**25**	0,645	**20**	0,959
80	0,081	**10**	0,366	**30**	0,647	**40**	0,968
90	0,086	**20**	0,371	**40**	0,651	**50**	0,973
2,00	0,090	**25**	0,373	**50**	0,656	**60**	0,977
10	0,095	**30**	0,375	**60**	0,661	**80**	0,986
20	0,100	**40**	0,380	**70**	0,665	**22,00**	0,995
25	0,102	**50**	0,385	**75**	0,667	**20**	1,004
30	0,104	**60**	0,389	**80**	0,670	**40**	1,012
40	0,109	**70**	0,394	**90**	0,674	**50**	1,018
50	0,113	**75**	0,396	**15,00**	0,679	**60**	1,022
60	0,118	**80**	0,398	**10**	0,683	**80**	1,032
70	0,122	**90**	0,403	**20**	0,688	**23,00**	1,040
75	0,124	**9,00**	0,407	**25**	0,690	**20**	1,050
80	0,127	**10**	0,412	**30**	0,692	**40**	1,059
90	0,131	**20**	0,416	**40**	0,697	**50**	1,063
3,00	0,136	**25**	0,419	**50**	0,701	**60**	1,068
10	0,140	**30**	0,421	**60**	0,706	**80**	1,077
20	0,145	**40**	0,425	**70**	0,710	**24,00**	1,086
25	0,147	**50**	0,430	**75**	0,713	**20**	1,095
30	0,149	**60**	0,434	**80**	0,715	**40**	1,104
40	0,154	**70**	0,439	**90**	0,719	**50**	1,108
50	0,158	**75**	0,441	**16,00**	0,724	**60**	1,113
60	0,163	**80**	0,443	**10**	0,727	**80**	1,122
70	0,167	**90**	0,448	**20**	0,733	**25,00**	1,131
75	0,170	**10,00**	0,452	**25**	0,735	**20**	1,140
80	0,172	**10**	0,457	**30**	0,737	**40**	1,149
90	0,176	**20**	0,461	**40**	0,742	**50**	1,154
4,00	0,181	**25**	0,464	**50**	0,746	**60**	1,158
10	0,185	**30**	0,466	**60**	0,751	**80**	1,167
20	0,190	**40**	0,471	**70**	0,756	**26,00**	1,176
25	0,192	**50**	0,475	**75**	0,758	**20**	1,185
30	0,195	**60**	0,480	**80**	0,760	**40**	1,194
40	0,199	**70**	0,484	**90**	0,765	**50**	1,199
50	0,204	**75**	0,486	**17,00**	0,769	**60**	1,203
60	0,208	**80**	0,489	**10**	0,774	**80**	1,212
70	0,213	**90**	0,493	**20**	0,778	**27,00**	1,222
75	0,215	**11,00**	0,498	**25**	0,780	**20**	1,231
80	0,217	**10**	0,502	**30**	0,783	**40**	1,240
90	0,222	**20**	0,507	**40**	0,787	**50**	1,244
5,00	0,226	**25**	0,509	**50**	0,792	**60**	1,249
10	0,231	**30**	0,511	**60**	0,796	**80**	1,258
20	0,235	**40**	0,516	**70**	0,801	**28,00**	1,267
25	0,238	**50**	0,520	**75**	0,803	**20**	1,276
30	0,240	**60**	0,525	**80**	0,805	**40**	1,285
40	0,244	**70**	0,529	**90**	0,810	**50**	1,289
50	0,249	**75**	0,532	**18,00**	0,814	**60**	1,294
60	0,253	**80**	0,534	**10**	0,819	**80**	1,303
70	0,258	**90**	0,538	**20**	0,823	**29,00**	1,312
75	0,260	**12,00**	0,543	**25**	0,826	**20**	1,321
80	0,262	**10**	0,547	**30**	0,828	**40**	1,330
90	0,267	**20**	0,552	**40**	0,832	**50**	1,335
6,00	0,271	**25**	0,554	**50**	0,837	**60**	1,339
10	0,276	**30**	0,557	**60**	0,842	**80**	1,348
20	0,280	**40**	0,561	**70**	0,846	**30,00**	1,357
25	0,283	**50**	0,565	**75**	0,848		

Mittendurchmesser 25 cm = 78,54 Mittenumfang

Lg. m	cbm	Lg. m	cbm	Lg. m	cbm	Lg. m	cbm
0,10	0,005	**6,30**	0,309	**12,60**	0,619	**18,80**	0,923
20	0,010	**40**	0,314	**70**	0,624	**90**	0,928
25	0,012	**50**	0,319	**75**	0,626	**19,00**	0,933
30	0,015	**60**	0,324	**80**	0,629	**10**	0,937
40	0,020	**70**	0,329	**90**	0,633	**20**	0,943
50	0,025	**75**	0,331	**13,00**	0,638	**25**	0,945
60	0,029	**80**	0,334	**10**	0,643	**30**	0,948
70	0,034	**90**	0,339	**20**	0,648	**40**	0,953
75	0,037	**7,00**	0,344	**25**	0,651	**50**	0,957
80	0,039	**10**	0,349	**30**	0,653	**60**	0,962
90	0,044	**20**	0,353	**40**	0,658	**70**	0,967
1,00	0,049	**25**	0,356	**50**	0,663	**75**	0,969
10	0,054	**30**	0,358	**60**	0,668	**80**	0,972
20	0,059	**40**	0,363	**70**	0,673	**90**	0,977
25	0,061	**50**	0,368	**75**	0,675	**20,00**	0,982
30	0,064	**60**	0,373	**80**	0,678	**20**	0,992
40	0,069	**70**	0,378	**90**	0,683	**40**	1,002
50	0,074	**75**	0,381	**14,00**	0,687	**50**	1,007
60	0,079	**80**	0,383	**10**	0,692	**60**	1,012
70	0,083	**90**	0,388	**20**	0,697	**80**	1,021
75	0,086	**8,00**	0,393	**25**	0,700	**21,00**	1,031
80	0,088	**10**	0,398	**30**	0,702	**20**	1,041
90	0,093	**20**	0,403	**40**	0,707	**40**	1,051
2,00	0,098	**25**	0,405	**50**	0,712	**50**	1,056
10	0,103	**30**	0,407	**60**	0,717	**60**	1,061
20	0,108	**40**	0,412	**70**	0,722	**80**	1,070
25	0,111	**50**	0,417	**75**	0,724	**22,00**	1,080
30	0,113	**60**	0,422	**80**	0,727	**20**	1,090
40	0,118	**70**	0,427	**90**	0,732	**40**	1,100
50	0,123	**75**	0,430	**15,00**	0,737	**50**	1,105
60	0,128	**80**	0,432	**10**	0,741	**60**	1,110
70	0,133	**90**	0,437	**20**	0,746	**80**	1,120
75	0,135	**9,00**	0,442	**25**	0,749	**23,00**	1,129
80	0,137	**10**	0,447	**30**	0,751	**20**	1,139
90	0,142	**20**	0,452	**40**	0,756	**40**	1,149
3,00	0,147	**25**	0,454	**50**	0,761	**50**	1,154
10	0,152	**30**	0,457	**60**	0,766	**60**	1,159
20	0,157	**40**	0,461	**70**	0,771	**80**	1,169
25	0,160	**50**	0,466	**75**	0,773	**24,00**	1,178
30	0,162	**60**	0,471	**80**	0,776	**20**	1,188
40	0,167	**70**	0,476	**90**	0,781	**40**	1,198
50	0,172	**75**	0,479	**16,00**	0,786	**50**	1,203
60	0,177	**80**	0,481	**10**	0,791	**60**	1,208
70	0,182	**90**	0,486	**20**	0,795	**80**	1,218
75	0,184	**10,00**	0,491	**25**	0,798	**25,00**	1,228
80	0,187	**10**	0,496	**30**	0,800	**20**	1,237
90	0,191	**20**	0,501	**40**	0,805	**40**	1,247
4,00	0,196	**25**	0,503	**50**	0,810	**50**	1,252
10	0,201	**30**	0,506	**60**	0,815	**60**	1,257
20	0,206	**40**	0,511	**70**	0,820	**80**	1,267
25	0,209	**50**	0,515	**75**	0,822	**26,00**	1,277
30	0,211	**60**	0,521	**80**	0,825	**20**	1,286
40	0,216	**70**	0,525	**90**	0,830	**40**	1,296
50	0,221	**75**	0,528	**17,00**	0,835	**50**	1,301
60	0,226	**80**	0,530	**10**	0,840	**60**	1,306
70	0,231	**90**	0,535	**20**	0,845	**80**	1,316
75	0,233	**11,00**	0,540	**25**	0,847	**27,00**	1,326
80	0,236	**10**	0,545	**30**	0,849	**20**	1,336
90	0,241	**20**	0,550	**40**	0,854	**40**	1,345
5,00	0,245	**25**	0,552	**50**	0,859	**50**	1,350
10	0,250	**30**	0,555	**60**	0,864	**60**	1,355
20	0,255	**40**	0,560	**70**	0,869	**80**	1,365
25	0,258	**50**	0,565	**75**	0,872	**28,00**	1,375
30	0,260	**60**	0,570	**80**	0,874	**20**	1,385
40	0,265	**70**	0,575	**90**	0,879	**40**	1,394
50	0,270	**75**	0,577	**18,00**	0,884	**50**	1,399
60	0,275	**80**	0,579	**10**	0,889	**60**	1,404
70	0,280	**90**	0,584	**20**	0,894	**80**	1,414
75	0,282	**12,00**	0,589	**25**	0,896	**29,00**	1,424
80	0,285	**10**	0,594	**30**	0,899	**20**	1,434
90	0,290	**20**	0,599	**40**	0,903	**40**	1,444
6,00	0,295	**25**	0,602	**50**	0,908	**50**	1,449
10	0,299	**30**	0,604	**60**	0,913	**60**	1,453
20	0,304	**40**	0,609	**70**	0,918	**80**	1,463
25	0,307	**50**	0,614	**75**	0,921	**30,00**	1,473

Mittendurchmesser 26 cm = 81,68 Mittenumfang

Lg. m	cbm	Lg. m	cbm	Lg. m	cbm	Lg. m	cbm
0,10	0,005	6,30	0,334	12,60	0,669	18,80	0,998
20	0,011	40	0,340	70	0,674	90	1,004
25	0,013	50	0,345	75	0,677	19,00	1,009
30	0,016	60	0,350	80	0,680	10	1,014
40	0,021	70	0,356	90	0,685	20	1,020
50	0,027	75	0,358	13,00	0,690	25	1,022
60	0,032	80	0,361	10	0,696	30	1,025
70	0,037	90	0,366	20	0,701	40	1,030
75	0,040	7,00	0,372	25	0,704	50	1,035
80	0,042	10	0,377	30	0,706	60	1,041
90	0,048	20	0,382	40	0,712	70	1,046
1,00	0,053	25	0,385	50	0,717	75	1,049
10	0,058	30	0,388	60	0,722	80	1,051
20	0,064	40	0,393	70	0,727	90	1,057
25	0,066	50	0,398	75	0,730	20,00	1,062
30	0,069	60	0,404	80	0,733	20	1,072
40	0,074	70	0,409	90	0,738	40	1,083
50	0,080	75	0,412	14,00	0,743	50	1,088
60	0,085	80	0,414	10	0,749	60	1,094
70	0,090	90	0,419	20	0,754	80	1,105
75	0,093	8,00	0,425	25	0,757	21,00	1,115
80	0,096	10	0,430	30	0,759	20	1,126
90	0,101	20	0,435	40	0,765	40	1,136
2,00	0,106	25	0,438	50	0,770	50	1,141
10	0,111	30	0,441	60	0,775	60	1,147
20	0,117	40	0,446	70	0,781	80	1,158
25	0,120	50	0,451	75	0,783	22,00	1,168
30	0,122	60	0,457	80	0,786	20	1,179
40	0,127	70	0,462	90	0,791	40	1,189
50	0,133	75	0,465	15,00	0,797	50	1,195
60	0,138	80	0,467	10	0,802	60	1,200
70	0,143	90	0,473	20	0,807	80	1,211
75	0,146	9,00	0,478	25	0,810	23,00	1,221
80	0,149	10	0,483	30	0,812	20	1,232
90	0,154	20	0,488	40	0,818	40	1,243
3,00	0,159	25	0,491	50	0,823	50	1,248
10	0,165	30	0,494	60	0,828	60	1,253
20	0,170	40	0,499	70	0,834	80	1,264
25	0,173	50	0,504	75	0,836	24,00	1,274
30	0,175	60	0,510	80	0,839	20	1,285
40	0,181	70	0,515	90	0,844	40	1,296
50	0,186	75	0,518	16,00	0,850	50	1,301
60	0,191	80	0,520	10	0,855	60	1,306
70	0,196	90	0,526	20	0,860	80	1,317
75	0,199	10,00	0,531	25	0,863	25,00	1,328
80	0,202	10	0,536	30	0,866	20	1,338
90	0,207	20	0,542	40	0,871	40	1,349
4,00	0,212	25	0,544	50	0,876	50	1,354
10	0,218	30	0,547	60	0,882	60	1,359
20	0,223	40	0,552	70	0,887	80	1,370
25	0,226	50	0,557	75	0,889	26,00	1,381
30	0,228	60	0,563	80	0,892	20	1,391
40	0,234	70	0,568	90	0,897	40	1,402
50	0,239	75	0,571	17,00	0,903	50	1,407
60	0,244	80	0,574	10	0,908	60	1,413
70	0,250	90	0,579	20	0,913	80	1,423
75	0,252	11,00	0,584	25	0,916	27,00	1,434
80	0,255	10	0,589	30	0,918	20	1,444
90	0,260	20	0,515	40	0,924	40	1,455
5,00	0,265	25	0,597	50	0,929	50	1,460
10	0,271	30	0,600	60	0,935	60	1,466
20	0,276	40	0,605	70	0,940	80	1,476
25	0,279	50	0,611	75	0,943	28,00	1,487
30	0,281	60	0,616	80	0,945	20	1,497
40	0,287	70	0,621	90	0,951	40	1,508
50	0,292	75	0,624	18,00	0,956	50	1,513
60	0,297	80	0,627	10	0,961	60	1,519
70	0,303	90	0,632	20	0,966	80	1,529
75	0,306	12,00	0,637	25	0,969	29,00	1,540
80	0,308	10	0,643	30	0,972	20	1,551
90	0,313	20	0,648	40	0,977	40	1,561
6,00	0,319	25	0,651	50	0,982	50	1,567
10	0,324	30	0,653	60	0,988	60	1,572
20	0,329	40	0,658	70	0,998	80	1,582
25	0,332	50	0,664	75	0,996	30,00	1,593

Mittendurchmesser 27 cm = 84,82 Mittenumfang

Lg. m	cbm	Lg. m	cbm	Lg. m	cbm	Lg. m	cbm
0,10	0,006	**6,30**	0,361	**12,60**	0,722	**18,80**	1,077
20	0,011	**40**	0,366	**70**	0,728	**90**	1,083
25	0,014	**50**	0,372	**75**	0,731	**19,00**	1,089
30	0,017	**60**	0,378	**80**	0,733	**10**	1,094
40	0,023	**70**	0,384	**90**	0,739	**20**	1,100
50	0,029	**75**	0,387	**13,00**	0,745	**25**	1,103
60	0,034	**80**	0,389	**10**	0,751	**30**	1,106
70	0,040	**90**	0,395	**20**	0,756	**40**	1,112
75	0,043	**7,00**	0,401	**25**	0,759	**50**	1,117
80	0,046	**10**	0,407	**30**	0,762	**60**	1,123
90	0,052	**20**	0,412	**40**	0,768	**70**	1,129
1,00	0,057	**25**	0,415	**50**	0,774	**75**	1,131
10	0,063	**30**	0,418	**60**	0,779	**80**	1,135
20	0,069	**40**	0,424	**70**	0,785	**90**	1,140
25	0,072	**50**	0,429	**75**	0,788	**20,00**	1,146
30	0,074	**60**	0,435	**80**	0,791	**20**	1,157
40	0,080	**70**	0,441	**90**	0,797	**40**	1,169
50	0,086	**75**	0,444	**14,00**	0,802	**50**	1,175
60	0,092	**80**	0,448	**10**	0,808	**60**	1,180
70	0,097	**90**	0,452	**20**	0,814	**80**	1,192
75	0,100	**8,00**	0,458	**25**	0,817	**21,00**	1,203
80	0,103	**10**	0,464	**30**	0,819	**20**	1,215
90	0,109	**20**	0,469	**40**	0,825	**40**	1,226
2,00	0,115	**25**	0,473	**50**	0,831	**50**	1,232
10	0,120	**30**	0,475	**60**	0,837	**60**	1,238
20	0,128	**40**	0,481	**70**	0,842	**80**	1,249
25	0,129	**50**	0,487	**75**	0,845	**22,00**	1,261
30	0,132	**60**	0,492	**80**	0,848	**20**	1,272
40	0,137	**70**	0,498	**90**	0,854	**40**	1,284
50	0,143	**75**	0,501	**15,00**	0,860	**50**	1,289
60	0,149	**80**	0,504	**10**	0,865	**60**	1,295
70	0,155	**90**	0,510	**20**	0,871	**80**	1,306
75	0,158	**9,00**	0,515	**25**	0,874	**23,00**	1,318
80	0,160	**10**	0,521	**30**	0,877	**20**	1,329
90	0,166	**20**	0,527	**40**	0,882	**40**	1,341
3,00	0,172	**25**	0,530	**50**	0,888	**50**	1,347
10	0,177	**30**	0,532	**60**	0,894	**60**	1,352
20	0,183	**40**	0,538	**70**	0,900	**80**	1,363
25	0,187	**50**	0,544	**75**	0,903	**24,00**	1,375
30	0,189	**60**	0,550	**80**	0,905	**20**	1,387
40	0,195	**70**	0,555	**90**	0,911	**40**	1,398
50	0,200	**75**	0,559	**16,00**	0,917	**50**	1,404
60	0,206	**80**	0,561	**10**	0,923	**60**	1,410
70	0,212	**90**	0,567	**20**	0,928	**80**	1,421
75	0,215	**10,00**	0,573	**25**	0,931	**25,00**	1,433
80	0,218	**10**	0,579	**30**	0,934	**20**	1,444
90	0,223	**20**	0,585	**40**	0,940	**40**	1,455
4,00	0,229	**25**	0,587	**50**	0,946	**50**	1,461
10	0,235	**30**	0,590	**60**	0,951	**60**	1,468
20	0,240	**40**	0,596	**70**	0,957	**80**	1,478
25	0,243	**50**	0,602	**75**	0,960	**26,00**	1,490
30	0,246	**60**	0,607	**80**	0,963	**20**	1,501
40	0,252	**70**	0,613	**90**	0,968	**40**	1,513
50	0,258	**75**	0,616	**17,00**	0,974	**50**	1,519
60	0,263	**80**	0,619	**10**	0,980	**60**	1,524
70	0,269	**90**	0,625	**20**	0,986	**80**	1,536
75	0,272	**11,00**	0,630	**25**	0,988	**27,00**	1,547
80	0,275	**10**	0,636	**30**	0,991	**20**	1,559
90	0,281	**20**	0,642	**40**	0,997	**40**	1,570
5,00	0,286	**25**	0,645	**50**	1,003	**50**	1,576
10	0,292	**30**	0,648	**60**	1,009	**60**	1,582
20	0,298	**40**	0,653	**70**	1,014	**80**	1,593
25	0,301	**50**	0,659	**75**	1,017	**28,00**	1,604
30	0,303	**60**	0,665	**80**	1,020	**20**	1,616
40	0,309	**70**	0,670	**90**	1,026	**40**	1,627
50	0,315	**75**	0,673	**18,00**	1,031	**50**	1,633
60	0,321	**80**	0,676	**10**	1,037	**60**	1,639
70	0,326	**90**	0,682	**20**	1,043	**80**	1,650
75	0,330	**12,00**	0,688	**25**	1,046	**29,00**	1,660
80	0,332	**10**	0,693	**30**	1,049	**20**	1,672
90	0,338	**20**	0,699	**40**	1,054	**40**	1,682
6,00	0,344	**25**	0,702	**50**	1,060	**50**	1,689
10	0,349	**30**	0,705	**60**	1,066	**60**	1,694
20	0,355	**40**	0,711	**70**	1,072	**80**	1,705
25	0,358	**50**	0,716	**75**	1,074	**30,00**	1,717

Mittendurchmesser 28 cm = 87,96 Mittenumfang

Lg. m	cbm	Lg. m	cbm	Lg. m	cbm	Lg. m	cbm
0,10	0,006	**6,30**	0,388	**12,60**	0,776	**18,80**	1,158
20	0,012	**40**	0,394	**70**	0,782	**90**	1,164
25	0,015	**50**	0,400	**75**	0,786	**19,00**	1,170
30	0,018	**60**	0,406	**80**	0,789	**10**	1,177
40	0,025	**70**	0,413	**90**	0,795	**20**	1,183
50	0,031	**75**	0,416	**13,00**	0,800	**25**	1,186
60	0,037	**80**	0,419	**10**	0,807	**30**	1,189
70	0,043	**90**	0,425	**20**	0,813	**40**	1,195
75	0,046	**7,00**	0,431	**25**	0,816	**50**	1,201
80	0,049	**10**	0,437	**30**	0,819	**60**	1,207
90	0,055	**20**	0,443	**40**	0,825	**70**	1,214
1,00	0,062	**25**	0,447	**50**	0,831	**75**	1,216
10	0,068	**30**	0,450	**60**	0,838	**80**	1,220
20	0,074	**40**	0,456	**70**	0,844	**90**	1,226
25	0,077	**50**	0,462	**75**	0,847	**20,00**	1,232
30	0,080	**60**	0,468	**80**	0,850	**20**	1,244
40	0,086	**70**	0,474	**90**	0,856	**40**	1,257
50	0,092	**75**	0,477	**14,00**	0,862	**50**	1,262
60	0,099	**80**	0,480	**10**	0,869	**60**	1,269
70	0,105	**90**	0,486	**20**	0,875	**80**	1,281
75	0,108	**8,00**	0,493	**25**	0,878	**21,00**	1,294
80	0,111	**10**	0,499	**30**	0,881	**20**	1,306
90	0,117	**20**	0,505	**40**	0,887	**40**	1,318
2,00	0,123	**25**	0,508	**50**	0,893	**50**	1,324
10	0,129	**30**	0,511	**60**	0,899	**60**	1,331
20	0,135	**40**	0,517	**70**	0,906	**80**	1,343
25	0,139	**50**	0,523	**75**	0,909	**22,00**	1,355
30	0,142	**60**	0,530	**80**	0,912	**20**	1,368
40	0,148	**70**	0,536	**90**	0,918	**40**	1,380
50	0,154	**75**	0,539	**15,00**	0,924	**50**	1,386
60	0,160	**80**	0,542	**10**	0,930	**60**	1,392
70	0,166	**90**	0,548	**20**	0,936	**80**	1,405
75	0,169	**9,00**	0,554	**25**	0,939	**23,00**	1,417
80	0,172	**10**	0,560	**30**	0,943	**20**	1,429
90	0,179	**20**	0,566	**40**	0,949	**40**	1,441
3,00	0,185	**25**	0,570	**50**	0,954	**50**	1,448
10	0,191	**30**	0,573	**60**	0,961	**60**	1,454
20	0,197	**40**	0,579	**70**	0,967	**80**	1,466
25	0,200	**50**	0,585	**75**	0,970	**24,00**	1,478
30	0,203	**60**	0,591	**80**	0,973	**20**	1,491
40	0,209	**70**	0,597	**90**	0,979	**40**	1,503
50	0,216	**75**	0,601	**16,00**	0,985	**50**	1,509
60	0,222	**80**	0,603	**10**	0,992	**60**	1,515
70	0,228	**90**	0,610	**20**	0,998	**80**	1,528
75	0,231	**10,00**	0,616	**25**	1,001	**25,00**	1,540
80	0,234	**10**	0,622	**30**	1,004	**20**	1,552
90	0,240	**20**	0,628	**40**	1,010	**40**	1,565
4,00	0,246	**25**	0,631	**50**	1,016	**50**	1,570
10	0,252	**30**	0,635	**60**	1,023	**60**	1,577
20	0,259	**40**	0,641	**70**	1,029	**80**	1,589
25	0,262	**50**	0,647	**75**	1,032	**26,00**	1,602
30	0,265	**60**	0,653	**80**	1,035	**20**	1,614
40	0,271	**70**	0,659	**90**	1,041	**40**	1,626
50	0,277	**75**	0,662	**17,00**	1,047	**50**	1,632
60	0,283	**80**	0,665	**10**	1,053	**60**	1,639
70	0,289	**90**	0,671	**20**	1,060	**80**	1,651
75	0,293	**11,00**	0,677	**25**	1,063	**27,00**	1,663
80	0,296	**10**	0,684	**30**	1,066	**20**	1,676
90	0,302	**20**	0,690	**40**	1,072	**40**	1,688
5,00	0,308	**25**	0,693	**50**	1,078	**50**	1,694
10	0,314	**30**	0,696	**60**	1,084	**60**	1,700
20	0,320	**40**	0,702	**70**	1,090	**80**	1,713
25	0,323	**50**	0,708	**75**	1,093	**28,00**	1,725
30	0,326	**60**	0,715	**80**	1,097	**20**	1,737
40	0,333	**70**	0,721	**90**	1,103	**40**	1,749
50	0,339	**75**	0,724	**18,00**	1,108	**50**	1,756
60	0,345	**80**	0,727	**10**	1,115	**60**	1,762
70	0,351	**90**	0,733	**20**	1,121	**80**	1,774
75	0,354	**12,00**	0,739	**25**	1,124	**29,00**	1,786
80	0,357	**10**	0,745	**30**	1,127	**20**	1,799
90	0,363	**20**	0,752	**40**	1,133	**40**	1,811
6,00	0,369	**25**	0,755	**50**	1,139	**50**	1,817
10	0,376	**30**	0,758	**60**	1,146	**60**	1,823
20	0,382	**40**	0,764	**70**	1,152	**80**	1,836
25	0,385	**50**	0,770	**75**	1,155	**30,00**	1,848

Mittendurchmesser 29 cm = 91,11 Mittenumfang

Lg. m	cbm	Lg. m	cbm	Lg. m	cbm	Lg. m	cbm
0,10	0,007	**6,30**	0,416	**12,60**	0,833	**18,80**	1,243
20	0,013	**40**	0,423	**70**	0,840	**90**	1,249
25	0,017	**50**	0,429	**75**	0,843	**19,00**	1,256
30	0,020	**60**	0,436	**80**	0,846	**10**	1,263
40	0,026	**70**	0,443	**90**	0,853	**20**	1,269
50	0,033	**75**	0,446	**13,00**	0,859	**25**	1,272
60	0,010	**80**	0,449	**10**	0,866	**30**	1,276
70	0,046	**90**	0,456	**20**	0,873	**40**	1,282
75	0,050	**7,00**	0,462	**25**	0,876	**50**	1,289
80	0,053	**10**	0,469	**30**	0,879	**60**	1,296
90	0,059	**20**	0,476	**40**	0,886	**70**	1,302
1,00	0,066	**25**	0,479	**50**	0,892	**75**	1,305
10	0,073	**30**	0,482	**60**	0,899	**80**	1,309
20	0,079	**40**	0,489	**70**	0,906	**90**	1,315
25	0,083	**50**	0,495	**75**	0,909	**20,00**	1,322
30	0,086	**60**	0,502	**80**	0,912	**20**	1,335
40	0,092	**70**	0,509	**90**	0,919	**40**	1,348
50	0,099	**75**	0,512	**14,00**	0,925	**50**	1,355
60	0,106	**80**	0,515	**10**	0,932	**60**	1,362
70	0,112	**90**	0,522	**20**	0,939	**80**	1,375
75	0,116	**8,00**	0,528	**25**	0,942	**21,00**	1,388
80	0,119	**10**	0,535	**30**	0,945	**20**	1,401
90	0,125	**20**	0,542	**40**	0,952	**40**	1,414
2,00	0,132	**25**	0,545	**50**	0,958	**50**	1,421
10	0,139	**30**	0,548	**60**	0,965	**60**	1,428
20	0,145	**40**	0,555	**70**	0,972	**80**	1,441
25	0,149	**50**	0,561	**75**	0,975	**22,00**	1,454
30	0,152	**60**	0,568	**80**	0,978	**20**	1,467
40	0,159	**70**	0,575	**90**	0,985	**40**	1,481
50	0,165	**75**	0,578	**15,00**	0,992	**50**	1,487
60	0,172	**80**	0,581	**10**	0,998	**60**	1,494
70	0,178	**90**	0,588	**20**	1,005	**80**	1,507
75	0,182	**9,00**	0,594	**25**	1,008	**23,00**	1,520
80	0,185	**10**	0,601	**30**	1,011	**20**	1,534
90	0,192	**20**	0,608	**40**	1,018	**40**	1,547
3,00	0,198	**25**	0,611	**50**	1,025	**50**	1,553
10	0,205	**30**	0,614	**60**	1,031	**60**	1,560
20	0,211	**40**	0,621	**70**	1,038	**80**	1,573
25	0,215	**50**	0,627	**75**	1,041	**24,00**	1,586
30	0,218	**60**	0,634	**80**	1,044	**20**	1,600
40	0,225	**70**	0,641	**90**	1,051	**40**	1,613
50	0,231	**75**	0,645	**16,00**	1,058	**50**	1,620
60	0,233	**80**	0,647	**10**	1,064	**60**	1,626
70	0,244	**90**	0,654	**20**	1,071	**80**	1,639
75	0,248	**10,00**	0,661	**25**	1,074	**25,00**	1,653
80	0,251	**10**	0,668	**30**	1,077	**20**	1,666
90	0,258	**20**	0,674	**40**	1,084	**40**	1,679
4,00	0,264	**25**	0,678	**50**	1,091	**50**	1,686
10	0,271	**30**	0,681	**60**	1,097	**60**	1,692
20	0,277	**40**	0,687	**70**	1,104	**80**	1,705
25	0,281	**50**	0,694	**75**	1,107	**26,00**	1,719
30	0,284	**60**	0,701	**80**	1,110	**20**	1,732
40	0,291	**70**	0,707	**90**	1,117	**40**	1,745
50	0,297	**75**	0,711	**17,00**	1,124	**50**	1,752
60	0,304	**80**	0,714	**10**	1,130	**60**	1,758
70	0,310	**90**	0,721	**20**	1,137	**80**	1,771
75	0,314	**11,00**	0,727	**25**	1,140	**27,00**	1,785
80	0,317	**10**	0,734	**30**	1,144	**20**	1,798
90	0,324	**20**	0,740	**40**	1,150	**40**	1,811
5,00	0,330	**25**	0,744	**50**	1,157	**50**	1,818
10	0,337	**30**	0,747	**60**	1,163	**60**	1,824
20	0,343	**40**	0,754	**70**	1,170	**80**	1,838
25	0,347	**50**	0,760	**75**	1,173	**28,00**	1,851
30	0,350	**60**	0,767	**80**	1,177	**20**	1,864
40	0,357	**70**	0,773	**90**	1,183	**40**	1,877
50	0,363	**75**	0,777	**18,00**	1,190	**50**	1,884
60	0,370	**80**	0,780	**10**	1,196	**60**	1,891
70	0,376	**90**	0,787	**20**	1,203	**80**	1,904
75	0,380	**12,00**	0,793	**25**	1,206	**29,00**	1,917
80	0,383	**10**	0,800	**30**	1,210	**20**	1,930
90	0,390	**20**	0,806	**40**	1,216	**40**	1,943
6,00	0,396	**25**	0,810	**50**	1,223	**50**	1,950
10	0,403	**30**	0,813	**60**	1,230	**60**	1,957
20	0,410	**40**	0,820	**70**	1,236	**80**	1,970
25	0,413	**50**	0,826	**75**	1,239	**30,00**	1,983

29

Mittendurchmesser 30 cm = 94,25 Mittenumfang

Lg. m	cbm	Lg. m	cbm	Lg. m	cbm	Lg. m	cbm
0,10	0,007	**6,30**	0,445	**12,60**	0,891	**18,80**	1,329
20	0,014	**40**	0,452	**70**	0,898	**90**	1,336
25	0,018	**50**	0,459	**75**	0,901	**19,00**	1,343
30	0,021	**60**	0,467	**80**	0,905	**10**	1,350
40	0,028	**70**	0,474	**90**	0,912	**20**	1,357
50	0,035	**75**	0,477	**13,00**	0,919	**25**	1,361
60	0,042	**80**	0,481	**10**	0,926	**30**	1,365
70	0,049	**90**	0,488	**20**	0,933	**40**	1,372
75	0,053	**7,00**	0,495	**25**	0,937	**50**	1,379
80	0,057	**10**	0,502	**30**	0,940	**60**	1,386
90	0,064	**20**	0,509	**40**	0,947	**70**	1,393
1,00	0,071	**25**	0,513	**50**	0,955	**75**	1,396
10	0,078	**30**	0,516	**60**	0,962	**80**	1,400
20	0,085	**40**	0,523	**70**	0,969	**90**	1,407
25	0,088	**50**	0,530	**75**	0,972	**20,00**	1,414
30	0,092	**60**	0,537	**80**	0,976	**20**	1,428
40	0,099	**70**	0,544	**90**	0,983	**40**	1,442
50	0,106	**75**	0,548	**14,00**	0,990	**50**	1,449
60	0,113	**80**	0,551	**10**	0,997	**60**	1,456
70	0,120	**90**	0,558	**20**	1,004	**80**	1,471
75	0,124	**8,00**	0,565	**25**	1,008	**21,00**	1,485
80	0,127	**10**	0,573	**30**	1,011	**20**	1,499
90	0,134	**20**	0,580	**40**	1,018	**40**	1,513
2,00	0,141	**25**	0,583	**50**	1,025	**50**	1,518
10	0,148	**30**	0,587	**60**	1,032	**60**	1,525
20	0,156	**40**	0,594	**70**	1,039	**80**	1,539
25	0,159	**50**	0,601	**75**	1,043	**22,00**	1,555
30	0,163	**60**	0,608	**80**	1,046	**20**	1,570
40	0,170	**70**	0,615	**90**	1,053	**40**	1,584
50	0,177	**75**	0,619	**15,00**	1,061	**50**	1,591
60	0,184	**80**	0,622	**10**	1,068	**60**	1,598
70	0,191	**90**	0,629	**20**	1,075	**80**	1,612
75	0,194	**9,00**	0,636	**25**	1,078	**23,00**	1,626
80	0,198	**10**	0,643	**30**	1,082	**20**	1,640
90	0,205	**20**	0,650	**40**	1,089	**40**	1,654
3,00	0,212	**25**	0,654	**50**	1,096	**50**	1,662
10	0,219	**30**	0,657	**60**	1,103	**60**	1,669
20	0,226	**40**	0,664	**70**	1,110	**80**	1,683
25	0,230	**50**	0,672	**75**	1,114	**24,00**	1,697
30	0,233	**60**	0,679	**80**	1,117	**20**	1,711
40	0,240	**70**	0,686	**90**	1,124	**40**	1,725
50	0,247	**75**	0,689	**16,00**	1,131	**50**	1,732
60	0,254	**80**	0,693	**10**	1,138	**60**	1,739
70	0,262	**90**	0,700	**20**	1,145	**80**	1,753
75	0,265	**10,00**	0,707	**25**	1,149	**25,00**	1,768
80	0,269	**10**	0,714	**30**	1,152	**20**	1,782
90	0,276	**20**	0,721	**40**	1,160	**40**	1,796
4,00	0,283	**25**	0,725	**50**	1,167	**50**	1,803
10	0,290	**30**	0,728	**60**	1,174	**60**	1,810
20	0,297	**40**	0,735	**70**	1,181	**80**	1,824
25	0,300	**50**	0,742	**75**	1,184	**26,00**	1,838
30	0,304	**60**	0,749	**80**	1,188	**20**	1,852
40	0,311	**70**	0,757	**90**	1,195	**40**	1,867
50	0,318	**75**	0,760	**17,00**	1,202	**50**	1,874
60	0,325	**80**	0,764	**10**	1,209	**60**	1,881
70	0,332	**90**	0,770	**20**	1,216	**80**	1,895
75	0,336	**11,00**	0,778	**25**	1,220	**27,00**	1,909
80	0,339	**10**	0,785	**30**	1,223	**20**	1,923
90	0,346	**20**	0,792	**40**	1,230	**40**	1,937
5,00	0,353	**25**	0,795	**50**	1,237	**50**	1,944
10	0,360	**30**	0,799	**60**	1,244	**60**	1,951
20	0,368	**40**	0,806	**70**	1,251	**80**	1,966
25	0,371	**50**	0,813	**75**	1,255	**28,00**	1,980
30	0,375	**60**	0,820	**80**	1,259	**20**	1,994
40	0,382	**70**	0,827	**90**	1,266	**40**	2,008
50	0,389	**75**	0,831	**18,00**	1,273	**50**	2,015
60	0,396	**80**	0,834	**10**	1,280	**60**	2,022
70	0,403	**90**	0,841	**20**	1,287	**80**	2,036
75	0,407	**12,00**	0,848	**25**	1,290	**29,00**	2,050
80	0,410	**10**	0,855	**30**	1,294	**20**	2,064
90	0,417	**20**	0,863	**40**	1,301	**40**	2,079
6,00	0,424	**25**	0,866	**50**	1,308	**50**	2,086
10	0,431	**30**	0,870	**60**	1,315	**60**	2,093
20	0,438	**40**	0,877	**70**	1,322	**80**	2,107
25	0,442	**50**	0,884	**75**	1,326	**30,00**	2,121

Mittendurchmesser 31 cm = 97,39 Mittenumfang

Lg. m	cbm	Lg. m	cbm	Lg. m	cbm	Lg. m	cbm
0,10	0,008	**6,30**	0,476	**12,60**	0,951	**18,80**	1,419
20	0,015	**40**	0,483	**70**	0,959	**90**	1,427
25	0,019	**50**	0,491	**75**	0,963	**19,00**	1,435
30	0,023	**60**	0,498	**80**	0,966	**10**	1,442
40	0,030	**70**	0,506	**90**	0,974	**20**	1,450
50	0,038	**75**	0,510	**13,00**	0,982	**25**	1,453
60	0,045	**80**	0,513	**10**	0,989	**30**	1,457
70	0,053	**90**	0,521	**20**	0,997	**40**	1,465
75	0,057	**7,00**	0,528	**25**	1,003	**50**	1,472
80	0,060	**10**	0,536	**30**	1,004	**60**	1,480
90	0,068	**20**	0,543	**40**	1,012	**70**	1,487
1,00	0,075	**25**	0,547	**50**	1,019	**75**	1,491
10	0,083	**30**	0,551	**60**	1,027	**80**	1,495
20	0,091	**40**	0,559	**70**	1,034	**90**	1,503
25	0,094	**50**	0,566	**75**	1,038	**20,00**	1,510
30	0,098	**60**	0,574	**80**	1,042	**20**	1,525
40	0,106	**70**	0,581	**90**	1,050	**40**	1,540
50	0,113	**75**	0,585	**14,00**	1,057	**50**	1,548
60	0,121	**80**	0,589	**10**	1,065	**60**	1,555
70	0,128	**90**	0,596	**20**	1,072	**80**	1,570
75	0,132	**8,00**	0,604	**25**	1,016	**21,00**	1,586
80	0,136	**10**	0,611	**30**	1,080	**20**	1,601
90	0,143	**20**	0,619	**40**	1,087	**40**	1,616
2,00	0,151	**25**	0,623	**50**	1,095	**50**	1,623
10	0,159	**30**	0,626	**60**	1,102	**60**	1,631
20	0,166	**40**	0,634	**70**	1,110	**80**	1,646
25	0,170	**50**	0,642	**75**	1,114	**22,00**	1,661
30	0,174	**60**	0,649	**80**	1,117	**20**	1,676
40	0,181	**70**	0,657	**90**	1,125	**40**	1,691
50	0,189	**75**	0,661	**15,00**	1,133	**50**	1,699
60	0,196	**80**	0,664	**10**	1,140	**60**	1,706
70	0,204	**90**	0,672	**20**	1,148	**80**	1,721
75	0,208	**9,00**	0,679	**25**	1,151	**23,00**	1,737
80	0,211	**10**	0,687	**30**	1,155	**20**	1,752
90	0,219	**20**	0,694	**40**	1,163	**40**	1,767
3,00	0,226	**25**	0,698	**50**	1,170	**50**	1,774
10	0,234	**30**	0,702	**60**	1,178	**60**	1,782
20	0,242	**40**	0,709	**70**	1,185	**80**	1,797
25	0,245	**50**	0,717	**75**	1,189	**24,00**	1,812
30	0,249	**60**	0,725	**80**	1,193	**20**	1,827
40	0,257	**70**	0,732	**90**	1,201	**40**	1,842
50	0,264	**75**	0,736	**16,00**	1,208	**50**	1,850
60	0,272	**80**	0,740	**10**	1,216	**60**	1,857
70	0,279	**90**	0,747	**20**	1,223	**80**	1,872
75	0,283	**10,00**	0,755	**25**	1,227	**25,00**	1,888
80	0,287	**10**	0,763	**30**	1,231	**20**	1,903
90	0,294	**20**	0,770	**40**	1,238	**40**	1,918
4,00	0,302	**25**	0,774	**50**	1,246	**50**	1,925
10	0,309	**30**	0,778	**60**	1,253	**60**	1,933
20	0,317	**40**	0,785	**70**	1,261	**80**	1,948
25	0,321	**50**	0,793	**75**	1,265	**26,00**	1,963
30	0,325	**60**	0,800	**80**	1,268	**20**	1,978
40	0,332	**70**	0,808	**90**	1,276	**40**	1,993
50	0,340	**75**	0,812	**17,00**	1,284	**50**	2,001
60	0,347	**80**	0,815	**10**	1,291	**60**	2,008
70	0,355	**90**	0,823	**20**	1,299	**80**	2,023
75	0,359	**11,00**	0,831	**25**	1,302	**27,00**	2,039
80	0,362	**10**	0,838	**30**	1,306	**20**	2,054
90	0,370	**20**	0,846	**40**	1,314	**40**	2,069
5,00	0,377	**25**	0,849	**50**	1,321	**50**	2,076
10	0,385	**30**	0,853	**60**	1,329	**60**	2,084
20	0,392	**40**	0,861	**70**	1,336	**80**	2,099
25	0,396	**50**	0,868	**75**	1,339	**28,00**	2,114
30	0,400	**60**	0,876	**80**	1,344	**20**	2,129
40	0,408	**70**	0,883	**90**	1,352	**40**	2,144
50	0,415	**75**	0,887	**18,00**	1,359	**50**	2,152
60	0,423	**80**	0,891	**10**	1,367	**60**	2,159
70	0,430	**90**	0,899	**20**	1,374	**80**	2,174
75	0,434	**12,00**	0,906	**25**	1,378	**29,00**	2,190
80	0,438	**10**	0,914	**30**	1,382	**20**	2,205
90	0,445	**20**	0,921	**40**	1,389	**40**	2,220
6,00	0,453	**25**	0,925	**50**	1,397	**50**	2,227
10	0,460	**30**	0,929	**60**	1,404	**60**	2,235
20	0,468	**40**	0,936	**70**	1,412	**80**	2,250
25	0,472	**50**	0,944	**75**	1,416	**30,00**	2,265

Mittendurchmesser 32 cm = 100,5 Mittenumfang

Lg. m	cbm	Lg. m	cbm	Lg. m	cbm	Lg. m	cbm
0,10	0,008	**6,30**	0,507	**12,60**	1,013	**18,80**	1,512
20	0,016	**40**	0,515	**70**	1,021	**90**	1,520
25	0,020	**50**	0,523	**75**	1,025	**19,00**	1,528
30	0,024	**60**	0,531	**80**	1,029	**10**	1,536
40	0,032	**70**	0,539	**90**	1,037	**20**	1,544
50	0,040	**75**	0,543	**13,00**	1,045	**25**	1,548
60	0,048	**80**	0,547	**10**	1,053	**30**	1,552
70	0,056	**90**	0,555	**20**	1,061	**40**	1,560
75	0,060	**7,00**	0,563	**25**	1,065	**50**	1,568
80	0,064	**10**	0,571	**30**	1,069	**60**	1,576
90	0,072	**20**	0,579	**40**	1,077	**70**	1,584
1,00	0,080	**25**	0,583	**50**	1,086	**75**	1,588
10	0,088	**30**	0,587	**60**	1,093	**80**	1,592
20	0,097	**40**	0,595	**70**	1,102	**90**	1,600
25	0,101	**50**	0,603	**75**	1,106	**20,00**	1,608
30	0,105	**60**	0,611	**80**	1,110	**20**	1,624
40	0,113	**70**	0,619	**90**	1,118	**40**	1,640
50	0,121	**75**	0,623	**14,00**	1,126	**50**	1,648
60	0,129	**80**	0,627	**10**	1,134	**60**	1,656
70	0,137	**90**	0,635	**20**	1,142	**80**	1,672
75	0,141	**8,00**	0,643	**25**	1,146	**21,00**	1,688
80	0,145	**10**	0,651	**30**	1,150	**20**	1,705
90	0,153	**20**	0,659	**40**	1,158	**40**	1,721
2,00	0,161	**25**	0,663	**50**	1,166	**50**	1,729
10	0,169	**30**	0,668	**60**	1,173	**60**	1,737
20	0,177	**40**	0,676	**70**	1,182	**80**	1,753
25	0,181	**50**	0,684	**75**	1,186	**22,00**	1,769
30	0,185	**60**	0,692	**80**	1,190	**20**	1,785
40	0,193	**70**	0,700	**90**	1,198	**40**	1,801
50	0,201	**75**	0,704	**15,00**	1,206	**50**	1,809
60	0,209	**80**	0,708	**10**	1,214	**60**	1,817
70	0,217	**90**	0,716	**20**	1,222	**80**	1,833
75	0,221	**9,00**	0,724	**25**	1,226	**23,00**	1,849
80	0,225	**10**	0,732	**30**	1,230	**20**	1,865
90	0,233	**20**	0,740	**40**	1,238	**40**	1,881
3,00	0,241	**25**	0,744	**50**	1,247	**50**	1,889
10	0,249	**30**	0,748	**60**	1,254	**60**	1,897
20	0,257	**40**	0,756	**70**	1,262	**80**	1,913
25	0,261	**50**	0,764	**75**	1,266	**24,00**	1,930
30	0,265	**60**	0,772	**80**	1,270	**20**	1,946
40	0,273	**70**	0,780	**90**	1,278	**40**	1,962
50	0,281	**75**	0,784	**16,00**	1,287	**50**	1,970
60	0,290	**80**	0,788	**10**	1,294	**60**	1,978
70	0,298	**90**	0,796	**20**	1,303	**80**	1,994
75	0,302	**10,00**	0,804	**25**	1,307	**25,00**	2,010
80	0,306	**10**	0,812	**30**	1,311	**20**	2,026
90	0,314	**20**	0,820	**40**	1,319	**40**	2,042
4,00	0,322	**25**	0,824	**50**	1,327	**50**	2,050
10	0,330	**30**	0,828	**60**	1,335	**60**	2,058
20	0,338	**40**	0,836	**70**	1,343	**80**	2,074
25	0,342	**50**	0,844	**75**	1,347	**26,00**	2,090
30	0,346	**60**	0,852	**80**	1,351	**20**	2,106
40	0,354	**70**	0,860	**90**	1,359	**40**	2,123
50	0,362	**75**	0,864	**17,00**	1,367	**50**	2,131
60	0,370	**80**	0,868	**10**	1,375	**60**	2,139
70	0,378	**90**	0,876	**20**	1,383	**80**	2,155
75	0,382	**11,00**	0,885	**25**	1,387	**27,00**	2,171
80	0,386	**10**	0,892	**30**	1,391	**20**	2,187
90	0,394	**20**	0,901	**40**	1,399	**40**	2,203
5,00	0,402	**25**	0,905	**50**	1,407	**50**	2,211
10	0,410	**30**	0,909	**60**	1,415	**60**	2,219
20	0,418	**40**	0,917	**70**	1,423	**80**	2,235
25	0,422	**50**	0,925	**75**	1,427	**28,00**	2,251
30	0,426	**60**	0,933	**80**	1,431	**20**	2,277
40	0,434	**70**	0,941	**90**	1,439	**40**	2,283
50	0,442	**75**	0,945	**18,00**	1,447	**50**	2,291
60	0,450	**80**	0,949	**10**	1,455	**60**	2,299
70	0,458	**90**	0,957	**20**	1,463	**80**	2,316
75	0,462	**12,00**	0,965	**25**	1,467	**29,00**	2,332
80	0,466	**10**	0,973	**30**	1,471	**20**	2,348
90	0,475	**20**	0,981	**40**	1,479	**40**	2,364
6,00	0,483	**25**	0,985	**50**	1,488	**50**	2,372
10	0,491	**30**	0,989	**60**	1,495	**60**	2,380
20	0,499	**40**	0,997	**70**	1,504	**80**	2,396
25	0,503	**50**	1,005	**75**	1,508	**30,00**	2,412

Mittendurchmesser 33 cm = 103,7 Mittenumfang

Lg. m	cbm	Lg. m	cbm	Lg. m	cbm	Lg. m	cbm
0,10	0,009	**6,30**	0,539	**12,60**	1,077	**18,80**	1,607
20	0,017	**40**	0,547	**70**	1,086	**90**	1,616
25	0,021	**50**	0,556	**75**	1,090	**19,00**	1,625
30	0,026	**60**	0,564	**80**	1,094	**10**	1,633
40	0,034	**70**	0,573	**90**	1,103	**20**	1,642
50	0,043	**75**	0,577	**13,00**	1,112	**25**	1,646
60	0,051	**80**	0,582	**10**	1,120	**30**	1,650
70	0,060	**90**	0,590	**20**	1,129	**40**	1,659
75	0,064	**7,00**	0,599	**25**	1,133	**50**	1,668
80	0,068	**10**	0,607	**30**	1,137	**60**	1,676
90	0,077	**20**	0,616	**40**	1,146	**70**	1,684
1,00	0,086	**25**	0,620	**50**	1,155	**75**	1,689
10	0,094	**30**	0,624	**60**	1,163	**80**	1,693
20	0,103	**40**	0,633	**70**	1,171	**90**	1,702
25	0,107	**50**	0,641	**75**	1,176	**20,00**	1,711
30	0,111	**60**	0,650	**80**	1,180	**20**	1,727
40	0,120	**70**	0,659	**90**	1,189	**40**	1,744
50	0,128	**75**	0,663	**14,00**	1,197	**50**	1,753
60	0,137	**80**	0,667	**10**	1,206	**60**	1,761
70	0,145	**90**	0,676	**20**	1,214	**80**	1,778
75	0,150	**8,00**	0,684	**25**	1,218	**21,00**	1,796
80	0,154	**10**	0,693	**30**	1,223	**20**	1,813
90	0,163	**20**	0,701	**40**	1,231	**40**	1,830
2,00	0,171	**25**	0,705	**50**	1,240	**50**	1,838
10	0,180	**30**	0,710	**60**	1,248	**60**	1,847
20	0,188	**40**	0,718	**70**	1,257	**80**	1,864
25	0,192	**50**	0,727	**75**	1,261	**22,00**	1,881
30	0,197	**60**	0,736	**80**	1,265	**20**	1,898
40	0,205	**70**	0,744	**90**	1,274	**40**	1,915
50	0,214	**75**	0,748	**15,00**	1,283	**50**	1,924
60	0,222	**80**	0,753	**10**	1,291	**60**	1,932
70	0,231	**90**	0,761	**20**	1,300	**80**	1,949
75	0,235	**9,00**	0,770	**25**	1,304	**23,00**	1,967
80	0,239	**10**	0,778	**30**	1,308	**20**	1,984
90	0,248	**20**	0,787	**40**	1,317	**40**	2,001
3,00	0,257	**25**	0,791	**50**	1,326	**50**	2,009
10	0,265	**30**	0,795	**60**	1,334	**60**	2,018
20	0,274	**40**	0,804	**70**	1,342	**80**	2,035
25	0,278	**50**	0,813	**75**	1,347	**24,00**	2,052
30	0,282	**60**	0,821	**80**	1,351	**20**	2,069
40	0,291	**70**	0,830	**90**	1,360	**40**	2,086
50	0,299	**75**	0,834	**16,00**	1,368	**50**	2,095
60	0,308	**80**	0,838	**10**	1,377	**60**	2,103
70	0,316	**90**	0,847	**20**	1,385	**80**	2,120
75	0,321	**10,00**	0,855	**25**	1,389	**25,00**	2,138
80	0,325	**10**	0,864	**30**	1,394	**20**	2,155
90	0,334	**20**	0,872	**40**	1,402	**40**	2,172
4,00	0,342	**25**	0,876	**50**	1,411	**50**	2,180
10	0,351	**30**	0,881	**60**	1,419	**60**	2,189
20	0,359	**40**	0,889	**70**	1,428	**80**	2,206
25	0,363	**50**	0,898	**75**	1,432	**26,00**	2,222
30	0,368	**60**	0,906	**80**	1,436	**20**	2,240
40	0,376	**70**	0,915	**90**	1,444	**40**	2,257
50	0,385	**75**	0,919	**17,00**	1,454	**50**	2,266
60	0,393	**80**	0,923	**10**	1,462	**60**	2,274
70	0,402	**90**	0,932	**20**	1,471	**80**	2,291
75	0,406	**11,00**	0,941	**25**	1,475	**27,00**	2,309
80	0,411	**10**	0,949	**30**	1,479	**20**	2,326
90	0,419	**20**	0,958	**40**	1,488	**40**	2,343
5,00	0,428	**25**	0,962	**50**	1,497	**50**	2,351
10	0,436	**30**	0,966	**60**	1,505	**60**	2,360
20	0,445	**40**	0,975	**70**	1,513	**80**	2,377
25	0,449	**50**	0,984	**75**	1,518	**28,00**	2,394
30	0,453	**60**	0,992	**80**	1,522	**20**	2,411
40	0,462	**70**	1,003	**90**	1,531	**40**	2,428
50	0,470	**75**	1,005	**18,00**	1,539	**50**	2,437
60	0,479	**80**	1,009	**10**	1,548	**60**	2,445
70	0,488	**90**	1,018	**20**	1,556	**80**	2,462
75	0,492	**12,00**	1,026	**25**	1,560	**29,00**	2,480
80	0,496	**10**	1,035	**30**	1,565	**20**	2,497
90	0,505	**20**	1,043	**40**	1,573	**40**	2,514
6,00	0,513	**25**	1,047	**50**	1,582	**50**	2,522
10	0,522	**30**	1,052	**60**	1,590	**60**	2,531
20	0,530	**40**	1,060	**70**	1,599	**80**	2,548
25	0,534	**50**	1,069	**75**	1,603	**30,00**	2,565

Mittendurchmesser 34 cm = 106,8 Mittenumfang

Lg. m	cbm	Lg. m	cbm	Lg. m	cbm	Lg. m	cbm
0,10	0,009	**6,30**	0,572	**12,60**	1,144	**18,80**	1,707
20	0,018	**40**	0,581	**70**	1,153	**90**	1,716
25	0,023	**50**	0,590	**75**	1,158	**19,00**	1,725
30	0,027	**60**	0,599	**80**	1,162	**10**	1,734
40	0,036	**70**	0,608	**90**	1,171	**20**	1,743
50	0,045	**75**	0,613	**13,00**	1,180	**25**	1,748
60	0,054	**80**	0,617	**10**	1,190	**30**	1,752
70	0,064	**90**	0,626	**20**	1,199	**40**	1,762
75	0,068	**7,00**	0,636	**25**	1,203	**50**	1,770
80	0,073	**10**	0,645	**30**	1,208	**60**	1,780
90	0,082	**20**	0,654	**40**	1,217	**70**	1,789
1,00	0,091	**25**	0,658	**50**	1,226	**75**	1,793
10	0,100	**30**	0,663	**60**	1,235	**80**	1,798
20	0,109	**40**	0,672	**70**	1,244	**90**	1,807
25	0,114	**50**	0,681	**75**	1,249	**20,00**	1,816
30	0,118	**60**	0,690	**80**	1,253	**20**	1,834
40	0,127	**70**	0,699	**90**	1,262	**40**	1,852
50	0,136	**75**	0,704	**14,00**	1,271	**50**	1,861
60	0,145	**80**	0,708	**10**	1,280	**60**	1,871
70	0,154	**90**	0,717	**20**	1,289	**80**	1,889
75	0,159	**8,00**	0,726	**25**	1,294	**21,00**	1,907
80	0,163	**10**	0,735	**30**	1,298	**20**	1,925
90	0,173	**20**	0,744	**40**	1,308	**40**	1,943
2,00	0,182	**25**	0,749	**50**	1,316	**50**	1,952
10	0,191	**30**	0,754	**60**	1,326	**60**	1,961
20	0,200	**40**	0,763	**70**	1,335	**80**	1,979
25	0,204	**50**	0,772	**75**	1,339	**22,00**	1,998
30	0,209	**60**	0,781	**80**	1,344	**20**	2,016
40	0,218	**70**	0,790	**90**	1,353	**40**	2,034
50	0,227	**75**	0,795	**15,00**	1,362	**50**	2,043
60	0,236	**80**	0,799	**10**	1,371	**60**	2,052
70	0,245	**90**	0,808	**20**	1,380	**80**	2,070
75	0,250	**9,00**	0,817	**25**	1,385	**23,00**	2,088
80	0,254	**10**	0,826	**30**	1,389	**20**	2,107
90	0,263	**20**	0,835	**40**	1,398	**40**	2,125
3,00	0,272	**25**	0,840	**50**	1,407	**50**	2,134
10	0,281	**30**	0,844	**60**	1,417	**60**	2,143
20	0,291	**40**	0,853	**70**	1,426	**80**	2,161
25	0,295	**50**	0,863	**75**	1,430	**24,00**	2,179
30	0,300	**60**	0,872	**80**	1,435	**20**	2,197
40	0,309	**70**	0,881	**90**	1,444	**40**	2,216
50	0,318	**75**	0,885	**16,00**	1,453	**50**	2,225
60	0,327	**80**	0,890	**10**	1,462	**60**	2,234
70	0,336	**90**	0,899	**20**	1,471	**80**	2,252
75	0,341	**10,00**	0,908	**25**	1,476	**25,00**	2,270
80	0,345	**10**	0,917	**30**	1,480	**20**	2,288
90	0,354	**20**	0,926	**40**	1,489	**40**	2,306
4,00	0,363	**25**	0,931	**50**	1,498	**50**	2,315
10	0,372	**30**	0,935	**60**	1,507	**60**	2,325
20	0,381	**40**	0,944	**70**	1,516	**80**	2,343
25	0,386	**50**	0,953	**75**	1,521	**26,00**	2,361
30	0,390	**60**	0,963	**80**	1,525	**20**	2,379
40	0,399	**70**	0,972	**90**	1,535	**40**	2,397
50	0,409	**75**	0,976	**17,00**	1,544	**50**	2,406
60	0,418	**80**	0,981	**10**	1,553	**60**	2,415
70	0,427	**90**	0,990	**20**	1,562	**80**	2,433
75	0,431	**11,00**	0,999	**25**	1,566	**27,00**	2,452
80	0,436	**10**	1,008	**30**	1,571	**20**	2,470
90	0,445	**20**	1,017	**40**	1,580	**40**	2,488
5,00	0,454	**25**	1,022	**50**	1,589	**50**	2,497
10	0,463	**30**	1,026	**60**	1,598	**60**	2,506
20	0,472	**40**	1,035	**70**	1,607	**80**	2,524
25	0,477	**50**	1,044	**75**	1,612	**28,00**	2,542
30	0,481	**60**	1,053	**80**	1,616	**20**	2,561
40	0,490	**70**	1,063	**90**	1,625	**40**	2,579
50	0,499	**75**	1,067	**18,00**	1,634	**50**	2,588
60	0,508	**80**	1,072	**10**	1,644	**60**	2,597
70	0,518	**90**	1,081	**20**	1,653	**80**	2,615
75	0,522	**12,00**	1,090	**25**	1,657	**29,00**	2,633
80	0,527	**10**	1,099	**30**	1,662	**20**	2,651
90	0,536	**20**	1,108	**40**	1,671	**40**	2,670
6,00	0,545	**25**	1,112	**50**	1,680	**50**	2,679
10	0,554	**30**	1,117	**60**	1,689	**60**	2,688
20	0,563	**40**	1,126	**70**	1,698	**80**	2,706
25	0,568	**50**	1,135	**75**	1,703	**30,00**	2,724

Mittendurchmesser 35 cm = 110,0 Mittenumfang

Lg. m	cbm	Lg. m	cbm	Lg. m	cbm	Lg. m	cbm
0,10	0,010	**6,30**	0,606	**12,60**	1,212	**18,80**	1,809
20	0,019	**40**	0,616	**70**	1,222	**90**	1,818
25	0,024	**50**	0,625	**75**	1,227	**19,00**	1,828
30	0,029	**60**	0,635	**80**	1,231	**10**	1,837
40	0,038	**70**	0,645	**90**	1,241	**20**	1,847
50	0,048	**75**	0,649	**13,00**	1,251	**25**	1,852
60	0,058	**80**	0,654	**10**	1,260	**30**	1,857
70	0,067	**90**	0,664	**20**	1,270	**40**	1,866
75	0,072	**7,00**	0,673	**25**	1,275	**50**	1,876
80	0,077	**10**	0,683	**30**	1,280	**60**	1,886
90	0,087	**20**	0,693	**40**	1,289	**70**	1,895
1,00	0,096	**25**	0,698	**50**	1,299	**75**	1,900
10	0,106	**30**	0,702	**60**	1,308	**80**	1,905
20	0,115	**40**	0,712	**70**	1,318	**90**	1,914
25	0,120	**50**	0,722	**75**	1,323	**20,00**	1,924
30	0,125	**60**	0,731	**80**	1,328	**20**	1,943
40	0,135	**70**	0,741	**90**	1,337	**40**	1,963
50	0,144	**75**	0,746	**14,00**	1,347	**50**	1,972
60	0,154	**80**	0,750	**10**	1,356	**60**	1,982
70	0,164	**90**	0,760	**20**	1,366	**80**	2,001
75	0,168	**8,00**	0,770	**25**	1,371	**21,00**	2,020
80	0,173	**10**	0,779	**30**	1,376	**20**	2,039
90	0,183	**20**	0,789	**40**	1,385	**40**	2,059
2,00	0,192	**25**	0,794	**50**	1,395	**50**	2,068
10	0,202	**30**	0,799	**60**	1,405	**60**	2,078
20	0,212	**40**	0,808	**70**	1,414	**80**	2,097
25	0,217	**50**	0,818	**75**	1,419	**22,00**	2,116
30	0,221	**60**	0,827	**80**	1,424	**20**	2,136
40	0,231	**70**	0,837	**90**	1,433	**40**	2,155
50	0,241	**75**	0,842	**15,00**	1,443	**50**	2,165
60	0,250	**80**	0,847	**10**	1,453	**60**	2,174
70	0,260	**90**	0,856	**20**	1,462	**80**	2,193
75	0,265	**9,00**	0,866	**25**	1,467	**23,00**	2,213
80	0,269	**10**	0,876	**30**	1,472	**20**	2,232
90	0,279	**20**	0,885	**40**	1,482	**40**	2,251
3,00	0,289	**25**	0,890	**50**	1,491	**50**	2,261
10	0,298	**30**	0,895	**60**	1,501	**60**	2,270
20	0,308	**40**	0,904	**70**	1,510	**80**	2,290
25	0,313	**50**	0,914	**75**	1,515	**24,00**	2,309
30	0,317	**60**	0,924	**80**	1,520	**20**	2,328
40	0,327	**70**	0,933	**90**	1,530	**40**	2,347
50	0,337	**75**	0,938	**16,00**	1,539	**50**	2,357
60	0,346	**80**	0,943	**10**	1,549	**60**	2,367
70	0,356	**90**	0,952	**20**	1,558	**80**	2,386
75	0,361	**10,00**	0,962	**25**	1,563	**25,00**	2,405
80	0,366	**10**	0,972	**30**	1,568	**20**	2,424
90	0,375	**20**	0,981	**40**	1,578	**40**	2,444
4,00	0,385	**25**	0,986	**50**	1,587	**50**	2,453
10	0,394	**30**	0,991	**60**	1,597	**60**	2,463
20	0,404	**40**	1,001	**70**	1,607	**80**	2,482
25	0,409	**50**	1,010	**75**	1,611	**26,00**	2,501
30	0,414	**60**	1,020	**80**	1,616	**20**	2,520
40	0,423	**70**	1,029	**90**	1,626	**40**	2,540
50	0,433	**75**	1,034	**17,00**	1,635	**50**	2,549
60	0,443	**80**	1,039	**10**	1,645	**60**	2,559
70	0,452	**90**	1,049	**20**	1,655	**80**	2,578
75	0,457	**11,00**	1,058	**25**	1,660	**27,00**	2,597
80	0,462	**10**	1,068	**30**	1,664	**20**	2,617
90	0,471	**20**	1,077	**40**	1,674	**40**	2,636
5,00	0,481	**25**	1,082	**50**	1,684	**50**	2,646
10	0,491	**30**	1,087	**60**	1,693	**60**	2,655
20	0,500	**40**	1,097	**70**	1,702	**80**	2,674
25	0,505	**50**	1,106	**75**	1,708	**28,00**	2,694
30	0,510	**60**	1,116	**80**	1,712	**20**	2,713
40	0,520	**70**	1,126	**90**	1,722	**40**	2,732
50	0,529	**75**	1,130	**18,00**	1,732	**50**	2,742
60	0,539	**80**	1,135	**10**	1,741	**60**	2,751
70	0,548	**90**	1,145	**20**	1,751	**80**	2,771
75	0,553	**12,00**	1,155	**25**	1,756	**29,00**	2,790
80	0,558	**10**	1,164	**30**	1,761	**20**	2,809
90	0,568	**20**	1,174	**40**	1,770	**40**	2,828
6,00	0,577	**25**	1,179	**50**	1,780	**50**	2,838
10	0,587	**30**	1,183	**60**	1,789	**60**	2,848
20	0,597	**40**	1,193	**70**	1,799	**80**	2,867
25	0,601	**50**	1,203	**75**	1,804	**30,00**	2,886

Mittendurchmesser 36 cm = 113,1 Mittenumfang

Lg. m	cbm	Lg. m	cbm	Lg. m	cbm	Lg, m	cbm
0,10	0,010	**6,30**	0,641	**12,60**	1,283	**18,80**	1,914
20	0,020	**40**	0,651	**70**	1,293	**90**	1,924
25	0,026	**50**	0,662	**75**	1,298	**19,00**	1,934
30	0,031	**60**	0,672	**80**	1,303	**10**	1,944
40	0,041	**70**	0,682	**90**	1,313	**20**	1,955
50	0,051	**75**	0,687	**13,00**	1,323	**25**	1,960
60	0,061	**80**	0,692	**10**	1,334	**30**	1,965
70	0,071	**90**	0,702	**20**	1,344	**40**	1,975
75	0,076	**7,00**	0,713	**25**	1,349	**50**	1,985
80	0,081	**10**	0,723	**30**	1,354	**60**	1,995
90	0,092	**20**	0,733	**40**	1,364	**70**	2,006
1,00	0,102	**25**	0,738	**50**	1,374	**75**	2,010
10	0,112	**30**	0,743	**60**	1,385	**80**	2,016
20	0,122	**40**	0,753	**70**	1,395	**90**	2,026
25	0,127	**50**	0,763	**75**	1,400	**20,00**	2,036
30	0,132	**60**	0,774	**80**	1,405	**20**	2,056
40	0,143	**70**	0,784	**90**	1,415	**40**	2,077
50	0,153	**75**	0,789	**14,00**	1,425	**50**	2,087
60	0,163	**80**	0,794	**10**	1,435	**60**	2,097
70	0,173	**90**	0,804	**20**	1,446	**80**	2,117
75	0,178	**8,00**	0,814	**25**	1,451	**21,00**	2,138
80	0,183	**10**	0,824	**30**	1,456	**20**	2,158
90	0,193	**20**	0,835	**40**	1,466	**40**	2,179
2,00	0,204	**25**	0,840	**50**	1,476	**50**	2,189
10	0,214	**30**	0,845	**60**	1,486	**60**	2,199
20	0,224	**40**	0,855	**70**	1,497	**80**	2,219
25	0,229	**50**	0,865	**75**	1,502	**22,00**	2,240
30	0,234	**60**	0,875	**80**	1,507	**20**	2,260
40	0,244	**70**	0,886	**90**	1,517	**40**	2,280
50	0,254	**75**	0,891	**15,00**	1,527	**50**	2,291
60	0,265	**80**	0,896	**10**	1,537	**60**	2,301
70	0,275	**90**	0,906	**20**	1,547	**80**	2,321
75	0,280	**9,00**	0,916	**25**	1,553	**23,00**	2,341
80	0,285	**10**	0,926	**30**	1,558	**20**	2,362
90	0,295	**20**	0,936	**40**	1,568	**40**	2,382
3,00	0,305	**25**	0,942	**50**	1,578	**50**	2,392
10	0,316	**30**	0,947	**60**	1,588	**60**	2,403
20	0,326	**40**	0,957	**70**	1,598	**80**	2,423
25	0,331	**50**	0,967	**75**	1,603	**24,00**	2,443
30	0,336	**60**	0,977	**80**	1,608	**20**	2,464
40	0,346	**70**	0,987	**90**	1,619	**40**	2,484
50	0,356	**75**	0,993	**16,00**	1,629	**50**	2,494
60	0,366	**80**	0,998	**10**	1,639	**60**	2,504
70	0,377	**90**	1,008	**20**	1,649	**80**	2,525
75	0,382	**10,00**	1,018	**25**	1,654	**25,00**	2,545
80	0,387	**10**	1,028	**30**	1,659	**20**	2,565
90	0,397	**20**	1,038	**40**	1,670	**40**	2,586
4,00	0,407	**25**	1,044	**50**	1,680	**50**	2,596
10	0,417	**30**	1,049	**60**	1,690	**60**	2,606
20	0,428	**40**	1,059	**70**	1,700	**80**	2,626
25	0,433	**50**	1,068	**75**	1,705	**26,00**	2,647
30	0,438	**60**	1,079	**80**	1,710	**20**	2,667
40	0,448	**70**	1,089	**90**	1,720	**40**	2,688
50	0,458	**75**	1,094	**17,00**	1,731	**50**	2,698
60	0,468	**80**	1,099	**10**	1,741	**60**	2,708
70	0,478	**90**	1,110	**20**	1,751	**80**	2,728
75	0,484	**11,00**	1,120	**25**	1,756	**27,00**	2,749
80	0,489	**10**	1,130	**30**	1,761	**20**	2,769
90	0,499	**20**	1,140	**40**	1,771	**40**	2,789
5,00	0,509	**25**	1,145	**50**	1,781	**50**	2,800
10	0,519	**30**	1,150	**60**	1,792	**60**	2,810
20	0,529	**40**	1,161	**70**	1,802	**80**	2,830
25	0,535	**50**	1,171	**75**	1,807	**28,00**	2,850
30	0,539	**60**	1,181	**80**	1,812	**20**	2,871
40	0,550	**70**	1,191	**90**	1,822	**40**	2,891
50	0,560	**75**	1,196	**18,00**	1,832	**50**	2,901
60	0,570	**80**	1,201	**10**	1,843	**60**	2,911
70	0,580	**90**	1,211	**20**	1,853	**80**	2,932
75	0,585	**12,00**	1,221	**25**	1,858	**29,00**	2,952
80	0,590	**10**	1,232	**30**	1,863	**20**	2,973
90	0,601	**20**	1,242	**40**	1,873	**40**	2,993
6,00	0,611	**25**	1,247	**50**	1,883	**50**	3,005
10	0,621	**30**	1,252	**60**	1,894	**60**	3,013
20	0,631	**40**	1,262	**70**	1,904	**80**	3,034
25	0,636	**50**	1,272	**75**	1,909	**30,00**	3,054

Mittendurchmesser 37 cm = 116,2 Mittenumfang

Lg. m	cbm	Lg. m	cbm	Lg. m	cbm	Lg. m	cbm
0,10	0,011	**6,30**	0,677	**12,60**	1,355	**18,80**	2,021
20	0,022	**40**	0,688	**70**	1,365	**90**	2,032
25	0,027	**50**	0,699	**75**	1,371	**19,00**	2,043
30	0,032	**60**	0,710	**80**	1,376	**10**	2,053
40	0,043	**70**	0,720	**90**	1,387	**20**	2,064
50	0,054	**75**	0,726	**13,00**	1,398	**25**	2,069
60	0,065	**80**	0,731	**10**	1,408	**30**	2,075
70	0,075	**90**	0,742	**20**	1,419	**40**	2,086
75	0,081	**7,00**	0,753	**25**	1,424	**50**	2,097
80	0,086	**10**	0,763	**30**	1,430	**60**	2,107
90	0,097	**20**	0,774	**40**	1,440	**70**	2,118
1,00	0,108	**25**	0,779	**50**	1,451	**75**	2,124
10	0,118	**30**	0,785	**60**	1,462	**80**	2,129
20	0,129	**40**	0,796	**70**	1,473	**90**	2,139
25	0,134	**50**	0,805	**75**	1,478	**20,00**	2,150
30	0,140	**60**	0,817	**80**	1,484	**20**	2,172
40	0,151	**70**	0,828	**90**	1,494	**40**	2,193
50	0,161	**75**	0,933	**14,00**	1,505	**50**	2,204
60	0,172	**80**	0,839	**10**	1,516	**60**	2,215
70	0,183	**90**	0,849	**20**	1,527	**80**	2,236
75	0,188	**8,00**	0,860	**25**	1,532	**21,00**	2,258
80	0,194	**10**	0,871	**30**	1,537	**20**	2,279
90	0,204	**20**	0,882	**40**	1,548	**40**	2,301
2,00	0,215	**25**	0,887	**50**	1,559	**50**	2,311
10	0,226	**30**	0,892	**60**	1,570	**60**	2,322
20	0,237	**40**	0,903	**70**	1,580	**80**	2,344
25	0,242	**50**	0,914	**75**	1,586	**22,00**	2,365
30	0,247	**60**	0,925	**80**	1,591	**20**	2,387
40	0,258	**70**	0,935	**90**	1,602	**40**	2,408
50	0,269	**75**	0,941	**15,00**	1,613	**50**	2,419
60	0,280	**80**	0,946	**10**	1,623	**60**	2,430
70	0,290	**90**	0,957	**20**	1,634	**80**	2,451
75	0,296	**9,00**	0,968	**25**	1,639	**23,00**	2,473
80	0,301	**10**	0,978	**30**	1,645	**20**	2,494
90	0,312	**20**	0,989	**40**	1,656	**40**	2,516
3,00	0,323	**25**	0,994	**50**	1,667	**50**	2,526
10	0,333	**30**	1,000	**60**	1,677	**60**	2,537
20	0,344	**40**	1,011	**70**	1,688	**80**	2,559
25	0,349	**50**	1,021	**75**	1,693	**24,00**	2,580
30	0,355	**60**	1,032	**80**	1,699	**20**	2,602
40	0,366	**70**	1,043	**90**	1,709	**40**	2,623
50	0,376	**75**	1,048	**16,00**	1,720	**50**	2,634
60	0,387	**80**	1,054	**10**	1,731	**60**	2,645
70	0,398	**90**	1,064	**20**	1,742	**80**	2,666
75	0,403	**10,00**	1,075	**25**	1,747	**25,00**	2,688
80	0,409	**10**	1,086	**30**	1,752	**20**	2,709
90	0,419	**20**	1,097	**40**	1,763	**40**	2,731
4,00	0,430	**25**	1,102	**50**	1,774	**50**	2,741
10	0,441	**30**	1,107	**60**	1,785	**60**	2,752
20	0,452	**40**	1,118	**70**	1,795	**80**	2,774
25	0,457	**50**	1,129	**75**	1,801	**26,00**	2,795
30	0,462	**60**	1,140	**80**	1,806	**20**	2,817
40	0,473	**70**	1,150	**90**	1,817	**40**	2,838
50	0,484	**75**	1,156	**17,00**	1,828	**50**	2,849
60	0,495	**80**	1,161	**10**	1,838	**60**	2,860
70	0,505	**90**	1,172	**20**	1,849	**80**	2,881
75	0,511	**11,00**	1,183	**25**	1,854	**27,00**	2,903
80	0,516	**10**	1,193	**30**	1,860	**20**	2,924
90	0,527	**20**	1,204	**40**	1,871	**40**	2,946
5,00	0,538	**25**	1,209	**50**	1,882	**50**	2,956
10	0,548	**30**	1,215	**60**	1,892	**60**	2,967
20	0,559	**40**	1,226	**70**	1,903	**80**	2,989
25	0,564	**50**	1,236	**75**	1,908	**28,00**	3,010
30	0,570	**60**	1,247	**80**	1,914	**20**	3,032
40	0,581	**70**	1,258	**90**	1,924	**40**	3,053
50	0,591	**75**	1,263	**18,00**	1,935	**50**	3,064
60	0,602	**80**	1,269	**10**	1,946	**60**	3,075
70	0,613	**90**	1,279	**20**	1,957	**80**	3,096
75	0,618	**12,00**	1,290	**25**	1,962	**29,00**	3,118
80	0,624	**10**	1,301	**30**	1,967	**20**	3,139
90	0,634	**20**	1,312	**40**	1,978	**40**	3,161
6,00	0,645	**25**	1,317	**50**	1,989	**50**	3,171
10	0,656	**30**	1,322	**60**	2,000	**60**	3,182
20	0,667	**40**	1,333	**70**	2,010	**80**	3,204
25	0,672	**50**	1,344	**75**	2,016	**30,00**	3,225

Mittendurchmesser 38 cm = 119,4 Mittenumfang

Lg. m	cbm	Lg. m	cbm	Lg. m	cbm	Lg. m	cbm
0,10	0,011	**6,30**	0,714	**12,60**	1,429	**18,80**	2,132
20	0,023	**40**	0,726	**70**	1,440	**90**	2,143
25	0,028	**50**	0,737	**75**	1,446	**19,00**	2,155
30	0,034	**60**	0,749	**80**	1,452	**10**	2,166
40	0,045	**70**	0,760	**90**	1,463	**20**	2,177
50	0,057	**75**	0,766	**13,00**	1,474	**25**	2,183
60	0,068	**80**	0,771	**10**	1,486	**30**	2,189
70	0,079	**90**	0,783	**20**	1,497	**40**	2,200
75	0,085	**7,00**	0,794	**25**	1,503	**50**	2,212
80	0,091	**10**	0,805	**30**	1,508	**60**	2,223
90	0,102	**20**	0,817	**40**	1,520	**70**	2,234
1,00	0,113	**25**	0,822	**50**	1,531	**75**	2,240
10	0,125	**30**	0,828	**60**	1,542	**80**	2,245
20	0,136	**40**	0,839	**70**	1,554	**90**	2,257
25	0,142	**50**	0,805	**75**	1,559	**20,00**	2,268
30	0,147	**60**	0,862	**80**	1,565	**20**	2,291
40	0,159	**70**	0,873	**90**	1,576	**40**	2,313
50	0,170	**75**	0,879	**14,00**	1,588	**50**	2,325
60	0,181	**80**	0,885	**10**	1,599	**60**	2,336
70	0,193	**90**	0,896	**20**	1,610	**80**	2,359
75	0,198	**8,00**	0,907	**25**	1,616	**21,00**	2,381
80	0,204	**10**	0,919	**30**	1,622	**20**	2,404
90	0,215	**20**	0,930	**40**	1,633	**40**	2,427
2,00	0,227	**25**	0,936	**50**	1,644	**50**	2,438
10	0,238	**30**	0,941	**60**	1,656	**60**	2,449
20	0,250	**40**	0,953	**70**	1,667	**80**	2,472
25	0,255	**50**	0,964	**75**	1,673	**22,00**	2,495
30	0,261	**60**	0,975	**80**	1,678	**20**	2,518
40	0,272	**70**	0,987	**90**	1,690	**40**	2,540
50	0,284	**75**	0,992	**15,00**	1,701	**50**	2,552
60	0,295	**80**	0,998	**10**	1,712	**60**	2,563
70	0,306	**90**	1,009	**20**	1,724	**80**	2,586
75	0,312	**9,00**	1,021	**25**	1,729	**23,00**	2,608
80	0,318	**10**	1,032	**30**	1,735	**20**	2,631
90	0,329	**20**	1,043	**40**	1,746	**40**	2,654
3,00	0,340	**25**	1,049	**50**	1,758	**50**	2,665
10	0,352	**30**	1,055	**60**	1,769	**60**	2,676
20	0,363	**40**	1,066	**70**	1,779	**80**	2,699
25	0,369	**50**	1,077	**75**	1,786	**24,00**	2,722
30	0,374	**60**	1,089	**80**	1,793	**20**	2,744
40	0,386	**70**	1,100	**90**	1,803	**40**	2,767
50	0,397	**75**	1,106	**16,00**	1,814	**50**	2,778
60	0,408	**80**	1,111	**10**	1,826	**60**	2,790
70	0,420	**90**	1,123	**20**	1,837	**80**	2,812
75	0,425	**10,00**	1,134	**25**	1,843	**25,00**	2,835
80	0,431	**10**	1,145	**30**	1,848	**20**	2,858
90	0,442	**20**	1,157	**40**	1,860	**40**	2,880
4,00	0,454	**25**	1,162	**50**	1,871	**50**	2,892
10	0,465	**30**	1,168	**60**	1,882	**60**	2,903
20	0,476	**40**	1,179	**70**	1,894	**80**	2,926
25	0,482	**50**	1,191	**75**	1,900	**26,00**	2,948
30	0,488	**60**	1,202	**80**	1,905	**20**	2,971
40	0,499	**70**	1,213	**90**	1,917	**40**	2,994
50	0,510	**75**	1,219	**17,00**	1,928	**50**	3,005
60	0,522	**80**	1,225	**10**	1,939	**60**	3,016
70	0,533	**90**	1,236	**20**	1,950	**80**	3,039
75	0,539	**11,00**	1,247	**25**	1,956	**27,00**	3,062
80	0,544	**10**	1,259	**30**	1,962	**20**	3,085
90	0,556	**20**	1,270	**40**	1,973	**40**	3,107
5,00	0,567	**25**	1,276	**50**	1,985	**50**	3,119
10	0,578	**30**	1,281	**60**	1,996	**60**	3,130
20	0,590	**40**	1,293	**70**	2,007	**80**	3,153
25	0,595	**50**	1,304	**75**	2,013	**28,00**	3,175
30	0,601	**60**	1,315	**80**	2,019	**20**	3,198
40	0,612	**70**	1,327	**90**	2,030	**40**	3,221
50	0,624	**75**	1,333	**18,00**	2,041	**50**	3,232
60	0,635	**80**	1,338	**10**	2,053	**60**	3,243
70	0,646	**90**	1,350	**20**	2,064	**80**	3,266
75	0,652	**12,00**	1,361	**25**	2,070	**29,00**	3,289
80	0,658	**10**	1,372	**30**	2,075	**20**	3,311
90	0,669	**20**	1,384	**40**	2,087	**40**	3,334
6,00	0,680	**25**	1,389	**50**	2,098	**50**	3,345
10	0,692	**30**	1,395	**60**	2,109	**60**	3,357
20	0,703	**40**	1,406	**70**	2,121	**80**	3,379
25	0,709	**50**	1,418	**75**	2,126	**30,00**	3,402

Mittendurchmesser 39 cm = 122,5 Mittenumfang

Lg. m	cbm	Lg. m	cbm	Lg. m	cbm	Lg. m	cbm
0,10	0,012	**6,30**	0,753	**12,60**	1,504	**18,80**	2,245
20	0,024	**40**	0,765	**70**	1,517	**90**	2,257
25	0,030	**50**	0,776	**75**	1,522	**19,00**	2,269
30	0,036	**60**	0,788	**80**	1,528	**10**	2,281
40	0,048	**70**	0,800	**90**	1,540	**20**	2,293
50	0,060	**75**	0,806	**13,00**	1,552	**25**	2,299
60	0,072	**80**	0,812	**10**	1,564	**30**	2,304
70	0,084	**90**	0,824	**20**	1,576	**40**	2,316
75	0,090	**7,00**	0,836	**25**	1,582	**50**	2,328
80	0,096	**10**	0,848	**30**	1,588	**60**	2,340
90	0,108	**20**	0,860	**40**	1,600	**70**	2,352
1,00	0,119	**25**	0,866	**50**	1,612	**75**	2,359
10	0,131	**30**	0,872	**60**	1,624	**80**	2,364
20	0,143	**40**	0,884	**70**	1,636	**90**	2,376
25	0,149	**50**	0,896	**75**	1,642	**20,00**	2,388
30	0,155	**60**	0,908	**80**	1,648	**20**	2,412
40	0,167	**70**	0,920	**90**	1,660	**40**	2,436
50	0,179	**75**	0,925	**14,00**	1,672	**50**	2,448
60	0,191	**80**	0,932	**10**	1,684	**60**	2,460
70	0,203	**90**	0,944	**20**	1,695	**80**	2,484
75	0,209	**8,00**	0,956	**25**	1,702	**21,00**	2,507
80	0,215	**10**	0,968	**30**	1,707	**20**	2,531
90	0,227	**20**	0,980	**40**	1,719	**40**	2,555
2,00	0,239	**25**	0,985	**50**	1,731	**50**	2,567
10	0,251	**30**	0,992	**60**	1,743	**60**	2,579
20	0,263	**40**	1,003	**70**	1,755	**80**	2,603
25	0,269	**50**	1,015	**75**	1,761	**22,00**	2,627
30	0,275	**60**	1,027	**80**	1,767	**20**	2,651
40	0,287	**70**	1,039	**90**	1,779	**40**	2,675
50	0,299	**75**	1,045	**15,00**	1,791	**50**	2,689
60	0,311	**80**	1,051	**10**	1,803	**60**	2,700
70	0,323	**90**	1,063	**20**	1,815	**80**	2,724
75	0,328	**9,00**	1,075	**25**	1,821	**23,00**	2,746
80	0,334	**10**	1,087	**30**	1,827	**20**	2,770
90	0,346	**20**	1,099	**40**	1,839	**40**	2,794
3,00	0,358	**25**	1,105	**50**	1,851	**50**	2,806
10	0,370	**30**	1,111	**60**	1,863	**60**	2,818
20	0,382	**40**	1,123	**70**	1,875	**80**	2,842
25	0,388	**50**	1,135	**75**	1,881	**24,00**	2,866
30	0,394	**60**	1,147	**80**	1,887	**20**	2,890
40	0,406	**70**	1,159	**90**	1,899	**40**	2,913
50	0,418	**75**	1,164	**16,00**	1,910	**50**	2,925
60	0,430	**80**	1,171	**10**	1,922	**60**	2,937
70	0,442	**90**	1,183	**20**	1,934	**80**	2,961
75	0,448	**10,00**	1,195	**25**	1,940	**25,00**	2,985
80	0,454	**10**	1,206	**30**	1,946	**20**	3,009
90	0,466	**20**	1,218	**40**	1,958	**40**	3,033
4,00	0,478	**25**	1,224	**50**	1,970	**50**	3,045
10	0,490	**30**	1,230	**60**	1,982	**60**	3,057
20	0,502	**40**	1,242	**70**	1,994	**80**	3,081
25	0,508	**50**	1,254	**75**	2,000	**26,00**	3,104
30	0,514	**60**	1,266	**80**	2,006	**20**	3,128
40	0,526	**70**	1,278	**90**	2,018	**40**	3,152
50	0,538	**75**	1,284	**17,00**	2,030	**50**	3,164
60	0,550	**80**	1,290	**10**	2,042	**60**	3,176
70	0,561	**90**	1,302	**20**	2,054	**80**	3,200
75	0,567	**11,00**	1,313	**25**	2,060	**27,00**	3,224
80	0,573	**10**	1,325	**30**	2,066	**20**	3,248
90	0,585	**20**	1,337	**40**	2,078	**40**	3,272
5,00	0,597	**25**	1,343	**50**	2,090	**50**	3,284
10	0,609	**30**	1,349	**60**	2,101	**60**	3,295
20	0,621	**40**	1,361	**70**	2,113	**80**	3,319
25	0,627	**50**	1,373	**75**	2,119	**28,00**	3,343
30	0,633	**60**	1,385	**80**	2,125	**20**	3,367
40	0,645	**70**	1,397	**90**	2,137	**40**	3,391
50	0,657	**75**	1,403	**18,00**	2,149	**50**	3,403
60	0,669	**80**	1,409	**10**	2,161	**60**	3,415
70	0,681	**90**	1,421	**20**	2,173	**80**	3,439
75	0,687	**12,00**	1,433	**25**	2,179	**29,00**	3,463
80	0,693	**10**	1,445	**30**	2,185	**20**	3,487
90	0,705	**20**	1,457	**40**	2,197	**40**	3,510
6,00	0,717	**25**	1,463	**50**	2,209	**50**	3,522
10	0,729	**30**	1,469	**60**	2,221	**60**	3,534
20	0,741	**40**	1,481	**70**	2,233	**80**	3,558
25	0,746	**50**	1,493	**75**	2,239	**30,00**	3,582

Mittendurchmesser 40 cm = 125,7 Mittenumfang

Lg. m	cbm	Lg. m	cbm	Lg. m	cbm	Lg, m	cbm
0,10	0,013	6,30	0,792	12,60	1,583	18,80	2,361
20	0,025	40	0,804	70	1,595	90	2,374
25	0,031	50	0,817	75	1,601	19,00	2,386
30	0,038	60	0,829	80	1,608	10	2,399
40	0,050	70	0,842	90	1,620	20	2,412
50	0,063	75	0,848	13,00	1,633	25	2,418
60	0,075	80	0,855	10	1,645	30	2,424
70	0,088	90	0,867	20	1,658	40	2,437
75	0,094	7,00	0,880	25	1,664	50	2,449
80	0,101	10	0,892	30	1,670	60	2,462
90	0,113	20	0,905	40	1,683	70	2,474
1,00	0,126	25	0,911	50	1,696	75	2,482
10	0,138	30	0,917	60	1,708	80	2,487
20	0,151	40	0,930	70	1,721	90	2,499
25	0,157	50	0,942	75	1,727	20,00	2,512
30	0,163	60	0,955	80	1,733	20	2,537
40	0,176	70	0,968	90	1,746	40	2,562
50	0,188	75	0,973	14,00	1,758	50	2,575
60	0,201	80	0,980	10	1,771	60	2,587
70	0,214	90	0,993	20	1,784	80	2,613
75	0,220	8,00	1,005	25	1,790	21,00	2,638
80	0,226	10	1,018	30	1,796	20	2,663
90	0,239	20	1,030	40	1,80g	40	2,688
2,00	0,251	25	1,036	50	1,821	50	2,700
10	0,264	30	1,043	60	1,834	60	2,713
20	0,276	40	1,056	70	1,846	80	2,738
25	0,283	50	1,068	75	1,853	22,00	2,763
30	0,289	60	1,081	80	1,859	20	2,788
40	0,302	70	1,093	90	1,871	40	2,813
50	0,314	75	1,099	15,00	1,884	50	2,826
60	0,327	80	1,106	10	1,897	60	2,839
70	0,339	90	1,118	20	1,909	80	2,864
75	0,345	9,00	1,131	25	1,916	23,00	2,889
80	0,352	10	1,144	30	1,922	20	2,914
90	0,364	20	1,156	40	1,934	40	2,939
3,00	0,377	25	1,162	50	1,947	50	2,952
10	0,390	30	1,169	60	1,95g	60	2,964
20	0,402	40	1,181	70	1,972	80	2,989
25	0,408	50	1,194	75	1,978	24,00	3,014
30	0,415	60	1,206	80	1,985	20	3,040
40	0,427	70	1,219	90	1,997	40	3,065
50	0,440	75	1,225	16,00	2,010	50	3,077
60	0,452	80	1,232	10	2,022	60	3,090
70	0,465	90	1,244	20	2,035	80	3,115
75	0,471	10,00	1,257	25	2,041	25,00	3,140
80	0,478	10	1,269	30	2,047	20	3,165
90	0,490	20	1,281	40	2,060	40	3,190
4,00	0,503	25	1,287	50	2,072	50	3,203
10	0,515	30	1,294	60	2,085	60	3,215
20	0,528	40	1,306	70	2,098	80	3,241
25	0,534	50	1,319	75	2,104	26,00	3,266
30	0,540	60	1,331	80	2,110	20	3,291
40	0,553	70	1,344	90	2,123	40	3,316
50	0,565	75	1,350	17,00	2,135	50	3,328
60	0,578	80	1,357	10	2,148	60	3,341
70	0,591	90	1,369	20	2,160	80	3,366
75	0,597	11,00	1,382	25	2,167	27,00	3,391
80	0,603	10	1,394	30	2,173	20	3,416
90	0,616	20	1,407	40	2,185	40	3,441
5,00	0,628	25	1,413	50	2,198	50	3,454
10	0,641	30	1,419	60	2,211	60	3,467
20	0,653	40	1,432	70	2,223	80	3,492
25	0,659	50	1,444	75	2,229	28,00	3,517
30	0,666	60	1,457	80	2,236	20	3,542
40	0,679	70	1,469	90	2,248	40	3,567
50	0,691	75	1,476	18,00	2,261	50	3,580
60	0,704	80	1,482	10	2,273	60	3,592
70	0,716	90	1,495	20	2,286	80	3,617
75	0,722	12,00	1,507	25	2,292	29,00	3,642
80	0,729	10	1,520	30	2,298	20	3,668
90	0,741	20	1,532	40	2,311	40	3,693
6,00	0,754	25	1,539	50	2,324	50	3,705
10	0,767	30	1,545	60	2,336	60	3,718
20	0,779	40	1,557	70	2,349	80	3,743
25	0,785	50	1,570	75	2,355	30,00	3,768

Mittendurchmesser 41 cm = 128,8 Mittenumfang

Lg. m	cbm	Lg. m	cbm	Lg. m	cbm	Lg. m	cbm
0,10	0,013	**6,30**	0,832	**12,60**	1,663	**18,80**	2,482
20	0,026	**40**	0,845	**70**	1,676	**90**	2,495
25	0,033	**50**	0,858	**75**	1,683	**19,00**	2,508
30	0,040	**60**	0,871	**80**	1,690	**10**	2,521
40	0,053	**70**	0,885	**90**	1,703	**20**	2,534
50	0,066	**75**	0,891	**13,00**	1,716	**25**	2,541
60	0,079	**80**	0,898	**10**	1,729	**30**	2,548
70	0,092	**90**	0,911	**20**	1,742	**40**	2,561
75	0,099	**7,00**	0,924	**25**	1,749	**50**	2,575
80	0,106	**10**	0,937	**30**	1,756	**60**	2,587
90	0,119	**20**	0,951	**40**	1,769	**70**	2,600
1,00	0,132	**25**	0,957	**50**	1,782	**75**	2,608
10	0,145	**30**	0,964	**60**	1,795	**80**	2,614
20	0,158	**40**	0,977	**70**	1,806	**90**	2,627
25	0,165	**50**	0,990	**75**	1,815	**20,00**	2,641
30	0,172	**60**	1,003	**80**	1,822	**20**	2,666
40	0,185	**70**	1,017	**90**	1,835	**40**	2,693
50	0,198	**75**	1,023	**14,00**	1,848	**50**	2,706
60	0,211	**80**	1,030	**10**	1,861	**60**	2,719
70	0,224	**90**	1,043	**20**	1,874	**80**	2,746
75	0,231	**8,00**	1,056	**25**	1,881	**21,00**	2,772
80	0,238	**10**	1,069	**30**	1,888	**20**	2,798
90	0,251	**20**	1,083	**40**	1,901	**40**	2,825
2,00	0,264	**25**	1,089	**50**	1,914	**50**	2,838
10	0,277	**30**	1,096	**60**	1,927	**60**	2,851
20	0,290	**40**	1,109	**70**	1,940	**80**	2,878
25	0,297	**50**	1,122	**75**	1,947	**22,00**	2,904
30	0,304	**60**	1,135	**80**	1,954	**20**	2,930
40	0,317	**70**	1,149	**90**	1,967	**40**	2,957
50	0,330	**75**	1,155	**15,00**	1,980	**50**	2,970
60	0,343	**80**	1,162	**10**	1,993	**60**	2,983
70	0,356	**90**	1,175	**20**	2,006	**80**	3,010
75	0,363	**9,00**	1,188	**25**	2,013	**23,00**	3,036
80	0,370	**10**	1,201	**30**	2,020	**20**	3,062
90	0,383	**20**	1,215	**40**	2,033	**40**	3,089
3,00	0,396	**25**	1,221	**50**	2,046	**50**	3,102
10	0,409	**30**	1,228	**60**	2,059	**60**	3,115
20	0,422	**40**	1,241	**70**	2,072	**80**	3,142
25	0,429	**50**	1,254	**75**	2,079	**24,00**	3,168
30	0,436	**60**	1,267	**80**	2,086	**20**	3,194
40	0,449	**70**	1,281	**90**	2,099	**40**	3,221
50	0,462	**75**	1,287	**16,00**	2,112	**50**	3,234
60	0,475	**80**	1,294	**10**	2,125	**60**	3,247
70	0,488	**90**	1,307	**20**	2,138	**80**	3,274
75	0,495	**10,00**	1,320	**25**	2,145	**25,00**	3,300
80	0,502	**10**	1,333	**30**	2,152	**20**	3,326
90	0,515	**20**	1,346	**40**	2,165	**40**	3,353
4,00	0,528	**25**	1,353	**50**	2,178	**50**	3,366
10	0,541	**30**	1,360	**60**	2,191	**60**	3,379
20	0,555	**40**	1,373	**70**	2,204	**80**	3,406
25	0,561	**50**	1,386	**75**	2,211	**26,00**	3,432
30	0,568	**60**	1,399	**80**	2,218	**20**	3,458
40	0,581	**70**	1,412	**90**	2,231	**40**	3,485
50	0,594	**75**	1,419	**17,00**	2,244	**50**	3,498
60	0,607	**80**	1,426	**10**	2,257	**60**	3,511
70	0,621	**90**	1,439	**20**	2,270	**80**	3,538
75	0,627	**11,00**	1,452	**25**	2,277	**27,00**	3,564
80	0,634	**10**	1,465	**30**	2,284	**20**	3,590
90	0,647	**20**	1,478	**40**	2,297	**40**	3,617
5,00	0,660	**25**	1,485	**50**	2,310	**50**	3,630
10	0,673	**30**	1,492	**60**	2,323	**60**	3,643
20	0,687	**40**	1,505	**70**	2,336	**80**	3,670
25	0,693	**50**	1,518	**75**	2,343	**28,00**	3,696
30	0,700	**60**	1,531	**80**	2,350	**20**	3,722
40	0,713	**70**	1,544	**90**	2,363	**40**	3,749
50	0,726	**75**	1,551	**18,00**	2,376	**50**	3,762
60	0,739	**80**	1,558	**10**	2,389	**60**	3,775
70	0,753	**90**	1,571	**20**	2,402	**80**	3,802
75	0,759	**12,00**	1,584	**25**	2,409	**29,00**	3,828
80	0,766	**10**	1,597	**30**	2,416	**20**	3,854
90	0,779	**20**	1,610	**40**	2,429	**40**	3,881
6,00	0,792	**25**	1,617	**50**	2,442	**50**	3,894
10	0,805	**30**	1,624	**60**	2,455	**60**	3,907
20	0,819	**40**	1,637	**70**	2,468	**80**	3,934
25	0,825	**50**	1,650	**75**	2,475	**30,00**	3,960

Mittendurchmesser 42 cm = 131,9 Mittenumfang

Lg. m	cbm	Lg. m	cbm	Lg. m	cbm	Lg. m	cbm
0,10	0,014	**6,30**	0,873	**12,60**	1,745	**18,80**	2,604
20	0,028	**40**	0,887	**70**	1,759	**90**	2,618
25	0,035	**50**	0,901	**75**	1,766	**19,00**	2,632
30	0,042	**60**	0,914	**80**	1,773	**10**	2,645
40	0,055	**70**	0,928	**90**	1,787	**20**	2,659
50	0,069	**75**	0,935	**13,00**	1,801	**25**	2,666
60	0,083	**80**	0,942	**10**	1,814	**30**	2,673
70	0,097	**90**	0,956	**20**	1,828	**40**	2,687
75	0,104	**7,00**	0,970	**25**	1,835	**50**	2,702
80	0,111	**10**	0,984	**30**	1,842	**60**	2,715
90	0,125	**20**	0,998	**40**	1,856	**70**	2,729
1,00	0,139	**25**	1,004	**50**	1,870	**75**	2,736
10	0,152	**30**	1,011	**60**	1,884	**80**	2,742
20	0,166	**40**	1,025	**70**	1,898	**90**	2,756
25	0,173	**50**	1,039	**75**	1,904	**20,00**	2,770
30	0,180	**60**	1,053	**80**	1,911	**20**	2,798
40	0,194	**70**	1,067	**90**	1,925	**40**	2,825
50	0,208	**75**	1,073	**14,00**	1,939	**50**	2,839
60	0,222	**80**	1,081	**10**	1,953	**60**	2,853
70	0,236	**90**	1,095	**20**	1,967	**80**	2,881
75	0,242	**8,00**	1,108	**25**	1,974	**21,00**	2,909
80	0,249	**10**	1,122	**30**	1,981	**20**	2,936
90	0,263	**20**	1,136	**40**	1,994	**40**	2,964
2,00	0,277	**25**	1,143	**50**	2,008	**50**	2,978
10	0,291	**30**	1,150	**60**	2,022	**60**	2,992
20	0,305	**40**	1,164	**70**	2,036	**80**	3,019
25	0,312	**50**	1,178	**75**	2,043	**22,00**	3,047
30	0,319	**60**	1,191	**80**	2,050	**20**	3,075
40	0,333	**70**	1,205	**90**	2,064	**40**	3,102
50	0,346	**75**	1,212	**15,00**	2,078	**50**	3,116
60	0,360	**80**	1,219	**10**	2,091	**60**	3,130
70	0,371	**90**	1,233	**20**	2,105	**80**	3,158
75	0,374	**9,00**	1,247	**25**	2,112	**23,00**	3,186
80	0,388	**10**	1,261	**30**	2,119	**20**	3,213
90	0,402	**20**	1,275	**40**	2,133	**40**	3,241
3,00	0,416	**25**	1,281	**50**	2,147	**50**	3,255
10	0,429	**30**	1,288	**60**	2,161	**60**	3,269
20	0,443	**40**	1,302	**70**	2,175	**80**	3,296
25	0,450	**50**	1,316	**75**	2,181	**24,00**	3,324
30	0,457	**60**	1,330	**80**	2,188	**20**	3,352
40	0,471	**70**	1,344	**90**	2,202	**40**	3,379
50	0,485	**75**	1,350	**16,00**	2,216	**50**	3,393
60	0,499	**80**	1,358	**10**	2,230	**60**	3,407
70	0,513	**90**	1,372	**20**	2,244	**80**	3,435
75	0,519	**10,00**	1,385	**25**	2,251	**25,00**	3,463
80	0,526	**10**	1,399	**30**	2,258	**20**	3,490
90	0,540	**20**	1,413	**40**	2,271	**40**	3,518
4,00	0,554	**25**	1,420	**50**	2,285	**50**	3,532
10	0,568	**30**	1,427	**60**	2,299	**60**	3,546
20	0,582	**40**	1,440	**70**	2,313	**80**	3,573
25	0,589	**50**	1,455	**75**	2,320	**26,00**	3,601
30	0,596	**60**	1,468	**80**	2,327	**20**	3,629
40	0,610	**70**	1,482	**90**	2,341	**40**	3,656
50	0,623	**75**	1,489	**17,00**	2,355	**50**	3,670
60	0,637	**80**	1,496	**10**	2,368	**60**	3,684
70	0,651	**90**	1,511	**20**	2,382	**80**	3,712
75	0,658	**11,00**	1,524	**25**	2,389	**27,00**	3,740
80	0,665	**10**	1,537	**30**	2,396	**20**	3,767
90	0,679	**20**	1,551	**40**	2,410	**40**	3,795
5,00	0,693	**25**	1,558	**50**	2,424	**50**	3,809
10	0,707	**30**	1,565	**60**	2,438	**60**	3,823
20	0,720	**40**	1,579	**70**	2,452	**80**	3,850
25	0,727	**50**	1,593	**75**	2,458	**28,00**	3,878
30	0,734	**60**	1,607	**80**	2,465	**20**	3,906
40	0,748	**70**	1,621	**90**	2,479	**40**	3,933
50	0,762	**75**	1,627	**18,00**	2,493	**50**	3,947
60	0,776	**80**	1,634	**10**	2,507	**60**	3,961
70	0,790	**90**	1,648	**20**	2,521	**80**	3,989
75	0,796	**12,00**	1,662	**25**	2,528	**29,00**	4,017
80	0,804	**10**	1,676	**30**	2,535	**20**	4,044
90	0,817	**20**	1,690	**40**	2,548	**40**	4,072
6,00	0,831	**25**	1,697	**50**	2,562	**50**	4,086
10	0,845	**30**	1,704	**60**	2,576	**60**	4,100
20	0,859	**40**	1,717	**70**	2,590	**80**	4,127
25	0,866	**50**	1,732	**75**	2,597	**30,00**	4,155

Mittendurchmesser 43 cm = 135,1 Mittenumfang

Lg. m	cbm	Lg. m	cbm	Lg. m	cbm	Lg. m	cbm
0,10	0,015	**6,30**	0,915	**12,60**	1,830	**18,80**	2,730
20	0,029	**40**	0,929	**70**	1,844	**90**	2,744
25	0,036	**50**	0,944	**75**	1,851	**19,00**	2,759
30	0,044	**60**	0,958	**80**	1,859	**10**	2,773
40	0,058	**70**	0,973	**90**	1,873	**20**	2,788
50	0,073	**75**	0,980	**13,00**	1,888	**25**	2,795
60	0,087	**80**	0,987	**10**	1,902	**30**	2,802
70	0,102	**90**	1,002	**20**	1,917	**40**	2,817
75	0,109	**7,00**	1,017	**25**	1,924	**50**	2,832
80	0,116	**10**	1,031	**30**	1,931	**60**	2,846
90	0,131	**20**	1,046	**40**	1,946	**70**	2,860
1,00	0,145	**25**	1,053	**50**	1,960	**75**	2,868
10	0,160	**30**	1,060	**60**	1,975	**80**	2,875
20	0,174	**40**	1,075	**70**	1,989	**90**	2,890
25	0,182	**50**	1,089	**75**	1,997	**20,00**	2,904
30	0,189	**60**	1,104	**80**	2,004	**20**	2,933
40	0,203	**70**	1,118	**90**	2,018	**40**	2,962
50	0,218	**75**	1,125	**14,00**	2,033	**50**	2,977
60	0,232	**80**	1,133	**10**	2,047	**60**	2,991
70	0,247	**90**	1,147	**20**	2,062	**80**	3,020
75	0,254	**8,00**	1,162	**25**	2,069	**21,00**	3,049
80	0,261	**10**	1,176	**30**	2,076	**20**	3,078
90	0,276	**20**	1,191	**40**	2,091	**40**	3,107
2,00	0,290	**25**	1,198	**50**	2,106	**50**	3,122
10	0,305	**30**	1,205	**60**	2,120	**60**	3,136
20	0,319	**40**	1,220	**70**	2,134	**80**	3,165
25	0,327	**50**	1,234	**75**	2,142	**22,00**	3,194
30	0,334	**60**	1,249	**80**	2,149	**20**	3,228
40	0,349	**70**	1,263	**90**	2,164	**40**	3,253
50	0,363	**75**	1,271	**15,00**	2,178	**50**	3,267
60	0,378	**80**	1,278	**10**	2,193	**60**	3,282
70	0,392	**90**	1,292	**20**	2,207	**80**	3,311
75	0,399	**9,00**	1,307	**25**	2,214	**23,00**	3,340
80	0,407	**10**	1,322	**30**	2,222	**20**	3,369
90	0,421	**20**	1,336	**40**	2,236	**40**	3,398
3,00	0,436	**25**	1,343	**50**	2,251	**50**	3,412
10	0,450	**30**	1,351	**60**	2,265	**60**	3,427
20	0,465	**40**	1,365	**70**	2,280	**80**	3,456
25	0,472	**50**	1,380	**75**	2,287	**24,00**	3,485
30	0,479	**60**	1,394	**80**	2,294	**20**	3,514
40	0,494	**70**	1,409	**90**	2,309	**40**	3,543
50	0,508	**75**	1,416	**16,00**	2,323	**50**	3,557
60	0,523	**80**	1,423	**10**	2,338	**60**	3,572
70	0,537	**90**	1,438	**20**	2,352	**80**	3,601
75	0,545	**10,00**	1,452	**25**	2,360	**25,00**	3,630
80	0,552	**10**	1,467	**30**	2,367	**20**	3,659
90	0,566	**20**	1,481	**40**	2,381	**40**	3,688
4,00	0,581	**25**	1,488	**50**	2,396	**50**	3,703
10	0,595	**30**	1,496	**60**	2,410	**60**	3,717
20	0,610	**40**	1,510	**70**	2,425	**80**	3,746
25	0,617	**50**	1,525	**75**	2,432	**26,00**	3,775
30	0,624	**60**	1,539	**80**	2,439	**20**	3,804
40	0,639	**70**	1,554	**90**	2,454	**40**	3,833
50	0,653	**75**	1,561	**17,00**	2,468	**50**	3,848
60	0,668	**80**	1,568	**10**	2,483	**60**	3,862
70	0,683	**90**	1,583	**20**	2,497	**80**	3,891
75	0,690	**11,00**	1,597	**25**	2,505	**27,00**	3,920
80	0,697	**10**	1,612	**30**	2,512	**20**	3,949
90	0,712	**20**	1,626	**40**	2,527	**40**	3,979
5,00	0,726	**25**	1,634	**50**	2,541	**50**	3,993
10	0,741	**30**	1,641	**60**	2,556	**60**	4,008
20	0,755	**40**	1,655	**70**	2,570	**80**	4,037
25	0,762	**50**	1,670	**75**	2,577	**28,00**	4,066
30	0,770	**60**	1,684	**80**	2,585	**20**	4,095
40	0,784	**70**	1,699	**90**	2,599	**40**	4,124
50	0,799	**75**	1,706	**18,00**	2,614	**50**	4,138
60	0,813	**80**	1,713	**10**	2,628	**60**	4,153
70	0,828	**90**	1,728	**20**	2,643	**80**	4,182
75	0,835	**12,00**	1,742	**25**	2,650	**29,00**	4,211
80	0,842	**10**	1,757	**30**	2,657	**20**	4,240
90	0,857	**20**	1,771	**40**	2,672	**40**	4,269
6,00	0,871	**25**	1,779	**50**	2,687	**50**	4,283
10	0,886	**30**	1,786	**60**	2,701	**60**	4,298
20	0,900	**40**	1,801	**70**	2,715	**80**	4,327
25	0,908	**50**	1,815	**75**	2,723	**30,00**	4,356

Mittendurchmesser 44 cm = 138,2 Mittenumfang

Lg. m	cbm	Lg. m	cbm	Lg. m	cbm	Lg. m	cbm
0,10	0,015	**6,30**	0,958	**12,60**	1,917	**18,80**	2,859
20	0,030	**40**	0,973	**70**	1,932	**90**	2,875
25	0,038	**50**	0,988	**75**	1,939	**19,00**	2,890
30	0,046	**60**	1,004	**80**	1,947	**10**	2,905
40	0,061	**70**	1,019	**90**	1,962	**20**	2,920
50	0,076	**75**	1,026	**13,00**	1,977	**25**	2,928
60	0,091	**80**	1,034	**10**	1,993	**30**	2,936
70	0,106	**90**	1,049	**20**	2,008	**40**	2,951
75	0,114	**7,00**	1,064	**25**	2,015	**50**	2,965
80	0,122	**10**	1,080	**30**	2,023	**60**	2,981
90	0,137	**20**	1,095	**40**	2,038	**70**	2,996
1,00	0,152	**25**	1,102	**50**	2,053	**75**	3,003
10	0,167	**30**	1,110	**60**	2,069	**80**	3,012
20	0,182	**40**	1,125	**70**	2,084	**90**	3,027
25	0,190	**50**	1,140	**75**	2,091	**20,00**	3,042
30	0,198	**60**	1,156	**80**	2,099	**20**	3,072
40	0,213	**70**	1,171	**90**	2,114	**40**	3,103
50	0,228	**75**	1,178	**14,00**	2,129	**50**	3,118
60	0,243	**80**	1,186	**10**	2,145	**60**	3,133
70	0,258	**90**	1,201	**20**	2,160	**80**	3,164
75	0,266	**8,00**	1,216	**25**	2,167	**21,00**	3,194
80	0,274	**10**	1,232	**30**	2,175	**20**	3,225
90	0,289	**20**	1,247	**40**	2,190	**40**	3,255
2,00	0,304	**25**	1,254	**50**	2,205	**50**	3,270
10	0,319	**30**	1,262	**60**	2,221	**60**	3,285
20	0,335	**40**	1,277	**70**	2,236	**80**	3,316
25	0,342	**50**	1,292	**75**	2,244	**22,00**	3,346
30	0,350	**60**	1,308	**80**	2,251	**20**	3,377
40	0,365	**70**	1,323	**90**	2,266	**40**	3,407
50	0,380	**75**	1,330	**15,00**	2,282	**50**	3,422
60	0,395	**80**	1,338	**10**	2,297	**60**	3,438
70	0,411	**90**	1,353	**20**	2,312	**80**	3,468
75	0,418	**9,00**	1,368	**25**	2,320	**23,00**	3,498
80	0,426	**10**	1,384	**30**	2,327	**20**	3,529
90	0,441	**20**	1,399	**40**	2,342	**40**	3,559
3,00	0,456	**25**	1,406	**50**	2,357	**50**	3,574
10	0,471	**30**	1,414	**60**	2,373	**60**	3,590
20	0,487	**40**	1,429	**70**	2,389	**80**	3,620
25	0,494	**50**	1,445	**75**	2,396	**24,00**	3,650
30	0,502	**60**	1,460	**80**	2,403	**20**	3,681
40	0,517	**70**	1,475	**90**	2,418	**40**	3,711
50	0,532	**75**	1,482	**16,00**	2,434	**50**	3,727
60	0,547	**80**	1,490	**10**	2,449	**60**	3,742
70	0,563	**90**	1,505	**20**	2,464	**80**	3,772
75	0,570	**10,00**	1,521	**25**	2,472	**25,00**	3,803
80	0,578	**10**	1,536	**30**	2,479	**20**	3,833
90	0,593	**20**	1,551	**40**	2,494	**40**	3,863
4,00	0,608	**25**	1,559	**50**	2,509	**50**	3,879
10	0,623	**30**	1,567	**60**	2,525	**60**	3,894
20	0,639	**40**	1,582	**70**	2,540	**80**	3,924
25	0,646	**50**	1,597	**75**	2,548	**26,00**	3,955
30	0,654	**60**	1,612	**80**	2,555	**20**	3,985
40	0,669	**70**	1,627	**90**	2,571	**40**	4,015
50	0,684	**75**	1,635	**17,00**	2,586	**50**	4,031
60	0,699	**80**	1,643	**10**	2,601	**60**	4,046
70	0,715	**90**	1,658	**20**	2,616	**80**	4,076
75	0,722	**11,00**	1,673	**25**	2,624	**27,00**	4,107
80	0,730	**10**	1,688	**30**	2,631	**20**	4,137
90	0,745	**20**	1,704	**40**	2,647	**40**	4,168
5,00	0,760	**25**	1,711	**50**	2,661	**50**	4,183
10	0,775	**30**	1,719	**60**	2,677	**60**	4,198
20	0,791	**40**	1,734	**70**	2,692	**80**	4,228
25	0,798	**50**	1,749	**75**	2,700	**28,00**	4,259
30	0,806	**60**	1,764	**80**	2,707	**20**	4,289
40	0,821	**70**	1,780	**90**	2,723	**40**	4,320
50	0,836	**75**	1,787	**18,00**	2,738	**50**	4,335
60	0,851	**80**	1,795	**10**	2,753	**60**	4,350
70	0,867	**90**	1,810	**20**	2,768	**80**	4,380
75	0,874	**12,00**	1,825	**25**	2,776	**29,00**	4,411
80	0,882	**10**	1,840	**30**	2,783	**20**	4,441
90	0,897	**20**	1,855	**40**	2,791	**40**	4,472
6,00	0,912	**25**	1,863	**50**	2,813	**50**	4,487
10	0,928	**30**	1,871	**60**	2,829	**60**	4,502
20	0,943	**40**	1,886	**70**	2,844	**80**	4,532
25	0,950	**50**	1,901	**75**	2,852	**30,00**	4,563

Mittendurchmesser 45 cm = 141,4 Mittenumfang

Lg. m	cbm	Lg. m	cbm	Lg. m	cbm	Lg. m	cbm
0,10	0,016	**6,30**	1,002	**12,60**	2,003	**18,80**	2,989
20	0,032	**40**	1,018	**70**	2,019	**90**	3,005
25	0,040	**50**	1,034	**75**	2,027	**19,00**	3,021
30	0,048	**60**	1,050	**80**	2,035	**10**	3,037
40	0,064	**70**	1,066	**90**	2,051	**20**	3,053
50	0,080	**75**	1,073	**13,00**	2,067	**25**	3,061
60	0,095	**80**	1,081	**10**	2,083	**30**	3,069
70	0,111	**90**	1,097	**20**	2,099	**40**	3,085
75	0,119	**7,00**	1,113	**25**	2,107	**50**	3,101
80	0,127	**10**	1,129	**30**	2,115	**60**	3,116
90	0,143	**20**	1,145	**40**	2,131	**70**	3,132
1,00	0,159	**25**	1,153	**50**	2,147	**75**	3,141
10	0,175	**30**	1,161	**60**	2,162	**80**	3,148
20	0,191	**40**	1,177	**70**	2,178	**90**	3,164
25	0,199	**50**	1,193	**75**	2,186	**20,00**	3,180
30	0,207	**60**	1,209	**80**	2,194	**20**	3,212
40	0,223	**70**	1,225	**90**	2,210	**40**	3,244
50	0,239	**75**	1,232	**14,00**	2,226	**50**	3,260
60	0,254	**80**	1,241	**10**	2,242	**60**	3,275
70	0,270	**90**	1,256	**20**	2,258	**80**	3,307
75	0,278	**8,00**	1,272	**25**	2,266	**21,00**	3,339
80	0,286	**10**	1,288	**30**	2,273	**20**	3,371
90	0,302	**20**	1,304	**40**	2,290	**40**	3,403
2,00	0,318	**25**	1,312	**50**	2,306	**50**	3,419
10	0,334	**30**	1,320	**60**	2,321	**60**	3,434
20	0,350	**40**	1,336	**70**	2,337	**80**	3,466
25	0,358	**50**	1,352	**75**	2,345	**22,00**	3,498
30	0,366	**60**	1,368	**80**	2,353	**20**	3,530
40	0,382	**70**	1,384	**90**	2,369	**40**	3,562
50	0,398	**75**	1,391	**15,00**	2,385	**50**	3,578
60	0,414	**80**	1,400	**10**	2,401	**60**	3,593
70	0,429	**90**	1,415	**20**	2,417	**80**	3,625
75	0,437	**9,00**	1,431	**25**	2,425	**23,00**	3,657
80	0,445	**10**	1,447	**30**	2,433	**20**	3,689
90	0,461	**20**	1,463	**40**	2,449	**40**	3,721
3,00	0,477	**25**	1,471	**50**	2,465	**50**	3,737
10	0,493	**30**	1,479	**60**	2,480	**60**	3,752
20	0,509	**40**	1,495	**70**	2,496	**80**	3,784
25	0,517	**50**	1,511	**75**	2,504	**24,00**	3,816
30	0,525	**60**	1,527	**80**	2,512	**20**	3,848
40	0,541	**70**	1,543	**90**	2,528	**40**	3,880
50	0,557	**75**	1,550	**16,00**	2,544	**50**	3,896
60	0,573	**80**	1,559	**10**	2,560	**60**	3,911
70	0,588	**90**	1,575	**20**	2,576	**80**	3,943
75	0,596	**10,00**	1,590	**25**	2,584	**25,00**	3,975
80	0,604	**10**	1,606	**30**	2,592	**20**	4,007
90	0,620	**20**	1,622	**40**	2,608	**40**	4,039
4,00	0,636	**25**	1,630	**50**	2,624	**50**	4,055
10	0,652	**30**	1,638	**60**	2,639	**60**	4,070
20	0,668	**40**	1,654	**70**	2,655	**80**	4,102
25	0,676	**50**	1,670	**75**	2,663	**26,00**	4,134
30	0,684	**60**	1,685	**80**	2,671	**20**	4,166
40	0,700	**70**	1,701	**90**	2,687	**40**	4,198
50	0,716	**75**	1,709	**17,00**	2,703	**50**	4,214
60	0,732	**80**	1,717	**10**	2,719	**60**	4,229
70	0,748	**90**	1,733	**20**	2,735	**80**	4,261
75	0,755	**11,00**	1,749	**25**	2,743	**27,00**	4,293
80	0,763	**10**	1,765	**30**	2,751	**20**	4,325
90	0,779	**20**	1,781	**40**	2,767	**40**	4,357
5,00	0,795	**25**	1,789	**50**	2,783	**50**	4,373
10	0,811	**30**	1,797	**60**	2,798	**60**	4,388
20	0,827	**40**	1,813	**70**	2,814	**80**	4,420
25	0,835	**50**	1,829	**75**	2,822	**28,00**	4,452
30	0,843	**60**	1,844	**80**	2,830	**20**	4,484
40	0,859	**70**	1,860	**90**	2,846	**40**	4,516
50	0,875	**75**	1,868	**18,00**	2,862	**50**	4,532
60	0,891	**80**	1,876	**10**	2,878	**60**	4,547
70	0,907	**90**	1,892	**20**	2,894	**80**	4,579
75	0,914	**12,00**	1,908	**25**	2,902	**29,00**	4,611
80	0,922	**10**	1,924	**30**	2,910	**20**	4,643
90	0,938	**20**	1,940	**40**	2,926	**40**	4,675
6,00	0,954	**25**	1,948	**50**	2,942	**50**	4,691
10	0,970	**30**	1,956	**60**	2,957	**60**	4,706
20	0,986	**40**	1,972	**70**	2,973	**80**	4,738
25	0,994	**50**	1,988	**75**	2,981	**30,00**	4,770

Mittendurchmesser 46 cm = 144,5 Mittenumfang

Lg. m	cbm	Lg. m	cbm	Lg. m	cbm	Lg. m	cbm
0,10	0,017	**6,30**	1,047	**12,60**	2,094	**18,80**	3,125
20	0,033	**40**	1,064	**70**	2,111	**90**	3,141
25	0,042	**50**	1,080	**75**	2,119	**19,00**	3,158
30	0,050	**60**	1,097	**80**	2,127	**10**	3,174
40	0,066	**70**	1,113	**90**	2,144	**20**	3,191
50	0,083	**75**	1,122	**13,00**	2,160	**25**	3,199
60	0,100	**80**	1,130	**10**	2,177	**30**	3,208
70	0,116	**90**	1,147	**20**	2,194	**40**	3,224
75	0,125	**7,00**	1,163	**25**	2,202	**50**	3,241
80	0,133	**10**	1,180	**30**	2,211	**60**	3,258
90	0,150	**20**	1,197	**40**	2,227	**70**	3,274
1,00	0,166	**25**	1,205	**50**	2,244	**75**	3,282
10	0,183	**30**	1,213	**60**	2,260	**80**	3,291
20	0,199	**40**	1,230	**70**	2,277	**90**	3,307
25	0,208	**50**	1,246	**75**	2,285	**20,00**	3,324
30	0,216	**60**	1,263	**80**	2,294	**20**	3,357
40	0,233	**70**	1,280	**90**	2,310	**40**	3,391
50	0,249	**75**	1,288	**14,00**	2,327	**50**	3,407
60	0,266	**80**	1,296	**10**	2,343	**60**	3,424
70	0,283	**90**	1,313	**20**	2,360	**80**	3,457
75	0,291	**8,00**	1,330	**25**	2,368	**21,00**	3,490
80	0,299	**10**	1,346	**30**	2,377	**20**	3,523
90	0,316	**20**	1,363	**40**	2,393	**40**	3,557
2,00	0,332	**25**	1,371	**50**	2,410	**50**	3,573
10	0,349	**30**	1,379	**60**	2,427	**60**	3,590
20	0,366	**40**	1,396	**70**	2,443	**80**	3,623
25	0,374	**50**	1,413	**75**	2,452	**22,00**	3,656
30	0,382	**60**	1,429	**80**	2,460	**20**	3,690
40	0,399	**70**	1,446	**90**	2,476	**40**	3,723
50	0,415	**75**	1,454	**15,00**	2,493	**50**	3,740
60	0,432	**80**	1,462	**10**	2,510	**60**	3,756
70	0,449	**90**	1,479	**20**	2,526	**80**	3,789
75	0,457	**9,00**	1,496	**25**	2,535	**23,00**	3,823
80	0,465	**10**	1,512	**30**	2,543	**20**	3,856
90	0,482	**20**	1,529	**40**	2,560	**40**	3,889
3,00	0,499	**25**	1,537	**50**	2,576	**50**	3,906
10	0,515	**30**	1,546	**60**	2,593	**60**	3,922
20	0,532	**40**	1,562	**70**	2,609	**80**	3,956
25	0,540	**50**	1,579	**75**	2,618	**24,00**	3,989
30	0,548	**60**	1,595	**80**	2,626	**20**	4,022
40	0,565	**70**	1,612	**90**	2,643	**40**	4,055
50	0,582	**75**	1,620	**16,00**	2,659	**50**	4,072
60	0,598	**80**	1,629	**10**	2,676	**60**	4,089
70	0,615	**90**	1,645	**20**	2,692	**80**	4,122
75	0,623	**10,00**	1,662	**25**	2,701	**25,00**	4,155
80	0,632	**10**	1,679	**30**	2,709	**20**	4,188
90	0,648	**20**	1,695	**40**	2,726	**40**	4,222
4,00	0,665	**25**	1,704	**50**	2,742	**50**	4,238
10	0,681	**30**	1,712	**60**	2,759	**60**	4,255
20	0,698	**40**	1,729	**70**	2,776	**80**	4,288
25	0,706	**50**	1,745	**75**	2,784	**26,00**	4,321
30	0,715	**60**	1,762	**80**	2,792	**20**	4,354
40	0,731	**70**	1,778	**90**	2,809	**40**	4,388
50	0,748	**75**	1,787	**17,00**	2,825	**50**	4,404
60	0,764	**80**	1,795	**10**	2,842	**60**	4,421
70	0,781	**90**	1,812	**20**	2,859	**80**	4,454
75	0,790	**11,00**	1,828	**25**	2,867	**27,00**	4,487
80	0,798	**10**	1,845	**30**	2,875	**20**	4,521
90	0,814	**20**	1,861	**40**	2,892	**40**	4,554
5,00	0,831	**25**	1,870	**50**	2,908	**50**	4,571
10	0,848	**30**	1,878	**60**	2,925	**60**	4,587
20	0,864	**40**	1,895	**70**	2,942	**80**	4,620
25	0,873	**50**	1,911	**75**	2,950	**28,00**	4,654
30	0,881	**60**	1,928	**80**	2,958	**20**	4,687
40	0,897	**70**	1,945	**90**	2,975	**40**	4,720
50	0,914	**75**	1,953	**18,00**	2,991	**50**	4,737
60	0,931	**80**	1,961	**10**	3,008	**60**	4,753
70	0,947	**90**	1,978	**20**	3,025	**80**	4,787
75	0,956	**12,00**	1,994	**25**	3,033	**29,00**	4,820
80	0,964	**10**	2,011	**30**	3,042	**20**	4,853
90	0,981	**20**	2,028	**40**	3,058	**40**	4,886
6,00	0,997	**25**	2,036	**50**	3,075	**50**	4,903
10	1,014	**30**	2,044	**60**	3,091	**60**	4,920
20	1,030	**40**	2,061	**70**	3,108	**80**	4,953
25	1,039	**50**	2,077	**75**	3,116	**30,00**	4,986

Mittendurchmesser 47 cm = 147,7 Mittenumfang

Lg. m	cbm	Lg. m	cbm	Lg. m	cbm	Lg. m	cbm
0,10	0,017	**6,30**	1,093	**12,60**	2,186	**18,80**	3,262
20	0,035	**40**	1,110	**70**	2,204	**90**	3,279
25	0,043	**50**	1,128	**75**	2,212	**19,00**	3,296
30	0,052	**60**	1,145	**80**	2,221	**10**	3,314
40	0,069	**70**	1,162	**90**	2,238	**20**	3,331
50	0,087	**75**	1,171	**13,00**	2,255	**25**	3,340
60	0,104	**80**	1,180	**10**	2,273	**30**	3,349
70	0,121	**90**	1,197	**20**	2,290	**40**	3,366
75	0,130	**7,00**	1,214	**25**	2,299	**50**	3,383
80	0,139	**10**	1,232	**30**	2,308	**60**	3,401
90	0,156	**20**	1,249	**40**	2,325	**70**	3,418
1,00	0,173	**25**	1,258	**50**	2,342	**75**	3,427
10	0,191	**30**	1,267	**60**	2,360	**80**	3,435
20	0,208	**40**	1,284	**70**	2,377	**90**	3,453
25	0,217	**50**	1,301	**75**	2,386	**20,00**	3,470
30	0,226	**60**	1,319	**80**	2,394	**20**	3,505
40	0,243	**70**	1,335	**90**	2,412	**40**	3,539
50	0,260	**75**	1,345	**14,00**	2,429	**50**	3,557
60	0,278	**80**	1,353	**10**	2,446	**60**	3,574
70	0,295	**90**	1,371	**20**	2,464	**80**	3,609
75	0,304	**8,00**	1,388	**25**	2,472	**21,00**	3,644
80	0,312	**10**	1,405	**30**	2,481	**20**	3,678
90	0,330	**20**	1,423	**40**	2,498	**40**	3,713
2,00	0,347	**25**	1,431	**50**	2,516	**50**	3,730
10	0,364	**30**	1,440	**60**	2,533	**60**	3,748
20	0,382	**40**	1,457	**70**	2,551	**80**	3,782
25	0,390	**50**	1,475	**75**	2,559	**22,00**	3,817
30	0,399	**60**	1,492	**80**	2,568	**20**	3,852
40	0,416	**70**	1,509	**90**	2,585	**40**	3,886
50	0,434	**75**	1,518	**15,00**	2,602	**50**	3,904
60	0,451	**80**	1,527	**10**	2,620	**60**	3,921
70	0,468	**90**	1,544	**20**	2,637	**80**	3,956
75	0,477	**9,00**	1,561	**25**	2,646	**23,00**	3,991
80	0,486	**10**	1,579	**30**	2,655	**20**	4,025
90	0,503	**20**	1,596	**40**	2,672	**40**	4,060
3,00	0,520	**25**	1,605	**50**	2,689	**50**	4,077
10	0,538	**30**	1,614	**60**	2,707	**60**	4,095
20	0,555	**40**	1,631	**70**	2,724	**80**	4,129
25	0,564	**50**	1,648	**75**	2,733	**24,00**	4,164
30	0,573	**60**	1,666	**80**	2,741	**20**	4,199
40	0,590	**70**	1,683	**90**	2,759	**40**	4,233
50	0,607	**75**	1,692	**16,00**	2,776	**50**	4,251
60	0,625	**80**	1,700	**10**	2,793	**60**	4,268
70	0,642	**90**	1,718	**20**	2,811	**80**	4,303
75	0,651	**10,00**	1,735	**25**	2,819	**25,00**	4,338
80	0,659	**10**	1,752	**30**	2,828	**20**	4,372
90	0,677	**20**	1,770	**40**	2,845	**40**	4,407
4,00	0,694	**25**	1,778	**50**	2,863	**50**	4,424
10	0,711	**30**	1,787	**60**	2,880	**60**	4,442
20	0,729	**40**	1,804	**70**	2,898	**80**	4,476
25	0,737	**50**	1,822	**75**	2,906	**26,00**	4,511
30	0,746	**60**	1,839	**80**	2,915	**20**	4,546
40	0,763	**70**	1,857	**90**	2,932	**40**	4,580
50	0,781	**75**	1,865	**17,00**	2,949	**50**	4,598
60	0,798	**80**	1,874	**10**	2,967	**60**	4,615
70	0,815	**90**	1,891	**20**	2,984	**80**	4,650
75	0,824	**11,00**	1,908	**25**	2,993	**27,00**	4,685
80	0,833	**10**	1,926	**30**	3,002	**20**	4,719
90	0,850	**20**	1,943	**40**	3,019	**40**	4,754
5,00	0,867	**25**	1,952	**50**	3,036	**50**	4,771
10	0,885	**30**	1,961	**60**	3,054	**60**	4,789
20	0,902	**40**	1,978	**70**	3,071	**80**	4,823
25	0,911	**50**	1,995	**75**	3,080	**28,00**	4,858
30	0,920	**60**	2,013	**80**	3,088	**20**	4,893
40	0,937	**70**	2,030	**90**	3,106	**40**	4,927
50	0,954	**75**	2,039	**18,00**	3,123	**50**	4,945
60	0,972	**80**	2,047	**10**	3,140	**60**	4,962
70	0,989	**90**	2,065	**20**	3,158	**80**	4,997
75	0,998	**12,00**	2,082	**25**	3,166	**29,00**	5,032
80	1,006	**10**	2,099	**30**	3,175	**20**	5,066
90	1,024	**20**	2,117	**40**	3,192	**40**	5,101
6,00	1,041	**25**	2,125	**50**	3,210	**50**	5,118
10	1,058	**30**	2,134	**60**	3,227	**60**	5,136
20	1,076	**40**	2,151	**70**	3,245	**80**	5,170
25	1,084	**50**	2,169	**75**	3,253	**30,00**	5,205

Mittendurchmesser 48 cm = 150,8 Mittenumfang

Lg. m	cbm	Lg. m	cbm	Lg. m	cbm	Lg. m	cbm
0,10	0,018	**6,30**	1,140	**12,60**	2,281	**18,80**	3,403
20	0,036	**40**	1,158	**70**	2,299	**90**	3,421
25	0,045	**50**	1,176	**75**	2,308	**19,00**	3,438
30	0,054	**60**	1,194	**80**	2,317	**10**	3,457
40	0,072	**70**	1,212	**90**	2,335	**20**	3,475
50	0,090	**75**	1,222	**13,00**	2,352	**25**	3,484
60	0,109	**80**	1,231	**10**	2,371	**30**	3,493
70	0,127	**90**	1,249	**20**	2,389	**40**	3,511
75	0,136	**7,00**	1,267	**25**	2,398	**50**	3,529
80	0,145	**10**	1,285	**30**	2,407	**60**	3,548
90	0,163	**20**	1,303	**40**	2,425	**70**	3,566
1,00	0,181	**25**	1,312	**50**	2,443	**75**	3,574
10	0,199	**30**	1,321	**60**	2,462	**80**	3,584
20	0,217	**40**	1,339	**70**	2,480	**90**	3,602
25	0,226	**50**	1,357	**75**	2,489	**20,00**	3,619
30	0,235	**60**	1,375	**80**	2,498	**20**	3,656
40	0,253	**70**	1,393	**90**	2,516	**40**	3,692
50	0,271	**75**	1,403	**14,00**	2,533	**50**	3,711
60	0,290	**80**	1,411	**10**	2,552	**60**	3,729
70	0,308	**90**	1,430	**20**	2,570	**80**	3,765
75	0,317	**8,00**	1,448	**25**	2,579	**21,00**	3,801
80	0,326	**10**	1,466	**30**	2,588	**20**	3,837
90	0,344	**20**	1,484	**40**	2,606	**40**	3,873
2,00	0,362	**25**	1,493	**50**	2,624	**50**	3,892
10	0,380	**30**	1,502	**60**	2,643	**60**	3,910
20	0,398	**40**	1,520	**70**	2,661	**80**	3,946
25	0,407	**50**	1,538	**75**	2,670	**22,00**	3,982
30	0,416	**60**	1,556	**80**	2,679	**20**	4,018
40	0,434	**70**	1,574	**90**	2,697	**40**	4,054
50	0,452	**75**	1,584	**15,00**	2,714	**50**	4,073
60	0,470	**80**	1,592	**10**	2,733	**60**	4,094
70	0,489	**90**	1,611	**20**	2,751	**80**	4,127
75	0,498	**9,00**	1,629	**25**	2,760	**23,00**	4,163
80	0,507	**10**	1,647	**30**	2,769	**20**	4,199
90	0,525	**20**	1,665	**40**	2,787	**40**	4,235
3,00	0,543	**25**	1,674	**50**	2,805	**50**	4,254
10	0,561	**30**	1,683	**60**	2,824	**60**	4,272
20	0,579	**40**	1,701	**70**	2,842	**80**	4,308
25	0,588	**50**	1,719	**75**	2,851	**24,00**	4,344
30	0,597	**60**	1,737	**80**	2,860	**20**	4,380
40	0,615	**70**	1,755	**90**	2,878	**40**	4,416
50	0,633	**75**	1,765	**16,00**	2,895	**50**	4,435
60	0,651	**80**	1,773	**10**	2,914	**60**	4,453
70	0,670	**90**	1,791	**20**	2,932	**80**	4,489
75	0,679	**10,00**	1,810	**25**	2,941	**25,00**	4,525
80	0,688	**10**	1,828	**30**	2,950	**20**	4,561
90	0,706	**20**	1,846	**40**	2,968	**40**	4,597
4,00	0,724	**25**	1,855	**50**	2,986	**50**	4,616
10	0,742	**30**	1,864	**60**	3,005	**60**	4,634
20	0,760	**40**	1,882	**70**	3,023	**80**	4,670
25	0,769	**50**	1,900	**75**	3,033	**26,00**	4,706
30	0,778	**60**	1,917	**80**	3,041	**20**	4,742
40	0,796	**70**	1,937	**90**	3,059	**40**	4,778
50	0,814	**75**	1,948	**17,00**	3,076	**50**	4,797
60	0,832	**80**	1,955	**10**	3,095	**60**	4,815
70	0,850	**90**	1,973	**20**	3,113	**80**	4,851
75	0,860	**11,00**	1,991	**25**	3,122	**27,00**	4,887
80	0,869	**10**	2,009	**30**	3,131	**20**	4,923
90	0,887	**20**	2,027	**40**	3,149	**40**	4,959
5,00	0,905	**25**	2,036	**50**	3,167	**50**	4,978
10	0,923	**30**	2,045	**60**	3,186	**60**	4,996
20	0,941	**40**	2,063	**70**	3,204	**80**	5,032
25	0,950	**50**	2,081	**75**	3,213	**28,00**	5,068
30	0,959	**60**	2,100	**80**	3,222	**20**	5,104
40	0,977	**70**	2,118	**90**	3,240	**40**	5,140
50	0,995	**75**	2,127	**18,00**	3,257	**50**	5,159
60	1,013	**80**	2,136	**10**	3,276	**60**	5,177
70	1,031	**90**	2,154	**20**	3,294	**80**	5,213
75	1,041	**12,00**	2,172	**25**	3,303	**29,00**	5,249
80	1,050	**10**	2,190	**30**	3,312	**20**	5,285
90	1,068	**20**	2,208	**40**	3,330	**40**	5,321
6,00	1,086	**25**	2,217	**50**	3,348	**50**	5,340
10	1,104	**30**	2,226	**60**	3,367	**60**	5,358
20	1,122	**40**	2,244	**70**	3,385	**80**	5,394
25	1,131	**50**	2,262	**75**	3,394	**30,00**	5,430

Mittendurchmesser 49 cm = 153,9 Mittenumfang

Lg. m	cbm	Lg. m	cbm	Lg. m	cbm	Lg. m	cbm
0,10	0,019	**6,30**	1,188	**12,60**	2,376	**18,80**	3,546
20	0,038	**40**	1,207	**70**	2,395	**90**	3,564
25	0,047	**50**	1,226	**75**	2,405	**19,00**	3,583
30	0,057	**60**	1,245	**80**	2,414	**10**	3,602
40	0,075	**70**	1,263	**90**	2,433	**20**	3,621
50	0,094	**75**	1,273	**13,00**	2,451	**25**	3,630
60	0,113	**80**	1,282	**10**	2,471	**30**	3,640
70	0,132	**90**	1,301	**20**	2,489	**40**	3,659
75	0,141	**7,00**	1,320	**25**	2,499	**50**	3,677
80	0,151	**10**	1,339	**30**	2,507	**60**	3,696
90	0,170	**20**	1,358	**40**	2,527	**70**	3,715
1,00	0,189	**25**	1,367	**50**	2,546	**75**	3,724
10	0,207	**30**	1,377	**60**	2,565	**80**	3,734
20	0,226	**40**	1,395	**70**	2,584	**90**	3,753
25	0,236	**50**	1,414	**75**	2,593	**20,00**	3,771
30	0,245	**60**	1,433	**80**	2,603	**20**	3,809
40	0,264	**70**	1,452	**90**	2,621	**40**	3,846
50	0,283	**75**	1,461	**14,00**	2,640	**50**	3,865
60	0,302	**80**	1,471	**10**	2,659	**60**	3,884
70	0,321	**90**	1,490	**20**	2,678	**80**	3,922
75	0,330	**8,00**	1,509	**25**	2,687	**21,00**	3,960
80	0,339	**10**	1,527	**30**	2,697	**20**	3,997
90	0,358	**20**	1,546	**40**	2,716	**40**	4,035
2,00	0,377	**25**	1,556	**50**	2,734	**50**	4,054
10	0,396	**30**	1,565	**60**	2,753	**60**	4,073
20	0,415	**40**	1,584	**70**	2,772	**80**	4,111
25	0,424	**50**	1,603	**75**	2,782	**22,00**	4,148
30	0,434	**60**	1,622	**80**	2,791	**20**	4,186
40	0,453	**70**	1,641	**90**	2,810	**40**	4,224
50	0,471	**75**	1,650	**15,00**	2,829	**50**	4,242
60	0,490	**80**	1,659	**10**	2,848	**60**	4,261
70	0,509	**90**	1,678	**20**	2,867	**80**	4,299
75	0,519	**9,00**	1,697	**25**	2,876	**23,00**	4,337
80	0,528	**10**	1,716	**30**	2,886	**20**	4,374
90	0,547	**20**	1,735	**40**	2,904	**40**	4,412
3,00	0,566	**25**	1,744	**50**	2,923	**50**	4,431
10	0,585	**30**	1,754	**60**	2,942	**60**	4,450
20	0,603	**40**	1,773	**70**	2,961	**80**	4,488
25	0,613	**50**	1,791	**75**	2,970	**24,00**	4,525
30	0,622	**60**	1,810	**80**	2,980	**20**	4,563
40	0,641	**70**	1,829	**90**	2,999	**40**	4,601
50	0,660	**75**	1,839	**16,00**	3,017	**50**	4,620
60	0,679	**80**	1,848	**10**	3,036	**60**	4,638
70	0,698	**90**	1,867	**20**	3,055	**80**	4,676
75	0,707	**10,00**	1,886	**25**	3,065	**25,00**	4,714
80	0,717	**10**	1,905	**30**	3,074	**20**	4,752
90	0,735	**20**	1,924	**40**	3,093	**40**	4,789
4,00	0,754	**25**	1,933	**50**	3,111	**50**	4,808
10	0,773	**30**	1,943	**60**	3,131	**60**	4,827
20	0,792	**40**	1,961	**70**	3,149	**80**	4,865
25	0,801	**50**	1,980	**75**	3,159	**26,00**	4,902
30	0,811	**60**	1,999	**80**	3,168	**20**	4,940
40	0,830	**70**	2,018	**90**	3,187	**40**	4,978
50	0,849	**75**	2,027	**17,00**	3,206	**50**	4,997
60	0,867	**80**	2,037	**10**	3,225	**60**	5,016
70	0,886	**90**	2,055	**20**	3,244	**80**	5,053
75	0,896	**11,00**	2,074	**25**	3,253	**27,00**	5,091
80	0,905	**10**	2,094	**30**	3,263	**20**	5,129
90	0,924	**20**	2,112	**40**	3,281	**40**	5,166
5,00	0,943	**25**	2,122	**50**	3,300	**50**	5,185
10	0,962	**30**	2,131	**60**	3,319	**60**	5,204
20	0,981	**40**	2,150	**70**	3,338	**80**	5,242
25	0,990	**50**	2,169	**75**	3,347	**28,00**	5,280
30	0,999	**60**	2,188	**80**	3,357	**20**	5,317
40	1,018	**70**	2,207	**90**	3,376	**40**	5,355
50	1,037	**75**	2,216	**18,00**	3,394	**50**	5,374
60	1,056	**80**	2,226	**10**	3,414	**60**	5,393
70	1,075	**90**	2,244	**20**	3,432	**80**	5,431
75	1,084	**12,00**	2,263	**25**	3,442	**29,00**	5,468
80	1,094	**10**	2,282	**30**	3,451	**20**	5,506
90	1,113	**20**	2,301	**40**	3,470	**40**	5,544
6,00	1,131	**25**	2,310	**50**	3,489	**50**	5,562
10	1,150	**30**	2,320	**60**	3,508	**60**	5,581
20	1,169	**40**	2,339	**70**	3,527	**80**	5,619
25	1,179	**50**	2,357	**75**	3,536	**30,00**	5,657

Mittendurchmesser 50 cm = 157,1 Mittenumfang

Lg. m	cbm	Lg. m	cbm	Lg. m	cbm	Lg. m	cbm
0,10	0,020	6,30	1,237	12,60	2,474	18,80	3,692
20	0,039	40	1,257	70	2,494	90	3,712
25	0,049	50	1,276	75	2,504	19,00	3,731
30	0,059	60	1,296	80	2,514	10	3,751
40	0,079	70	1,316	90	2,534	20	3,771
50	0,098	75	1,326	13,00	2,553	25	3,781
60	0,118	80	1,335	10	2,573	30	3,791
70	0,137	90	1,355	20	2,593	40	3,810
75	0,147	7,00	1,374	25	2,602	50	3,829
80	0,157	10	1,394	30	2,612	60	3,849
90	0,177	20	1,414	40	2,632	70	3,869
1,00	0,196	25	1,424	50	2,651	75	3,878
10	0,216	30	1,433	60	2,671	80	3,889
20	0,236	40	1,453	70	2,691	90	3,908
25	0,246	50	1,473	75	2,701	20,00	3,927
30	0,255	60	1,492	80	2,710	20	3,967
40	0,275	70	1,512	90	2,730	40	4,007
50	0,295	75	1,522	14,00	2,749	50	4,026
60	0,314	80	1,532	10	2,769	60	4,046
70	0,334	90	1,551	20	2,789	80	4,085
75	0,344	8,00	1,571	25	2,799	21,00	4,124
80	0,353	10	1,590	30	2,809	20	4,164
90	0,373	20	1,610	40	2,828	40	4,203
2,00	0,393	25	1,620	50	2,847	50	4,223
10	0,412	30	1,630	60	2,867	60	4,242
20	0,432	40	1,649	70	2,887	80	4,283
25	0,442	50	1,669	75	2,897	22,00	4,321
30	0,452	60	1,689	80	2,907	20	4,360
40	0,471	70	1,708	90	2,926	40	4,399
50	0,491	75	1,718	15,00	2,945	50	4,419
60	0,511	80	1,728	10	2,965	60	4,439
70	0,530	90	1,748	20	2,985	80	4,478
75	0,540	9,00	1,767	25	2,995	23,00	4,517
80	0,550	10	1,787	30	3,005	20	4,557
90	0,569	20	1,806	40	3,025	40	4,596
3,00	0,589	25	1,816	50	3,043	50	4,615
10	0,609	30	1,826	60	3,063	60	4,635
20	0,628	40	1,846	70	3,083	80	4,674
25	0,638	50	1,865	75	3,093	24,00	4,714
30	0,648	60	1,885	80	3,103	20	4,753
40	0,668	70	1,905	90	3,123	40	4,792
50	0,687	75	1,915	16,00	3,142	50	4,812
60	0,707	80	1,924	10	3,162	60	4,831
70	0,726	90	1,944	20	3,182	80	4,871
75	0,736	10,00	1,964	25	3,192	25,00	4,910
80	0,746	10	1,984	30	3,201	20	4,949
90	0,766	20	2,003	40	3,221	40	4,989
4,00	0,785	25	2,013	50	3,240	50	5,008
10	0,805	30	2,023	60	3,260	60	5,028
20	0,825	40	2,043	70	3,280	80	5,067
25	0,835	50	2,062	75	3,290	26,00	5,106
30	0,844	60	2,082	80	3,300	20	5,146
40	0,864	70	2,102	90	3,319	40	5,185
50	0,884	75	2,111	17,00	3,338	50	5,205
60	0,903	80	2,121	10	3,358	60	5,224
70	0,923	90	2,141	20	3,378	80	5,264
75	0,933	11,00	2,160	25	3,388	27,00	5,303
80	0,942	10	2,180	30	3,398	20	5,342
90	0,962	20	2,200	40	3,417	40	5,381
5,00	0,982	25	2,210	50	3,436	50	5,401
10	1,001	30	2,219	60	3,457	60	5,421
20	1,021	40	2,239	70	3,476	80	5,460
25	1,031	50	2,258	75	3,486	28,00	5,499
30	1,041	60	2,278	80	3,496	20	5,539
40	1,060	70	2,298	90	3,516	40	5,578
50	1,080	75	2,308	18,00	3,534	50	5,597
60	1,100	80	2,318	10	3,554	60	5,617
70	1,119	90	2,337	20	3,574	80	5,656
75	1,129	12,00	2,356	25	3,584	29,00	5,696
80	1,139	10	2,376	30	3,594	20	5,735
90	1,158	20	2,396	40	3,614	40	5,774
6,00	1,178	25	2,406	50	3,632	50	5,794
10	1,198	30	2,416	60	3,652	60	5,813
20	1,217	40	2,435	70	3,672	80	5,853
25	1,227	50	2,454	75	3,682	30,00	5,892

Mittendurchmesser 51 cm = 160,2 Mittenumfang

Lg. m	cbm	Lg. m	cbm	Lg. m	cbm	Lg. m	cbm
0,10	0,020	6,30	1,287	12,60	2,574	18,80	3,841
20	0,041	40	1,307	70	2,594	90	3,861
25	0,051	50	1,328	75	2,605	19,00	3,881
30	0,061	60	1,348	80	2,615	10	3,902
40	0,082	70	1,369	90	2,635	20	3,922
50	0,102	75	1,379	13,00	2,656	25	3,932
60	0,123	80	1,389	10	2,676	30	3,943
70	0,143	90	1,410	20	2,697	40	3,963
75	0,153	7,00	1,430	25	2,707	50	3,984
80	0,163	10	1,450	30	2,717	60	4,004
90	0,184	20	1,471	40	2,737	70	4,024
1,00	0,204	25	1,481	50	2,758	75	4,035
10	0,225	30	1,491	60	2,778	80	4,045
20	0,245	40	1,512	70	2,799	90	4,065
25	0,255	50	1,532	75	2,809	20,00	4,086
30	0,266	60	1,553	80	2,819	20	4,127
40	0,286	70	1,573	90	2,840	40	4,167
50	0,306	75	1,583	14,00	2,860	50	4,188
60	0,327	80	1,593	10	2,880	60	4,208
70	0,347	90	1,614	20	2,900	80	4,249
75	0,358	8,00	1,634	25	2,911	21,00	4,290
80	0,368	10	1,655	30	2,921	20	4,331
90	0,388	20	1,675	40	2,942	40	4,372
2,00	0,409	25	1,685	50	2,962	50	4,392
10	0,429	30	1,696	60	2,983	60	4,413
20	0,449	40	1,716	70	3,003	80	4,453
25	0,460	50	1,736	75	3,013	22,00	4,494
30	0,470	60	1,757	80	3,023	20	4,535
40	0,490	70	1,777	90	3,044	40	4,576
50	0,511	75	1,787	15,00	3,064	50	4,596
60	0,531	80	1,798	10	3,085	60	4,617
70	0,552	90	1,818	20	3,105	80	4,658
75	0,562	9,00	1,839	25	3,115	23,00	4,698
80	0,572	10	1,859	30	3,126	20	4,739
90	0,592	20	1,879	40	3,146	40	4,780
3,00	0,613	25	1,890	50	3,166	50	4,801
10	0,633	30	1,900	60	3,187	60	4,821
20	0,654	40	1,920	70	3,207	80	4,832
25	0,664	50	1,941	75	3,217	24,00	4,903
30	0,674	60	1,961	80	3,228	20	4,944
40	0,695	70	1,982	90	3,248	40	4,984
50	0,715	75	1,992	16,00	3,269	50	5,005
60	0,735	80	2,002	10	3,289	60	5,025
70	0,756	90	2,022	20	3,309	80	5,066
75	0,766	10,00	2,043	25	3,320	25,00	5,107
80	0,776	10	2,063	30	3,330	20	5,148
90	0,797	20	2,084	40	3,350	40	5,189
4,00	0,817	25	2,094	50	3,371	50	5,209
10	0,838	30	2,104	60	3,391	60	5,230
20	0,858	40	2,125	70	3,412	80	5,270
25	0,868	50	2,145	75	3,422	26,00	5,312
30	0,878	60	2,165	80	3,432	20	5,353
40	0,899	70	2,186	90	3,452	40	5,393
50	0,919	75	2,196	17,00	3,473	50	5,414
60	0,940	80	2,206	10	3,493	60	5,434
70	0,960	90	2,227	20	3,514	80	5,475
75	0,970	11,00	2,247	25	3,524	27,00	5,516
80	0,981	10	2,268	30	3,534	20	5,556
90	1,001	20	2,288	40	3,555	40	5,597
5,00	1,021	25	2,298	50	3,575	50	5,618
10	1,042	30	2,308	60	3,595	60	5,638
20	1,062	40	2,329	70	3,616	80	5,679
25	1,073	50	2,349	75	3,626	28,00	5,720
30	1,083	60	2,370	80	3,636	20	5,761
40	1,103	70	2,390	90	3,657	40	5,802
50	1,124	75	2,400	18,00	3,677	50	5,822
60	1,144	80	2,411	10	3,698	60	5,842
70	1,164	90	2,431	20	3,718	80	5,883
75	1,175	12,00	2,451	25	3,728	29,00	5,924
80	1,185	10	2,471	30	3,738	20	5,965
90	1,205	20	2,492	40	3,759	40	6,006
6,00	1,226	25	2,502	50	3,779	50	6,026
10	1,246	30	2,513	60	3,800	60	6,047
20	1,267	40	2,533	70	3,820	80	6,088
25	1,277	50	2,554	75	3,830	30,00	6,128

Mittendurchmesser 52 cm = 163,4 Mittenumfang

Lg. m	cbm	Lg. m	cbm	Lg. m	cbm	Lg. m	cbm
0,10	0,021	**6,30**	1,338	**12,60**	2,676	**18,80**	3,993
20	0,042	**40**	1,359	**70**	2,698	**90**	4,014
25	0,053	**50**	1,380	**75**	2,708	**19,00**	4,035
30	0,064	**60**	1,402	**80**	2,719	**10**	4,057
40	0,085	**70**	1,423	**90**	2,740	**20**	4,078
50	0,106	**75**	1,434	**13,00**	2,761	**25**	4,089
60	0,127	**80**	1,444	**10**	2,782	**30**	4,099
70	0,149	**90**	1,465	**20**	2,804	**40**	4,121
75	0,159	**7,00**	1,487	**25**	2,814	**50**	4,141
80	0,170	**10**	1,508	**30**	2,825	**60**	4,163
90	0,191	**20**	1,529	**40**	2,846	**70**	4,184
1,00	0,212	**25**	1,540	**50**	2,867	**75**	4,194
10	0,234	**30**	1,550	**60**	2,889	**80**	4,206
20	0,255	**40**	1,572	**70**	2,910	**90**	4,227
25	0,266	**50**	1,593	**75**	2,921	**20,00**	4,247
30	0,276	**60**	1,614	**80**	2,931	**20**	4,291
40	0,297	**70**	1,635	**90**	2,952	**40**	4,333
50	0,319	**75**	1,646	**14,00**	2,973	**50**	4,354
60	0,340	**80**	1,657	**10**	2,995	**60**	4,375
70	0,361	**90**	1,678	**20**	3,016	**80**	4,418
75	0,372	**8,00**	1,629	**25**	3,027	**21,00**	4,460
80	0,382	**10**	1,720	**30**	3,037	**20**	4,503
90	0,404	**20**	1,741	**40**	3,059	**40**	4,545
2,00	0,425	**25**	1,752	**50**	3,079	**50**	4,367
10	0,446	**30**	1,763	**60**	3,101	**60**	4588
20	0,467	**40**	1,784	**70**	3,122	**80**	4,630
25	0,478	**50**	1,805	**75**	3,133	**22,00**	4,673
30	0,488	**60**	1,826	**80**	3,144	**20**	4,715
40	0,510	**70**	1,848	**90**	3,165	**40**	4,758
50	0,531	**75**	1,858	**15,00**	3,186	**50**	4,779
60	0,552	**80**	1,869	**10**	3,207	**60**	4,800
70	0,573	**90**	1,890	**20**	3,229	**80**	4,843
75	0,584	**9,00**	1,911	**25**	3,239	**23,00**	4,885
80	0,595	**10**	1,933	**30**	3,250	**20**	4,928
90	0,616	**20**	1,954	**40**	3,271	**40**	4,970
3,00	0,637	**25**	1,965	**50**	3,292	**50**	4,991
10	0,658	**30**	1,975	**60**	3,313	**60**	5,013
20	0,680	**40**	1,996	**70**	3,335	**80**	5,055
25	0,690	**50**	2,018	**75**	3,345	**24,00**	5,098
30	0,701	**60**	2,039	**80**	3,356	**20**	5,140
40	0,722	**70**	2,060	**90**	3,377	**40**	5,183
50	0,743	**75**	2,071	**16,00**	3,398	**50**	5,204
60	0,765	**80**	2,081	**10**	3,420	**60**	5,225
70	0,786	**90**	2,102	**20**	3,441	**80**	5,268
75	0,796	**10,00**	2,124	**25**	3,452	**25,00**	5,310
80	0,807	**10**	2,145	**30**	3,462	**20**	5,353
90	0,828	**20**	2,167	**40**	3,483	**40**	5,395
4,00	0,849	**25**	2,177	**50**	3,504	**50**	5,416
10	0,871	**30**	2,188	**60**	3,526	**60**	5,437
20	0,892	**40**	2,209	**70**	3,547	**80**	5,480
25	0,903	**50**	2,230	**75**	3,558	**26,00**	5,522
30	0,913	**60**	2,251	**80**	3,568	**20**	5,565
40	0,934	**70**	2,273	**90**	3,587	**40**	5,607
50	0,956	**75**	2,283	**17,00**	3,610	**50**	5,629
60	0,977	**80**	2,294	**10**	3,632	**60**	5,650
70	0,998	**90**	2,315	**20**	3,653	**80**	5,692
75	1,009	**11,00**	2,336	**25**	3,664	**27,00**	5,735
80	1,019	**10**	2,358	**30**	3,675	**20**	5,777
90	1,041	**20**	2,379	**40**	3,696	**40**	5,820
5,00	1,062	**25**	2,390	**50**	3,717	**50**	5,841
10	1,083	**30**	2,400	**60**	3,738	**60**	5,862
20	1,104	**40**	2,421	**70**	3,759	**80**	5,905
25	1,115	**50**	2,442	**75**	3,770	**28,00**	5,947
30	1,126	**60**	2,464	**80**	3,781	**20**	5,990
40	1,147	**70**	2,485	**90**	3,802	**40**	6,032
50	1,168	**75**	2,496	**18,00**	3,823	**50**	6,053
60	1,189	**80**	2,506	**10**	3,844	**60**	6,075
70	1,211	**90**	2,528	**20**	3,866	**80**	6,117
75	1,221	**12,00**	2,548	**25**	3,876	**29,00**	6,160
80	1,232	**10**	2,570	**30**	3,887	**20**	6,202
90	1,253	**20**	2,591	**40**	3,908	**40**	6,245
6,00	1,274	**25**	2,602	**50**	3,929	**50**	6,266
10	1,295	**30**	2,613	**60**	3,951	**60**	6,287
20	1,317	**40**	2,634	**70**	3,972	**80**	6,330
25	1,328	**50**	2,655	**75**	3,983	**30,00**	6,372

Mittendurchmesser 53 cm = 166,5 Mittenumfang

Lg. m	cbm	Lg. m	cbm	Lg. m	cbm	Lg. m	cbm
0,10	0,022	**6,30**	1,390	**12,60**	2,780	**18,80**	4,147
20	0,044	**40**	1,412	**70**	2,802	**90**	4,169
25	0,055	**50**	1,434	**75**	2,813	**19,00**	4,192
30	0,066	**60**	1,456	**80**	2,824	**10**	4,214
40	0,088	**70**	1,478	**90**	2,846	**20**	4,236
50	0,110	**75**	1,489	**13,00**	2,868	**25**	4,247
60	0,132	**80**	1,500	**10**	2,890	**30**	4,258
70	0,154	**90**	1,522	**20**	2,912	**40**	4,280
75	0,166	**7,00**	1,544	**25**	2,923	**50**	4,302
80	0,176	**10**	1,566	**30**	2,934	**60**	4,324
90	0,199	**20**	1,588	**40**	2,956	**70**	4,346
1,00	0,221	**25**	1,599	**50**	2,978	**75**	4,357
10	0,243	**30**	1,611	**60**	3,000	**80**	4,368
20	0,265	**40**	1,633	**70**	3,022	**90**	4,390
25	0,276	**50**	1,655	**75**	3,033	**20,00**	4,412
30	0,287	**60**	1,677	**80**	3,044	**20**	4,456
40	0,309	**70**	1,699	**90**	3,066	**40**	4,500
50	0,331	**75**	1,710	**14,00**	3,089	**50**	4,522
60	0,353	**80**	1,721	**10**	3,111	**60**	4,544
70	0,375	**90**	1,743	**20**	3,133	**80**	4,589
75	0,386	**8,00**	1,765	**25**	3,144	**21,00**	4,633
80	0,397	**10**	1,787	**30**	3,155	**20**	4,677
90	0,419	**20**	1,809	**40**	3,177	**40**	4,721
2,00	0,441	**25**	1,820	**50**	3,199	**50**	4,743
10	0,463	**30**	1,831	**60**	3,221	**60**	4,765
20	0,485	**40**	1,853	**70**	3,243	**80**	4,809
25	0,496	**50**	1,875	**75**	3,254	**22,00**	4,853
30	0,507	**60**	1,897	**80**	3,265	**20**	4,897
40	0,529	**70**	1,919	**90**	3,287	**40**	4,941
50	0,552	**75**	1,930	**15,00**	3,309	**50**	4,964
60	0,574	**80**	1,941	**10**	3,331	**60**	4,986
70	0,596	**90**	1,964	**20**	3,353	**80**	5,030
75	0,607	**9,00**	1,986	**25**	3,364	**23,00**	5,074
80	0,618	**10**	2,008	**30**	3,375	**20**	5,118
90	0,640	**20**	2,030	**40**	3,397	**40**	5,162
3,00	0,662	**25**	2,041	**50**	3,419	**50**	5,184
10	0,684	**30**	2,052	**60**	3,441	**60**	5,206
20	0,706	**40**	2,074	**70**	3,463	**80**	5,250
25	0,717	**50**	2,096	**75**	3,475	**24,00**	5,294
30	0,728	**60**	2,118	**80**	3,486	**20**	5,339
40	0,750	**70**	2,140	**90**	3,508	**40**	5,383
50	0,772	**75**	2,151	**16,00**	3,530	**50**	5,405
60	0,794	**80**	2,162	**10**	3,552	**60**	5,427
70	0,816	**90**	2,184	**20**	3,574	**80**	5,471
75	0,827	**10,00**	2,206	**25**	3,585	**25,00**	5,515
80	0,838	**10**	2,228	**30**	3,596	**20**	5,559
90	0,860	**20**	2,250	**40**	3,618	**40**	5,603
4,00	0,882	**25**	2,261	**50**	3,640	**50**	5,625
10	0,905	**30**	2,272	**60**	3,662	**60**	5,647
20	0,927	**40**	2,294	**70**	3,684	**80**	5,692
25	0,938	**50**	2,316	**75**	3,695	**26,00**	5,736
30	0,949	**60**	2,338	**80**	3,706	**20**	5,780
40	0,971	**70**	2,360	**90**	3,728	**40**	5,824
50	0,993	**75**	2,372	**17,00**	3,750	**50**	5,846
60	1,015	**80**	2,383	**10**	3,772	**60**	5,868
70	1,037	**90**	2,405	**20**	3,794	**80**	5,912
75	1,048	**11,00**	2,427	**25**	3,805	**27,00**	5,956
80	1,059	**10**	2,449	**30**	3,816	**20**	6,000
90	1,081	**20**	2,471	**40**	3,838	**40**	6,044
5,00	1,103	**25**	2,482	**50**	3,861	**50**	6,067
10	1,125	**30**	2,493	**60**	3,883	**60**	6,089
20	1,147	**40**	2,515	**70**	3,905	**80**	6,133
25	1,158	**50**	2,537	**75**	3,916	**28,00**	6,177
30	1,169	**60**	2,559	**80**	3,927	**20**	6,221
40	1,191	**70**	2,581	**90**	3,949	**40**	6,265
50	1,213	**75**	2,592	**18,00**	3,971	**50**	6,287
60	1,235	**80**	2,603	**10**	3,993	**60**	6,309
70	1,258	**90**	2,625	**20**	4,015	**80**	6,353
75	1,269	**12,00**	2,647	**25**	4,026	**29,00**	6,397
80	1,280	**10**	2,669	**30**	4,037	**20**	6,442
90	1,302	**20**	2,691	**40**	4,059	**40**	6,486
6,00	1,324	**25**	2,702	**50**	4,081	**50**	6,508
10	1,346	**30**	2,713	**60**	4,103	**60**	6,530
20	1,368	**40**	2,735	**70**	4,125	**80**	6,574
25	1,379	**50**	2,758	**75**	4,136	**30,00**	6,618

Mittendurchmesser 54 cm = 169,7 Mittenumfang

Lg. m	cbm	Lg. m	cbm	Lg. m	cbm	Lg. m	cbm
0,10	0,023	**6,30**	1,443	**12,60**	2,885	**18,80**	4,305
20	0,046	**40**	1,466	**70**	2,908	**90**	4,328
25	0,057	**50**	1,489	**75**	2,920	**19,00**	4,351
30	0,069	**60**	1,512	**80**	2,931	**10**	4,374
40	0,092	**70**	1,534	**90**	2,954	**20**	4,397
50	0,115	**75**	1,546	**13,00**	2,977	**25**	4,408
60	0,137	**80**	1,557	**10**	3,000	**30**	4,420
70	0,160	**90**	1,580	**20**	3,023	**40**	4,443
75	0,172	**7,00**	1,603	**25**	3,034	**50**	4,466
80	0,183	**10**	1,626	**30**	3,046	**60**	4,488
90	0,206	**20**	1,649	**40**	3,069	**70**	4,511
1,00	0,229	**25**	1,660	**50**	3,092	**75**	4,523
10	0,252	**30**	1,672	**60**	3,114	**80**	4,534
20	0,275	**40**	1,695	**70**	3,137	**90**	4,557
25	0,286	**50**	1,718	**75**	3,149	**20,00**	4,580
30	0,298	**60**	1,741	**80**	3,160	**20**	4,626
40	0,321	**70**	1,763	**90**	3,183	**40**	4,672
50	0,344	**75**	1,775	**14,00**	3,206	**50**	4,695
60	0,366	**80**	1,786	**10**	3,229	**60**	4,717
70	0,389	**90**	1,809	**20**	3,252	**80**	4,763
75	0,401	**8,00**	1,832	**25**	3,263	**21,00**	4,809
80	0,412	**10**	1,855	**30**	3,275	**20**	4,855
90	0,435	**20**	1,878	**40**	3,298	**40**	4,901
2,00	0,458	**25**	1,889	**50**	3,321	**50**	4,924
10	0,481	**30**	1,901	**60**	3,343	**60**	4,946
20	0,504	**40**	1,924	**70**	3,366	**80**	4,992
25	0,515	**50**	1,947	**75**	3,378	**22,00**	5,038
30	0,527	**60**	1,970	**80**	3,389	**20**	5,084
40	0,550	**70**	1,992	**90**	3,412	**40**	5,130
50	0,573	**75**	2,004	**15,00**	3,435	**50**	5,153
60	0,595	**80**	2,015	**10**	3,458	**60**	5,175
70	0,618	**90**	2,038	**20**	3,481	**80**	5,221
75	0,630	**9,00**	2,061	**25**	3,492	**23,00**	5,267
80	0,641	**10**	2,084	**30**	3,504	**20**	5,313
90	0,664	**20**	2,107	**40**	3,527	**40**	5,359
3,00	0,687	**25**	2,118	**50**	3,550	**50**	5,382
10	0,710	**30**	2,130	**60**	3,572	**60**	5,404
20	0,733	**40**	2,153	**70**	3,595	**80**	5,450
25	0,744	**50**	2,176	**75**	3,607	**24,00**	5,496
30	0,756	**60**	2,199	**80**	3,618	**20**	5,542
40	0,779	**70**	2,222	**90**	3,641	**40**	5,588
50	0,802	**75**	2,233	**16,00**	3,664	**50**	5,611
60	0,824	**80**	2,244	**10**	3,687	**60**	5,633
70	0,847	**90**	2,267	**20**	3,710	**80**	5,679
75	0,859	**10,00**	2,290	**25**	3,721	**25,00**	5,725
80	0,870	**10**	2,313	**30**	3,733	**20**	5,771
90	0,893	**20**	2,336	**40**	3,756	**40**	5,817
4,00	0,916	**25**	2,347	**50**	3,779	**50**	5,840
10	0,939	**30**	2,359	**60**	3,801	**60**	5,862
20	0,962	**40**	2,382	**70**	3,824	**80**	5,908
25	0,973	**50**	2,405	**75**	3,836	**26,00**	5,954
30	0,985	**60**	2,427	**80**	3,847	**20**	6,000
40	1,008	**70**	2,450	**90**	3,870	**40**	6,046
50	1,031	**75**	2,462	**17,00**	3,893	**50**	6,069
60	1,054	**80**	2,473	**10**	3,916	**60**	6,091
70	1,076	**90**	2,496	**20**	3,939	**80**	6,137
75	1,088	**11,00**	2,519	**25**	3,950	**27,00**	6,183
80	1,099	**10**	2,542	**30**	3,962	**20**	6,229
90	1,122	**20**	2,565	**40**	3,985	**40**	6,275
5,00	1,145	**25**	2,576	**50**	4,008	**50**	6,298
10	1,168	**30**	2,588	**60**	4,030	**60**	6,320
20	1,191	**40**	2,611	**70**	4,053	**80**	6,366
25	1,202	**50**	2,634	**75**	4,065	**28,00**	6,412
30	1,214	**60**	2,656	**80**	4,076	**20**	6,458
40	1,237	**70**	2,679	**90**	4,099	**40**	6,504
50	1 260	**75**	2,691	**18,00**	4,122	**50**	6,527
60	1,283	**80**	2,702	**10**	4,145	**60**	6,549
70	1,305	**90**	2,725	**20**	4,168	**80**	6,595
75	1,317	**12,00**	2,748	**25**	4,179	**29,00**	6,641
80	1,328	**10**	2,771	**30**	4,191	**20**	6,687
90	1,351	**20**	2,794	**40**	4,214	**40**	6,733
6,00	1,374	**25**	2,805	**50**	4,237	**50**	6,756
10	1,397	**30**	2,817	**60**	4,259	**60**	6,778
20	1,420	**40**	2,840	**70**	4,282	**80**	6,824
25	1,431	**50**	2,863	**75**	4,293	**30,00**	6,870

Mittendurchmesser 57 cm = 179,1 Mittenumfang

Lg. m	cbm	Lg. m	cbm	Lg. m	cbm	Lg. m	cbm
0,10	0,026	**6,30**	1,608	**12,60**	3,216	**18,80**	4,798
20	0,051	**40**	1,633	**70**	3,241	**90**	4,823
25	0,064	**50**	1,659	**75**	3,254	**19,00**	4,848
30	0,077	**60**	1,684	**80**	3,267	**10**	4,874
40	0,102	**70**	1,710	**90**	3,292	**20**	4,900
50	0,128	**75**	1,723	**13,00**	3,317	**25**	4,913
60	0,153	**80**	1,735	**10**	3,343	**30**	4,925
70	0,179	**90**	1,761	**20**	3,369	**40**	4,951
75	0,191	**7,00**	1,786	**25**	3,381	**50**	4,976
80	0,204	**10**	1,812	**30**	3,394	**60**	5,002
90	0,230	**20**	1,837	**40**	3,420	**70**	5,027
1,00	0,255	**25**	1,850	**50**	3,445	**75**	5,040
10	0,281	**30**	1,863	**60**	3,471	**80**	5,053
20	0,306	**40**	1,888	**70**	3,496	**90**	5,079
25	0,319	**50**	1,914	**75**	3,509	**20,00**	5,104
30	0,332	**60**	1,939	**80**	3,522	**20**	5,155
40	0,357	**70**	1,965	**90**	3,547	**40**	5,206
50	0,383	**75**	1,978	**14,00**	3,572	**50**	5,232
60	0,408	**80**	1,990	**10**	3,598	**60**	5,257
70	0,434	**90**	2,016	**20**	3,624	**80**	5,308
75	0,447	**8,00**	2,041	**25**	3,637	**21,00**	5,359
80	0,459	**10**	2,067	**30**	3,649	**20**	5,410
90	0,485	**20**	2,092	**40**	3,675	**40**	5,461
2,00	0,510	**25**	2,105	**50**	3,700	**50**	5,487
10	0,536	**30**	2,118	**60**	3,726	**60**	5,512
20	0,561	**40**	2,143	**70**	3,751	**80**	5,563
25	0,574	**50**	2,169	**75**	3,764	**22,00**	5,614
30	0,587	**60**	2,195	**80**	3,777	**20**	5,665
40	0,612	**70**	2,220	**90**	3,802	**40**	5,717
50	0,638	**75**	2,233	**15,00**	3,828	**50**	5,742
60	0,663	**80**	2,246	**10**	3,854	**60**	5,768
70	0,689	**90**	2,271	**20**	3,879	**80**	5,819
75	0,702	**9,00**	2,297	**25**	3,892	**23,00**	5,870
80	0,714	**10**	2,322	**30**	3,905	**20**	5,921
90	0,740	**20**	2,348	**40**	3,930	**40**	5,972
3,00	0,766	**25**	2,361	**50**	3,955	**50**	5,997
10	0,791	**30**	2,373	**60**	3,981	**60**	6,023
20	0,817	**40**	2,399	**70**	4,007	**80**	6,074
25	0,829	**50**	2,424	**75**	4,019	**24,00**	6,125
30	0,842	**60**	2,450	**80**	4,032	**20**	6,176
40	0,868	**70**	2,475	**90**	4,058	**40**	6,227
50	0,893	**75**	2,488	**16,00**	4,083	**50**	6,252
60	0,919	**80**	2,501	**10**	4,109	**60**	6,278
70	0,944	**90**	2,526	**20**	4,134	**80**	6,329
75	0,957	**10,00**	2,552	**25**	4,147	**25,00**	6,380
80	0,970	**10**	2,578	**30**	4,160	**20**	6,431
90	0,995	**20**	2,603	**40**	4,185	**40**	6,482
4,00	1,021	**25**	2,618	**50**	4,210	**50**	6,508
10	1,046	**30**	2,629	**60**	4,236	**60**	6,533
20	1,072	**40**	2,654	**70**	4,262	**80**	6,584
25	1,085	**50**	2,679	**75**	4,275	**26,00**	6,635
30	1,097	**60**	2,705	**80**	4,287	**20**	6,685
40	1,123	**70**	2,731	**90**	4,313	**40**	6,737
50	1,148	**75**	2,743	**17,00**	4,338	**50**	6,763
60	1,174	**80**	2,756	**10**	4,364	**60**	6,788
70	1,199	**90**	2,782	**20**	4,389	**80**	6,839
75	1,212	**11,00**	2,807	**25**	4,402	**27,00**	6,890
80	1,225	**10**	2,833	**30**	4,415	**20**	6,941
90	1,250	**20**	2,858	**40**	4,441	**40**	6,993
5,00	1,276	**25**	2,871	**50**	4,466	**50**	7,016
10	1,301	**30**	2,884	**60**	4,492	**60**	7,044
20	1,327	**40**	2,909	**70**	4,517	**80**	7,095
25	1,340	**50**	2,935	**75**	4,530	**28,00**	7,146
30	1,352	**60**	2,960	**80**	4,543	**20**	7,197
40	1,378	**70**	2,986	**90**	4,568	**40**	7,248
50	1,403	**75**	2,999	**18,00**	4,593	**50**	7,273
60	1,429	**80**	3,011	**10**	4,619	**60**	7,299
70	1,455	**90**	3,037	**20**	4,645	**80**	7,350
75	1,467	**12,00**	3,062	**25**	4,657	**29,00**	7,401
80	1,480	**10**	3,088	**30**	4,670	**20**	7,452
90	1,506	**20**	3,113	**40**	4,696	**40**	7,503
6,00	1,531	**25**	3,126	**50**	4,721	**50**	7,528
10	1,557	**30**	3,139	**60**	4,747	**60**	7,554
20	1,582	**40**	3,165	**70**	4,772	**80**	7,605
25	1,595	**50**	3,190	**75**	4,785	**30,00**	7,656

Mittendurchmesser 58 cm = 182,2 Mittenumfang

Lg. m	cbm	Lg. m	cbm	Lg. m	cbm	Lg. m	cbm
0,10	0,026	**6,30**	1,665	**12,60**	3,329	**18,80**	4,967
20	0,053	**40**	1,691	**70**	3,355	**90**	4,993
25	0,066	**50**	1,717	**75**	3,369	**19,00**	5,020
30	0,079	**60**	1,744	**80**	3,382	**10**	5,046
40	0,106	**70**	1,770	**90**	3,408	**20**	5,073
50	0,132	**75**	1,783	**13,00**	3,435	**25**	5,086
60	0,159	**80**	1,797	**10**	3,461	**30**	5,099
70	0,185	**90**	1,823	**20**	3,487	**40**	5,126
75	0,198	**7,00**	1,849	**25**	3,501	**50**	5,152
80	0,211	**10**	1,876	**30**	3,514	**60**	5,178
90	0,238	**20**	1,902	**40**	3,540	**70**	5,205
1,00	0,264	**25**	1,916	**50**	3,567	**75**	5,218
10	0,291	**30**	1,929	**60**	3,593	**80**	5,231
20	0,317	**40**	1,955	**70**	3,620	**90**	5,258
25	0,330	**50**	1,982	**75**	3,633	**20,00**	5,284
30	0,343	**60**	2,008	**80**	3,646	**20**	5,337
40	0,370	**70**	2,034	**90**	3,672	**40**	5,390
50	0,396	**75**	2,048	**14,00**	3,699	**50**	5,416
60	0,423	**80**	2,061	**10**	3,725	**60**	5,443
70	0,449	**90**	2,087	**20**	3,752	**80**	5,495
75	0,462	**8,00**	2,114	**25**	3,765	**21,00**	5,548
80	0,476	**10**	2,140	**30**	3,778	**20**	5,601
90	0,502	**20**	2,167	**40**	3,805	**40**	5,654
2,00	0,528	**25**	2,180	**50**	3,831	**50**	5,680
10	0,555	**30**	2,193	**60**	3,857	**60**	5,707
20	0,581	**40**	2,219	**70**	3,884	**80**	5,760
25	0,594	**50**	2,246	**75**	3,897	**22,00**	5,812
30	0,608	**60**	2,272	**80**	3,910	**20**	5,865
40	0,634	**70**	2,299	**90**	3,937	**40**	5,918
50	0,661	**75**	2,312	**15,00**	3,963	**50**	5,945
60	0,687	**80**	2,325	**10**	3,989	**60**	5,971
70	0,713	**90**	2,351	**20**	4,016	**80**	6,024
75	0,726	**9,00**	2,378	**25**	4,029	**23,00**	6,077
80	0,740	**10**	2,404	**30**	4,042	**20**	6,129
90	0,766	**20**	2,431	**40**	4,069	**40**	6,182
3,00	0,793	**25**	2,444	**50**	4,095	**50**	6,209
10	0,819	**30**	2,457	**60**	4,122	**60**	6,225
20	0,845	**40**	2,484	**70**	4,148	**80**	6,288
25	0,859	**50**	2,510	**75**	4,161	**24,00**	6,341
30	0,872	**60**	2,536	**80**	4,174	**20**	6,394
40	0,898	**70**	2,563	**90**	4,201	**40**	6,447
50	0,925	**75**	2,576	**16,00**	4,227	**50**	6,473
60	0,951	**80**	2,589	**10**	4,254	**60**	6,499
70	0,978	**90**	2,616	**20**	4,280	**80**	6,552
75	0,991	**10,00**	2,642	**25**	4,293	**25,00**	6,605
80	1,004	**10**	2,668	**30**	4,307	**20**	6,658
90	1,030	**20**	2,695	**40**	4,333	**40**	6,711
4,00	1,051	**25**	2,708	**50**	4,359	**50**	6,737
10	1,083	**30**	2,721	**60**	4,386	**60**	6,764
20	1,110	**40**	2,748	**70**	4,412	**80**	6,816
25	1,123	**50**	2,774	**75**	4,425	**26,00**	6,869
30	1,136	**60**	2,801	**80**	4,439	**20**	6,922
40	1,163	**70**	2,827	**90**	4,465	**40**	6,975
50	1,189	**75**	2,840	**17,00**	4,492	**50**	7,001
60	1,215	**80**	2,853	**10**	4,518	**60**	7,028
70	1,242	**90**	2,880	**20**	4,544	**80**	7,081
75	1,255	**11,00**	2,906	**25**	4,558	**27,00**	7,133
80	1,268	**10**	2,933	**30**	4,571	**20**	7,186
90	1,295	**20**	2,959	**40**	4,597	**40**	7,239
5,00	1,321	**25**	2,972	**50**	4,624	**50**	7,266
10	1,347	**30**	2,986	**60**	4,650	**60**	7,292
20	1,374	**40**	3,012	**70**	4,676	**80**	7,345
25	1,387	**50**	3,038	**75**	4,690	**28,00**	7,398
30	1,400	**60**	3,065	**80**	4,703	**20**	7,450
40	1,427	**70**	3,091	**90**	4,729	**40**	7,503
50	1,453	**75**	3,104	**18,00**	4,756	**50**	7,530
60	1,480	**80**	3,118	**10**	4,782	**60**	7,556
70	1,506	**90**	3,144	**20**	4,808	**80**	7,609
75	1,519	**12,00**	3,171	**25**	4,822	**29,00**	7,662
80	1,532	**10**	3,197	**30**	4,835	**20**	7,715
90	1,559	**20**	3,223	**40**	4,861	**40**	7,768
6,00	1,585	**25**	3,237	**50**	4,888	**50**	7,794
10	1,612	**30**	3,250	**60**	4,914	**60**	7,820
20	1,638	**40**	3,276	**70**	4,941	**80**	7,873
25	1,651	**50**	3,303	**75**	4,954	**30,00**	7,926

Mittendurchmesser 59 cm = 185,4 Mittenumfang

Lg. m	cbm	Lg. m	cbm	Lg. m	cbm	Lg. m	cbm
0,10	0,027	**6,30**	1,722	**12,60**	3,445	**18,80**	5,140
20	0,055	**40**	1,750	**70**	3,472	**90**	5,167
25	0,068	**50**	1,777	**75**	3,486	**19,00**	5,195
30	0,082	**60**	1,804	**80**	3,500	**10**	5,222
40	0,109	**70**	1,832	**90**	3,527	**20**	5,249
50	0,137	**75**	1,845	**13,00**	3,554	**25**	5,263
60	0,164	**80**	1,859	**10**	3,582	**30**	5,277
70	0,191	**90**	1,886	**20**	3,609	**40**	5,304
75	0,205	**7,00**	1,914	**25**	3,623	**50**	5,331
80	0,219	**10**	1,941	**30**	3,636	**60**	5,359
90	0,246	**20**	1,968	**40**	3,664	**70**	5,386
1,00	0,273	**25**	1,982	**50**	3,691	**75**	5,400
10	0,301	**30**	1,996	**60**	3,718	**80**	5,413
20	0,328	**40**	2,023	**70**	3,746	**90**	5,441
25	0,342	**50**	2,060	**75**	3,759	**20,00**	5,468
30	0,355	**60**	2,078	**80**	3,773	**20**	5,523
40	0,383	**70**	2,105	**90**	3,800	**40**	5,577
50	0,410	**75**	2,119	**14,00**	3,828	**50**	5,605
60	0,437	**80**	2,133	**10**	3,855	**60**	5,632
70	0,465	**90**	2,160	**20**	3,882	**80**	5,687
75	0,478	**8,00**	2,187	**25**	3,896	**21,00**	5,741
80	0,492	**10**	2,215	**30**	3,910	**20**	5,796
90	0,519	**20**	2,242	**40**	3,937	**40**	5,851
2,00	0,547	**25**	2,256	**50**	3,964	**50**	5,878
10	0,574	**30**	2,269	**60**	3,992	**60**	5,905
20	0,601	**40**	2,297	**70**	4,019	**80**	5,960
25	0,615	**50**	2,324	**75**	4,033	**22,00**	6,015
30	0,629	**60**	2,351	**80**	4,046	**20**	6,070
40	0,656	**70**	2,379	**90**	4,074	**40**	6,124
50	0,683	**75**	2,392	**15,00**	4,101	**50**	6,152
60	0,711	**80**	2,406	**10**	4,128	**60**	6,179
70	0,738	**90**	2,433	**20**	4,156	**80**	6,234
75	0,752	**9,00**	2,461	**25**	4,169	**23,00**	6,288
80	0,766	**10**	2,488	**30**	4,183	**20**	6,343
90	0,793	**20**	2,515	**40**	4,210	**40**	6,398
3,00	0,820	**25**	2,529	**50**	4,238	**50**	6,425
10	0,848	**30**	2,543	**60**	4,265	**60**	6,452
20	0,875	**40**	2,570	**70**	4,292	**80**	6,507
25	0,889	**50**	2,597	**75**	4,306	**24,00**	6,562
30	0,902	**60**	2,625	**80**	4,320	**20**	6,616
40	0,930	**70**	2,652	**90**	4,347	**40**	6,671
50	0,957	**75**	2,666	**16,00**	4,374	**50**	6,698
60	0,984	**80**	2,679	**10**	4,402	**60**	6,726
70	1,012	**90**	2,707	**20**	4,429	**80**	6,780
75	1,025	**10,00**	2,734	**25**	4,443	**25,00**	6,835
80	1,039	**10**	2,761	**30**	4,456	**20**	6,890
90	1,066	**20**	2,789	**40**	4,484	**40**	6,944
4,00	1,094	**25**	2,802	**50**	4,511	**50**	6,972
10	1,121	**30**	2,816	**60**	4,538	**60**	6,999
20	1,148	**40**	2,843	**70**	4,566	**80**	7,054
25	1,162	**50**	2,871	**75**	4,580	**26,00**	7,108
30	1,176	**60**	2,898	**80**	4,593	**20**	7,163
40	1,203	**70**	2,925	**90**	4,621	**40**	7,218
50	1,230	**75**	2,939	**17,00**	4,648	**50**	7,245
60	1,258	**80**	2,953	**10**	4,675	**60**	7,272
70	1,285	**90**	2,980	**20**	4,703	**80**	7,327
75	1,299	**11,00**	3,007	**25**	4,716	**27,00**	7,382
80	1,312	**10**	3,035	**30**	4,730	**20**	7,437
90	1,340	**20**	3,062	**40**	4,757	**40**	7,491
5,00	1,367	**25**	3,076	**50**	4,784	**50**	7,519
10	1,394	**30**	3,089	**60**	4,812	**60**	7,546
20	1,422	**40**	3,117	**70**	4,839	**80**	7,601
25	1,435	**50**	3,144	**75**	4,853	**28,00**	7,655
30	1,449	**60**	3,171	**80**	4,867	**20**	7,710
40	1,476	**70**	3,199	**90**	4,894	**40**	7,765
50	1,504	**75**	3,213	**18,00**	4,921	**50**	7,792
60	1,531	**80**	3,226	**10**	4,949	**60**	7,819
70	1,558	**90**	3,254	**20**	4,976	**80**	7,874
75	1,572	**12,00**	3,281	**25**	4,990	**29,00**	7,929
80	1,586	**10**	3,308	**30**	5,003	**20**	7,983
90	1,613	**20**	3,336	**40**	5,031	**40**	8,038
6,00	1,640	**25**	3,349	**50**	5,058	**50**	8,065
10	1,668	**30**	3,363	**60**	5,085	**60**	8,093
20	1,695	**40**	3,390	**70**	5,113	**80**	8,147
25	1,709	**50**	3,417	**75**	5,126	**30,00**	8,202

Mittendurchmesser 60 cm = 188,5 Mittenumfang

Lg. m	cbm	Lg. m	cbm	Lg. m	cbm	Lg. m	cbm
0,10	0,028	**6,30**	1,781	**12,60**	3,562	**18,80**	5,315
20	0,057	**40**	1,810	**70**	3,590	**90**	5,343
25	0,071	**50**	1,838	**75**	3,604	**19,00**	5,372
30	0,085	**60**	1,866	**80**	3,619	**10**	5,400
40	0,113	**70**	1,894	**90**	3,647	**20**	5,428
50	0,141	**75**	1,908	**13,00**	3,676	**25**	5,442
60	0,170	**80**	1,923	**10**	3,703	**30**	5,456
70	0,198	**90**	1,951	**20**	3,732	**40**	5,484
75	0,212	**7,00**	1,979	**25**	3,746	**50**	5,513
80	0,226	**10**	2,007	**30**	3,760	**60**	5,541
90	0,254	**20**	2,036	**40**	3,788	**70**	5,569
1,00	0,283	**25**	2,050	**50**	3,817	**75**	5,584
10	0,311	**30**	2,064	**60**	3,845	**80**	5,598
20	0,339	**40**	2,092	**70**	3,873	**90**	5,626
25	0,353	**50**	2,121	**75**	3,887	**20,00**	5,655
30	0,368	**60**	2,149	**80**	3,901	**20**	5,712
40	0,396	**70**	2,177	**90**	3,930	**40**	5,768
50	0,424	**75**	2,191	**14,00**	3,958	**50**	5,796
60	0,452	**80**	2,205	**10**	3,986	**60**	5,825
70	0,481	**90**	2,234	**20**	4,014	**80**	5,881
75	0,495	**8,00**	2,262	**25**	4,029	**21,00**	5,937
80	0,509	**10**	2,290	**30**	4,043	**20**	5,993
90	0,537	**20**	2,319	**40**	4,071	**40**	6,050
2,00	0,565	**25**	2,332	**50**	4,100	**50**	6,078
10	0,594	**30**	2,347	**60**	4,127	**60**	6,106
20	0,622	**40**	2,375	**70**	4,156	**80**	6,163
25	0,636	**50**	2,403	**75**	4,170	**22,00**	6,219
30	0,650	**60**	2,432	**80**	4,184	**20**	6,276
40	0,679	**70**	2,460	**90**	4,212	**40**	6,333
50	0,707	**75**	2,474	**15,00**	4,241	**50**	6,361
60	0,735	**80**	2,488	**10**	4,269	**60**	6,389
70	0,763	**90**	2,516	**20**	4,297	**80**	6,446
75	0,777	**9,00**	2,545	**25**	4,311	**23,00**	6,502
80	0,792	**10**	2,573	**30**	4,325	**20**	6,559
90	0,820	**20**	2,601	**40**	4,354	**40**	6,615
3,00	0,848	**25**	2,615	**50**	4,383	**50**	6,644
10	0,877	**30**	2,630	**60**	4,410	**60**	6,672
20	0,905	**40**	2,658	**70**	4,438	**80**	6,728
25	0,919	**50**	2,686	**75**	4,453	**24,00**	6,785
30	0,933	**60**	2,714	**80**	4,467	**20**	6,841
40	0,961	**70**	2,743	**90**	4,495	**40**	6,898
50	0,990	**75**	2,756	**16,00**	4,524	**50**	6,926
60	1,018	**80**	2,771	**10**	4,552	**60**	6,954
70	1,046	**90**	2,799	**20**	4,580	**80**	7,011
75	1,060	**10,00**	2,827	**25**	4,594	**25,00**	7,068
80	1,074	**10**	2,855	**30**	4,608	**20**	7,124
90	1,103	**20**	2,884	**40**	4,636	**40**	7,181
4,00	1,131	**25**	2,898	**50**	4,665	**50**	7,209
10	1,159	**30**	2,912	**60**	4,693	**60**	7,237
20	1,188	**40**	2,940	**70**	4,721	**80**	7,294
25	1,202	**50**	2,969	**75**	4,735	**26,00**	7,350
30	1,216	**60**	2,997	**80**	4,749	**20**	7,407
40	1,244	**70**	3,025	**90**	4,778	**40**	7,463
50	1,272	**75**	3,039	**17,00**	4,807	**50**	7,492
60	1,301	**80**	3,053	**10**	4,834	**60**	7,520
70	1,329	**90**	3,081	**20**	4,862	**80**	7,576
75	1,343	**11,00**	3,110	**25**	4,877	**27,00**	7,633
80	1,357	**10**	3,138	**30**	4,891	**20**	7,689
90	1,385	**20**	3,166	**40**	4,919	**40**	7,746
5,00	1,414	**25**	3,180	**50**	4,948	**50**	7,774
10	1,442	**30**	3,195	**60**	4,976	**60**	7,803
20	1,470	**40**	3,223	**70**	5,004	**80**	7,859
25	1,484	**50**	3,252	**75**	5,018	**28,00**	7,916
30	1,499	**60**	3,279	**80**	5,032	**20**	7,972
40	1,527	**70**	3,308	**90**	5,060	**40**	8,029
50	1,555	**75**	3,322	**18,00**	5,089	**50**	8,057
60	1,583	**80**	3,336	**10**	5,117	**60**	8,085
70	1,612	**90**	3,364	**20**	5,145	**80**	8,142
75	1,626	**12,00**	3,393	**25**	5,159	**29,00**	8,198
80	1,640	**10**	3,421	**30**	5,173	**20**	8,255
90	1,668	**20**	3,449	**40**	5,202	**40**	8,311
6,00	1,696	**25**	3,464	**50**	5,231	**50**	8,340
10	1,725	**30**	3,477	**60**	5,258	**60**	8,368
20	1,753	**40**	3,506	**70**	5,286	**80**	8,425
25	1,767	**50**	3,534	**75**	5,301	**30,00**	8,481

Mittendurchmesser 61 cm = 191,6 Mittenumfang

Lg. m	cbm	Lg. m	cbm	Lg. m	cbm	Lg. m	cbm
0,10	0,029	**6,30**	1,841	**12,60**	3,682	**18,80**	5,493
20	0,058	**40**	1,870	**70**	3,711	**90**	5,523
25	0,073	**50**	1,900	**75**	3,726	**19,00**	5,553
30	0,088	**60**	1,929	**80**	3,740	**10**	5,581
40	0,117	**70**	1,958	**90**	3,769	**20**	5,610
50	0,146	**75**	1,972	**13,00**	3,799	**25**	5,625
60	0,175	**80**	1,987	**10**	3,828	**30**	5,640
70	0,205	**90**	2,017	**20**	3,857	**40**	5,669
75	0,219	**7,00**	2,046	**25**	3,872	**50**	5,699
80	0,234	**10**	2,075	**30**	3,886	**60**	5,727
90	0,263	**20**	2,104	**40**	3,915	**70**	5,756
1,00	0,292	**25**	2,119	**50**	3,945	**75**	5,772
10	0,321	**30**	2,133	**60**	3,974	**80**	5,786
20	0,351	**40**	2,163	**70**	4,003	**90**	5,815
25	0,365	**50**	2,192	**75**	4,017	**20,00**	5,845
30	0,380	**60**	2,221	**80**	4,032	**20**	5,902
40	0,409	**70**	2,250	**90**	4,062	**40**	5,961
50	0,438	**75**	2,265	**14,00**	4,091	**50**	5,990
60	0,468	**80**	2,280	**10**	4,120	**60**	6,019
70	0,497	**90**	2,309	**20**	4,149	**80**	6,078
75	0,511	**8,00**	2,338	**25**	4,164	**21,00**	6,136
80	0,526	**10**	2,367	**30**	4,178	**20**	6,195
90	0,555	**20**	2,396	**40**	4,208	**40**	6,253
2,00	0,584	**25**	2,411	**50**	4,238	**50**	6,282
10	0,614	**30**	2,426	**60**	4,266	**60**	6,312
20	0,643	**40**	2,455	**70**	4,295	**80**	6,370
25	0,657	**50**	2,484	**75**	4,310	**22,00**	6,428
30	0,672	**60**	2,513	**80**	4,325	**20**	6,487
40	0,701	**70**	2,543	**90**	4,354	**40**	6,545
50	0,731	**75**	2,557	**15,00**	4,384	**50**	6,575
60	0,760	**80**	2,572	**10**	4,412	**60**	6,604
70	0,789	**90**	2,601	**20**	4,441	**80**	6,662
75	0,803	**9,00**	2,630	**25**	4,456	**23,00**	6,721
80	0,818	**10**	2,659	**30**	4,471	**20**	6,779
90	0,848	**20**	2,689	**40**	4,500	**40**	6,837
3,00	0,877	**25**	2,702	**50**	4,530	**50**	6,867
10	0,906	**30**	2,718	**60**	4,558	**60**	6,896
20	0,935	**40**	2,747	**70**	4,588	**80**	6,954
25	0,950	**50**	2,776	**75**	4,602	**24,00**	7,013
30	0,964	**60**	2,806	**80**	4,617	**20**	7,071
40	0,994	**70**	2,835	**90**	4,646	**40**	7,130
50	1,023	**75**	2,849	**16,00**	4,676	**50**	7,159
60	1,052	**80**	2,864	**10**	4,704	**60**	7,188
70	1,081	**90**	2,893	**20**	4,734	**80**	7,247
75	1,096	**10,00**	2,922	**25**	4,748	**25,00**	7,305
80	1,111	**10**	2,951	**30**	4,763	**20**	7,363
90	1,140	**20**	2,980	**40**	4,792	**40**	7,422
4,00	1,169	**25**	2,995	**50**	4,822	**50**	7,451
10	1,198	**30**	3,010	**60**	4,851	**60**	7,480
20	1,227	**40**	3,039	**70**	4,880	**80**	7,539
25	1,242	**50**	3,069	**75**	4,894	**26,00**	7,597
30	1,257	**60**	3,097	**80**	4,909	**20**	7,656
40	1,286	**70**	3,127	**90**	4,938	**40**	7,714
50	1,315	**75**	3,141	**17,00**	4,968	**50**	7,743
60	1,344	**80**	3,156	**10**	4,997	**60**	7,773
70	1,374	**90**	3,185	**20**	5,026	**80**	7,831
75	1,388	**11,00**	3,215	**25**	5,041	**27,00**	7,889
80	1,403	**10**	3,243	**30**	5,055	**20**	7,948
90	1,432	**20**	3,273	**40**	5,084	**40**	8,006
5,00	1,461	**25**	3,287	**50**	5,114	**50**	8,036
10	1,490	**30**	3,302	**60**	5,143	**60**	8,065
20	1,520	**40**	3,331	**70**	5,172	**80**	8,123
25	1,534	**50**	3,361	**75**	5,187	**28,00**	8,182
30	1,549	**60**	3,390	**80**	5,201	**20**	8,240
40	1,578	**70**	3,419	**90**	5,230	**40**	8,298
50	1,607	**75**	3,433	**18,00**	5,260	**50**	8,328
60	1,637	**80**	3,448	**10**	5,289	**60**	8,357
70	1,666	**90**	3,477	**20**	5,318	**80**	8,415
75	1,680	**12,00**	3,507	**25**	5,333	**29,00**	8,474
80	1,695	**10**	3,536	**30**	5,347	**20**	8,532
90	1,724	**20**	3,565	**40**	5,377	**40**	8,591
6,00	1,753	**25**	3,580	**50**	5,407	**50**	8,620
10	1,783	**30**	3,594	**60**	5,435	**60**	8,649
20	1,812	**40**	3,623	**70**	5,464	**80**	8,708
25	1,826	**50**	3,653	**75**	5,479	**30,00**	8,766

Mittendurchmesser 62 cm = 194,8 Mittenumfang

Lg. m	cbm	Lg. m	cbm	Lg. m	cbm	Lg. m	cbm
0,10	0,030	**6,30**	1,902	**12,60**	3,804	**18,80**	5,676
20	0,060	**40**	1,932	**70**	3,834	**90**	5,706
25	0,076	**50**	1,962	**75**	3,849	**19,00**	5,736
30	0,091	**60**	1,993	**80**	3,864	**10**	5,766
40	0,121	**70**	2,023	**90**	3,895	**20**	5,797
50	0,151	**75**	2,038	**13,00**	3,925	**25**	5,812
60	0,181	**80**	2,053	**10**	3,955	**30**	5,827
70	0,211	**90**	2,083	**20**	3,985	**40**	5,857
75	0,226	**7,00**	2,113	**25**	4,002	**50**	5,887
80	0,242	**10**	2,144	**30**	4,015	**60**	5,917
90	0,272	**20**	2,174	**40**	4,045	**70**	5,947
1,00	0,302	**25**	2,189	**50**	4,076	**75**	5,963
10	0,332	**30**	2,204	**60**	4,106	**80**	5,978
20	0,362	**40**	2,234	**70**	4,136	**90**	6,008
25	0,377	**50**	2,264	**75**	4,151	**20,00**	6,038
30	0,392	**60**	2,294	**80**	4,166	**20**	6,098
40	0,423	**70**	2,325	**90**	4,196	**40**	6,159
50	0,453	**75**	2,340	**14,00**	4,227	**50**	6,189
60	0,483	**80**	2,355	**10**	4,257	**60**	6,219
70	0,513	**90**	2,385	**20**	4,287	**80**	6,280
75	0,528	**8,00**	2,415	**25**	4,302	**21,00**	6,340
80	0,543	**10**	2,445	**30**	4,317	**20**	6,400
90	0,574	**20**	2,476	**40**	4,347	**40**	6,461
2,00	0,604	**25**	2,491	**50**	4,378	**50**	6,491
10	0,634	**30**	2,506	**60**	4,408	**60**	6,521
20	0,664	**40**	2,536	**70**	4,438	**80**	6,581
25	0,679	**50**	2,566	**75**	4,453	**22,00**	6,642
30	0,694	**60**	2,596	**80**	4,468	**20**	6,702
40	0,725	**70**	2,627	**90**	4,498	**40**	6,763
50	0,755	**75**	2,642	**15,00**	4,529	**50**	6,793
60	0,785	**80**	2,657	**10**	4,559	**60**	6,823
70	0,815	**90**	2,687	**20**	4,589	**80**	6,883
75	0,830	**9,00**	2,717	**25**	4,604	**23,00**	6,944
80	0,845	**10**	2,747	**30**	4,619	**20**	7,004
90	0,876	**20**	2,778	**40**	4,649	**40**	7,065
3,00	0,906	**25**	2,793	**50**	4,680	**50**	7,095
10	0,936	**30**	2,808	**60**	4,710	**60**	7,125
20	0,966	**40**	2,838	**70**	4,740	**80**	7,185
25	0,981	**50**	2,868	**75**	4,755	**24,00**	7,246
30	0,996	**60**	2,898	**80**	4,770	**20**	7,306
40	1,026	**70**	2,929	**90**	4,800	**40**	7,366
50	1,057	**75**	2,944	**16,00**	4,831	**50**	7,397
60	1,087	**80**	2,959	**10**	4,861	**60**	7,427
70	1,117	**90**	2,989	**20**	4,891	**80**	7,487
75	1,132	**10,00**	3,019	**25**	4,906	**25,00**	7,548
80	1,147	**10**	3,049	**30**	4,921	**20**	7,608
90	1,177	**20**	3,079	**40**	4,951	**40**	7,668
4,00	1,208	**25**	3,095	**50**	4,981	**50**	7,699
10	1,238	**30**	3,110	**60**	5,012	**60**	7,729
20	1,268	**40**	3,140	**70**	5,042	**80**	7,789
25	1,283	**50**	3,170	**75**	5,057	**26,00**	7,849
30	1,298	**60**	3,200	**80**	5,072	**20**	7,910
40	1,328	**70**	3,238	**90**	5,102	**40**	7,970
50	1,359	**75**	3,245	**17,00**	5,132	**50**	8,003
60	1,389	**80**	3,261	**10**	5,173	**60**	8,031
70	1,419	**90**	3,291	**20**	5,193	**80**	8,091
75	1,434	**11,00**	3,321	**25**	5,208	**27,00**	8,151
80	1,449	**10**	3,351	**30**	5,223	**20**	8,212
90	1,479	**20**	3,381	**40**	5,253	**40**	8,272
5,00	1,510	**25**	3,396	**50**	5,283	**50**	8,302
10	1,540	**30**	3,412	**60**	5,313	**60**	8,332
20	1,570	**40**	3,442	**70**	5,344	**80**	8,393
25	1,585	**50**	3,472	**75**	5,359	**28,00**	8,453
30	1,600	**60**	3,502	**80**	5,374	**20**	8,514
40	1,630	**70**	3,532	**90**	5,404	**40**	8,574
50	1,660	**75**	3,547	**18,00**	5,434	**50**	8,604
60	1,691	**80**	3,562	**10**	5,464	**60**	8,634
70	1,721	**90**	3,593	**20**	5,495	**80**	8,695
75	1,736	**12,00**	3,623	**25**	5,510	**29,00**	8,755
80	1,751	**10**	3,653	**30**	5,525	**20**	8,816
90	1,781	**20**	3,683	**40**	5,555	**40**	8,876
6,00	1,811	**25**	3,698	**50**	5,585	**50**	8,906
10	1,842	**30**	3,713	**60**	5,615	**60**	8,936
20	1,872	**40**	3,744	**70**	5,646	**80**	8,997
25	1,887	**50**	3,774	**75**	5,661	**30,00**	9,057

Mittendurchmesser 63 cm = 197,9 Mittenumfang

Lg. m	cbm	Lg. m	cbm	Lg. m	cbm	Lg. m	cbm
0,10	0,031	6,30	1,964	12,60	3,927	18,80	5,860
20	0,062	40	1,995	70	3,959	90	5,891
25	0,078	50	2,026	75	3,974	19,00	5,923
30	0,094	60	2,057	80	3,990	10	5,954
40	0,125	70	2,089	90	4,021	20	5,985
50	0,156	75	2,104	13,00	4,052	25	6,000
60	0,187	80	2,120	10	4,083	30	6,016
70	0,218	90	2,151	20	4,114	40	6,047
75	0,234	7,00	2,182	25	4,130	50	6,079
80	0,249	10	2,213	30	4,146	60	6,109
90	0,281	20	2,244	40	4,177	70	6,141
1,00	0,312	25	2,260	50	4,208	75	6,157
10	0,343	30	2,276	60	4,239	80	6,172
20	0,374	40	2,307	70	4,270	90	6,203
25	0,390	50	2,338	75	4,286	20,00	6,235
30	0,405	60	2,369	80	4,302	20	6,297
40	0,436	70	2,400	90	4,333	40	6,360
50	0,468	75	2,416	14,00	4,364	50	6,391
60	0,499	80	2,431	10	4,395	60	6,422
70	0,530	90	2,463	20	4,426	80	6,484
75	0,546	8,00	2,494	25	4,442	21,00	6,546
80	0,561	10	2,525	30	4,457	20	6,608
90	0,592	20	2,556	40	4,488	40	6,670
2,00	0,623	25	2,572	50	4,520	50	6,702
10	0,655	30	2,587	60	4,551	60	6,733
20	0,686	40	2,618	70	4,582	80	6,795
25	0,701	50	2,650	75	4,598	22,00	6,857
30	0,717	60	2,681	80	4,613	20	6,920
40	0,748	70	2,712	90	4,644	40	6,982
50	0,779	75	2,727	15,00	4,676	50	7,013
60	0,810	80	2,743	10	4,707	60	7,044
70	0,842	90	2,774	20	4,738	80	7,107
75	0,857	9,00	2,806	25	4,753	23,00	7,169
80	0,873	10	2,837	30	4,769	20	7,231
90	0,904	20	2,868	40	4,800	40	7,294
3,00	0,935	25	2,883	50	4,832	50	7,325
10	0,966	30	2,899	60	4,863	60	7,356
20	0,998	40	2,930	70	4,894	80	7,419
25	1,013	50	2,961	75	4,909	24,00	7,481
30	1,029	60	2,993	80	4,925	20	7,543
40	1,060	70	3,024	90	4,956	40	7,605
50	1,091	75	3,039	16,00	4,988	50	7,637
60	1,122	80	3,055	10	5,018	60	7,668
70	1,153	90	3,086	20	5,050	80	7,730
75	1,169	10,00	3,117	25	5,065	25,00	7,793
80	1,185	10	3,148	30	5,081	20	7,855
90	1,216	20	3,179	40	5,112	40	7,917
4,00	1,247	25	3,195	50	5,143	50	7,948
10	1,278	30	3,211	60	5,174	60	7,980
20	1,309	40	3,242	70	5,205	80	8,042
25	1,325	50	3,273	75	5,221	26,00	8,104
30	1,340	60	3,304	80	5,237	20	8,167
40	1,372	70	3,335	90	5,268	40	8,229
50	1,403	75	3,359	17,00	5,299	50	8,260
60	1,434	80	3,366	10	5,330	60	8,291
70	1,465	90	3,398	20	5,361	80	8,354
75	1,481	11,00	3,429	25	5,377	27,00	8,416
80	1,496	10	3,460	30	5,392	20	8,478
90	1,527	20	3,491	40	5,424	40	8,541
5,00	1,559	25	3,507	50	5,455	50	8,572
10	1,590	30	3,522	60	5,486	60	8,603
20	1,621	40	3,553	70	5,517	80	8,665
25	1,636	50	3,585	75	5,533	28,00	8,728
30	1,652	60	3,616	80	5,548	20	8,790
40	1,681	70	3,647	90	5,579	40	8,852
50	1,714	75	3,662	18,00	5,611	50	8,884
60	1,746	80	3,678	10	5,642	60	8,915
70	1,777	90	3,709	20	5,673	80	8,977
75	1,792	12,00	3,741	25	5,689	29,00	9,039
80	1,808	10	3,762	30	5,704	20	9,102
90	1,839	20	3,793	40	5,735	40	9,164
6,00	1,870	25	3,808	50	5,767	50	9,195
10	1,902	30	3,824	60	5,798	60	9,226
20	1,933	40	3,855	70	5,829	80	9,289
25	1,948	50	3,897	75	5,844	30,00	9,351

Mittendurchmesser 64 cm = 201,1 Mittenumfang

Lg. m	cbm	Lg. m	cbm	Lg. m	cbm	Lg. m	cbm
0,10	0,032	**6,30**	2,027	**12,60**	4,053	**18,80**	6,048
20	0,064	**40**	2,059	**70**	4,086	**90**	6,080
25	0,080	**50**	2,091	**75**	4,102	**19,00**	6,112
30	0,097	**60**	2,123	**80**	4,118	**10**	6,145
40	0,129	**70**	2,155	**90**	4,150	**20**	6,177
50	0,161	**75**	2,172	**13,00**	4,182	**25**	6,193
60	0,193	**80**	2,188	**10**	4,214	**30**	6,209
70	0,225	**90**	2,220	**20**	4,246	**40**	6,241
75	0,241	**7,00**	2,252	**25**	4,263	**50**	6,273
80	0,257	**10**	2,284	**30**	4,279	**60**	6,305
90	0,290	**20**	2,316	**40**	4,311	**70**	6,338
1,00	0,322	**25**	2,332	**50**	4,343	**75**	6,354
10	0,354	**30**	2,348	**60**	4,375	**80**	6,370
20	0,386	**40**	2,381	**70**	4,407	**90**	6,402
25	0,402	**50**	2,413	**75**	4,423	**20,00**	6,434
30	0,418	**60**	2,445	**80**	4,440	**20**	6,498
40	0,450	**70**	2,477	**90**	4,472	**40**	6,563
50	0,483	**75**	2,493	**14,00**	4,504	**50**	6,595
60	0,515	**80**	2,509	**10**	4,536	**60**	6,627
70	0,547	**90**	2,541	**20**	4,568	**80**	6,691
75	0,563	**8,00**	2,574	**25**	4,584	**21,00**	6,756
80	0,579	**10**	2,606	**30**	4,600	**20**	6,820
90	0,611	**20**	2,638	**40**	4,633	**40**	6,884
2,00	0,643	**25**	2,654	**50**	4,665	**50**	6,917
10	0,676	**30**	2,670	**60**	4,697	**60**	6,949
20	0,708	**40**	2,702	**70**	4,729	**80**	7,013
25	0,724	**50**	2,734	**75**	4,745	**22,00**	7,077
30	0,740	**60**	2,767	**80**	4,761	**20**	7,142
40	0,772	**70**	2,799	**90**	4,793	**40**	7,206
50	0,804	**75**	2,815	**15,00**	4,825	**50**	7,238
60	0,836	**80**	2,831	**10**	4,858	**60**	7,270
70	0,869	**90**	2,863	**20**	4,890	**80**	7,335
75	0,885	**9,00**	2,895	**25**	4,906	**23,00**	7,399
80	0,901	**10**	2,927	**30**	4,922	**20**	7,463
90	0,933	**20**	2,960	**40**	4,954	**40**	7,528
3,00	0,965	**25**	2,976	**50**	4,986	**50**	7,560
10	0,997	**30**	2,992	**60**	5,019	**60**	7,592
20	1,029	**40**	3,024	**70**	5,051	**80**	7,657
25	1,046	**50**	3,056	**75**	5,067	**24,00**	7,721
30	1,062	**60**	3,088	**80**	5,083	**20**	7,785
40	1,094	**70**	3,120	**90**	5,115	**40**	7,849
50	1,126	**75**	3,137	**16,00**	5,147	**50**	7,882
60	1,158	**80**	3,153	**10**	5,179	**60**	7,914
70	1,190	**90**	3,185	**20**	5,212	**80**	7,978
75	1,206	**10,00**	3,217	**25**	5,228	**25,00**	8,043
80	1,222	**10**	3,249	**30**	5,244	**20**	8,107
90	1,255	**20**	3,281	**40**	5,276	**40**	8,171
4,00	1,287	**25**	3,297	**50**	5,308	**50**	8,203
10	1,319	**30**	3,314	**60**	5,340	**60**	8,236
20	1,351	**40**	3,348	**70**	5,372	**80**	8,300
25	1,367	**50**	3,378	**75**	5,389	**26,00**	8,364
30	1,383	**60**	3,410	**80**	5,405	**20**	8,429
40	1,415	**70**	3,442	**90**	5,437	**40**	8,493
50	1,448	**75**	3,458	**17,00**	5,469	**50**	8,525
60	1,480	**80**	3,474	**10**	5,501	**60**	8,557
70	1,512	**90**	3,507	**20**	5,533	**80**	8,622
75	1,528	**11,00**	3,539	**25**	5,549	**27,00**	8,686
80	1,544	**10**	3,571	**30**	5,565	**20**	8,750
90	1,576	**20**	3,603	**40**	5,598	**40**	8,815
5,00	1,608	**25**	3,619	**50**	5,630	**50**	8,847
10	1,641	**30**	3,635	**60**	5,662	**60**	8,879
20	1,673	**40**	3,667	**70**	5,694	**80**	8,943
25	1,689	**50**	3,700	**75**	5,710	**28,00**	9,008
30	1,705	**60**	3,732	**80**	5,726	**20**	9,072
40	1,737	**70**	3,764	**90**	5,758	**40**	9,136
50	1,769	**75**	3,780	**18,00**	5,791	**50**	9,168
60	1,802	**80**	3,796	**10**	5,823	**60**	9,201
70	1,834	**90**	3,828	**20**	5,855	**80**	9,265
75	1,850	**12,00**	3,869	**25**	5,871	**29,00**	9,329
80	1,866	**10**	3,893	**30**	5,887	**20**	9,394
90	1,898	**20**	3,925	**40**	5,919	**40**	9,458
6,00	1,930	**25**	3,941	**50**	5,951	**50**	9,490
10	1,962	**30**	3,957	**60**	5,984	**60**	9,522
20	1,995	**40**	3,989	**70**	6,016	**80**	9,587
25	2,011	**50**	4,021	**75**	6,032	**30,00**	9,651

Mittendurchmesser 65 cm = 204,2 Mittenumfang

Lg. m	cbm	Lg. m	cbm	Lg. m	cbm	Lg. m	cbm
0,10	0,033	**6,30**	2,091	**12,60**	4,181	**18,80**	6,238
20	0,066	**40**	2,124	**70**	4,214	**90**	6,271
25	0,083	**50**	2,157	**75**	4,231	**19,00**	6,305
30	0,100	**60**	2,190	**80**	4,247	**10**	6,337
40	0,133	**70**	2,223	**90**	4,280	**20**	6,371
50	0,166	**75**	2,240	**13,00**	4,314	**25**	6,387
60	0,199	**80**	2,256	**10**	4,347	**30**	6,404
70	0,232	**90**	2,290	**20**	4,380	**40**	6,437
75	0,249	**7,00**	2,323	**25**	4,396	**50**	6,471
80	0,265	**10**	2,356	**30**	4,413	**60**	6,503
90	0,299	**20**	2,389	**40**	4,446	**70**	6,537
1,00	0,332	**25**	2,406	**50**	4,480	**75**	6,554
10	0,365	**30**	2,422	**60**	4,513	**80**	6,570
20	0,398	**40**	2,456	**70**	4,546	**90**	6,603
25	0,415	**50**	2,489	**75**	4,562	**20,00**	6,637
30	0,431	**60**	2,522	**80**	4,579	**20**	6,703
40	0,465	**70**	2,555	**90**	4,612	**40**	6,770
50	0,498	**75**	2,572	**14,00**	4,646	**50**	6,803
60	0,531	**80**	2,588	**10**	4,678	**60**	6,836
70	0,564	**90**	2,621	**20**	4,712	**80**	6,902
75	0,581	**8,00**	2,655	**25**	4,728	**21,00**	6,968
80	0,597	**10**	2,688	**30**	4,745	**20**	7,034
90	0,630	**20**	2,721	**40**	4,778	**40**	7,101
2,00	0,664	**25**	2,737	**50**	4,812	**50**	7,134
10	0,697	**30**	2,754	**60**	4,844	**60**	7,167
20	0,730	**40**	2,787	**70**	4,878	**80**	7,233
25	0,747	**50**	2,821	**75**	4,894	**22,00**	7,300
30	0,763	**60**	2,854	**80**	4,911	**20**	7,366
40	0,796	**70**	2,887	**90**	4,944	**40**	7,432
50	0,830	**75**	2,903	**15,00**	4,977	**50**	7,466
60	0,863	**80**	2,920	**10**	5,010	**60**	7,499
70	0,896	**90**	2,953	**20**	5,043	**80**	7,565
75	0,913	**9,00**	2,986	**25**	5,060	**23,00**	7,631
80	0,929	**10**	3,020	**30**	5,077	**20**	7,698
90	0,962	**20**	3,053	**40**	5,110	**40**	7,764
3,00	0,995	**25**	3,069	**50**	5,143	**50**	7,797
10	1,029	**30**	3,086	**60**	5,176	**60**	7,831
20	1,062	**40**	3,119	**70**	5,209	**80**	7,897
25	1,078	**50**	3,152	**75**	5,226	**24,00**	7,963
30	1,095	**60**	3,186	**80**	5,242	**20**	8,030
40	1,128	**70**	3,219	**90**	5,276	**40**	8,096
50	1,161	**75**	3,235	**16,00**	5,309	**50**	8,129
60	1,195	**80**	3,252	**10**	5,342	**60**	8,162
70	1,228	**90**	3,285	**20**	5,375	**80**	8,229
75	1,244	**10,00**	3,318	**25**	5,392	**25,00**	8,295
80	1,261	**10**	3,351	**30**	5,408	**20**	8,361
90	1,294	**20**	3,384	**40**	5,442	**40**	8,428
4,00	1,327	**25**	3,401	**50**	5,475	**50**	8,461
10	1,361	**30**	3,418	**60**	5,508	**60**	8,494
20	1,394	**40**	3,451	**70**	5,542	**80**	8,560
25	1,410	**50**	3,484	**75**	5,558	**26,00**	8,627
30	1,427	**60**	3,517	**80**	5,574	**20**	8,693
40	1,460	**70**	3,550	**90**	5,607	**40**	8,760
50	1,493	**75**	3,567	**17,00**	5,641	**50**	8,793
60	1,526	**80**	3,583	**10**	5,674	**60**	8,826
70	1,560	**90**	3,617	**20**	5,707	**80**	8,892
75	1,576	**11,00**	3,656	**25**	5,724	**27,00**	8,959
80	1,593	**10**	3,683	**30**	5,740	**20**	9,025
90	1,626	**20**	3,716	**40**	5,773	**40**	9,091
5,00	1,659	**25**	3,733	**50**	5,807	**50**	9,125
10	1,692	**30**	3,749	**60**	5,840	**60**	9,158
20	1,726	**40**	3,783	**70**	5,873	**80**	9,224
25	1,742	**50**	3,816	**75**	5,890	**28,00**	9,290
30	1,759	**60**	3,849	**80**	5,906	**20**	9,357
40	1,792	**70**	3,882	**90**	5,939	**40**	9,423
50	1,825	**75**	3,899	**18,00**	5,973	**50**	9,456
60	1,858	**80**	3,915	**10**	6,006	**60**	9,490
70	1,891	**90**	3,948	**20**	6,039	**80**	9,556
75	1,908	**12,00**	3,982	**25**	6,055	**29,00**	9,622
80	1,925	**10**	4,015	**30**	6,072	**20**	9,689
90	1,958	**20**	4,048	**40**	6,105	**40**	9,755
6,00	1,991	**25**	4,065	**50**	6,139	**50**	9,788
10	2,024	**30**	4,081	**60**	6,172	**60**	9,821
20	2,057	**40**	4,114	**70**	6,205	**80**	9,888
25	2,074	**50**	4,148	**75**	6,221	**30,00**	9,954

Mittendurchmesser 66 cm = 207,3 Mittenumfang

Lg. m	cbm	Lg. m	cbm	Lg. m	cbm	Lg. m	cbm
0,10	0,034	**6,30**	2,155	**12,60**	4,311	**18,80**	6,431
20	0,068	**40**	2,190	**70**	4,345	**90**	6,466
25	0,086	**50**	2,224	**75**	4,362	**19,00**	6,500
30	0,103	**60**	2,258	**80**	4,379	**10**	6,534
40	0,137	**70**	2,292	**90**	4,413	**20**	6,568
50	0,171	**75**	2,309	**13,00**	4,448	**25**	6,585
60	0,205	**80**	2,326	**10**	4,482	**30**	6,603
70	0,239	**90**	2,361	**20**	4,516	**40**	6,637
75	0,257	**7,00**	2,395	**25**	4,533	**50**	6,671
80	0,274	**10**	2,429	**30**	4,550	**60**	6,705
90	0,308	**20**	2,463	**40**	4,584	**70**	6,739
1,00	0,342	**25**	2,480	**50**	4,619	**75**	6,757
10	0,376	**30**	2,497	**60**	4,653	**80**	6,774
20	0,411	**40**	2,532	**70**	4,687	**90**	6,808
25	0,428	**50**	2,566	**75**	4,704	**20,00**	6,842
30	0,445	**60**	2,600	**80**	4,721	**20**	6,910
40	0,479	**70**	2,634	**90**	4,755	**40**	6,979
50	0,513	**75**	2,651	**14,00**	4,790	**50**	7,013
60	0,547	**80**	2,669	**10**	4,824	**60**	7,047
70	0,582	**90**	2,703	**20**	4,858	**80**	7,116
75	0,599	**8,00**	2,737	**25**	4,875	**21,00**	7,184
80	0,616	**10**	2,771	**30**	4,892	**20**	7,253
90	0,650	**20**	2,805	**40**	4,926	**40**	7,321
2,00	0,684	**25**	2,822	**50**	4,961	**50**	7,355
10	0,718	**30**	2,840	**60**	4,995	**60**	7,389
20	0,753	**40**	2,874	**70**	5,029	**80**	7,458
25	0,770	**50**	2,908	**75**	5,046	**22,00**	7,526
30	0,787	**60**	2,942	**80**	5,063	**20**	7,595
40	0,821	**70**	2,976	**90**	5,097	**40**	7,663
50	0,855	**75**	2,993	**15,00**	5,132	**50**	7,697
60	0,890	**80**	3,011	**10**	5,166	**60**	7,732
70	0,924	**90**	3,045	**20**	5,200	**80**	7,800
75	0,941	**9,00**	3,079	**25**	5,217	**23,00**	7,868
80	0,958	**10**	3,113	**30**	5,234	**20**	7,937
90	0,992	**20**	3,148	**40**	5,268	**40**	8,005
3,00	1,026	**25**	3,164	**50**	5,303	**50**	8,039
10	1,061	**30**	3,182	**60**	5,337	**60**	8,074
20	1,095	**40**	3,216	**70**	5,371	**80**	8,142
25	1,112	**50**	3,250	**75**	5,388	**24,00**	8,210
30	1,129	**60**	3,284	**80**	5,405	**20**	8,279
40	1,163	**70**	3,319	**90**	5,439	**40**	8,347
50	1,197	**75**	3,335	**16,00**	5,474	**50**	8,382
60	1,232	**80**	3,353	**10**	5,508	**60**	8,416
70	1,266	**90**	3,387	**20**	5,542	**80**	8,484
75	1,283	**10,00**	3,421	**25**	5,559	**25,00**	8,553
80	1,300	**10**	3,455	**30**	5,576	**20**	8,621
90	1,334	**20**	3,489	**40**	5,610	**40**	8,689
4,00	1,368	**25**	3,507	**50**	5,645	**50**	8,724
10	1,403	**30**	3,524	**60**	5,679	**60**	8,758
20	1,437	**40**	3,558	**70**	5,713	**80**	8,826
25	1,454	**50**	3,592	**75**	5,730	**26,00**	8,895
30	1,471	**60**	3,626	**80**	5,747	**20**	8,963
40	1,505	**70**	3,661	**90**	5,781	**40**	9,031
50	1,540	**75**	3,678	**17,00**	5,816	**50**	9,066
60	1,574	**80**	3,695	**10**	5,850	**60**	9,100
70	1,608	**90**	3,729	**20**	5,884	**80**	9,168
75	1,625	**11,00**	3,763	**25**	5,901	**27,00**	9,237
80	1,642	**10**	3,797	**30**	5,918	**20**	9,305
90	1,676	**20**	3,832	**40**	5,953	**40**	9,374
5,00	1,711	**25**	3,849	**50**	5,987	**50**	9,408
10	1,745	**30**	3,866	**60**	6,021	**60**	9,442
20	1,779	**40**	3,900	**70**	6,055	**80**	9,510
25	1,796	**50**	3,934	**75**	6,072	**28,00**	9,579
30	1,813	**60**	3,968	**80**	6,089	**20**	9,647
40	1,847	**70**	4,003	**90**	6,124	**40**	9,716
50	1,882	**75**	4,020	**18,00**	6,158	**50**	9,750
60	1,916	**80**	4,037	**10**	6,192	**60**	9,784
70	1,950	**90**	4,071	**20**	6,226	**80**	9,852
75	1,967	**12,00**	4,105	**25**	6,243	**29,00**	9,921
80	1,984	**10**	4,139	**30**	6,260	**20**	9,989
90	2,019	**20**	4,174	**40**	6,295	**40**	10,058
6,00	2,053	**25**	4,191	**50**	6,329	**50**	10,092
10	2,087	**30**	4,208	**60**	6,363	**60**	10,126
20	2,121	**40**	4,242	**70**	6,397	**80**	10,195
25	2,138	**50**	4,277	**75**	6,414	**30,00**	10,263

Mittendurchmesser 67 cm = 210,5 Mittenumfang

Lg. m	cbm	Lg. m	cbm	Lg. m	cbm	Lg. m	cbm
0,10	0,035	6,30	2,221	12,60	4,443	18,80	6,629
20	0,071	40	2,256	70	4,478	90	6,664
25	0,088	50	2,292	75	4,496	19,00	6,699
30	0,106	60	2,327	80	4,513	10	6,735
40	0,141	70	2,362	90	4,549	20	6,770
50	0,176	75	2,380	13,00	4,583	25	6,788
60	0,212	80	2,397	10	4,619	30	6,865
70	0,247	90	2,433	20	4,654	40	6,840
75	0,265	7,00	2,468	25	4,672	50	6,875
80	0,282	10	2,503	30	4,690	60	6,911
90	0,317	20	2,538	40	4,725	70	6,946
1,00	0,353	25	2,556	50	4,760	75	6,963
10	0,388	30	2,574	60	4,795	80	6,982
20	0,423	40	2,609	70	4,831	90	7,017
25	0,441	50	2,644	75	4,847	20,00	7,052
30	0,458	60	2,680	80	4,866	20	7,123
40	0,494	70	2,715	90	4,901	40	7,193
50	0,529	75	2,733	14,00	4,936	50	7,228
60	0,564	80	2,750	10	4,972	60	7,264
70	0,599	90	2,785	20	5,007	80	7,134
75	0,617	8,00	2,821	25	5,025	21,00	7,405
80	0,635	10	2,856	30	5,042	20	7,475
90	0,670	20	2,891	40	5,077	40	7,546
2,00	0,705	25	2,909	50	5,112	50	7,581
10	0,740	30	2,926	60	5,148	60	7,616
20	0,776	40	2,962	70	5,183	80	7,687
25	0,793	50	2,997	75	5,201	22,00	7,757
30	0,811	60	3,032	80	5,219	20	7,828
40	0,846	70	3,067	90	5,254	40	7,898
50	0,881	75	3,085	15,00	5,288	50	7,934
60	0,917	80	3,103	10	5,324	60	7,969
70	0,952	90	3,138	20	5,360	80	8,039
75	0,970	9,00	3,173	25	5,377	23,00	8,110
80	0,987	10	3,208	30	5,395	20	8,180
90	1,022	20	3,244	40	5,430	40	8,251
3,00	1,058	25	3,262	50	5,465	50	8,286
10	1,093	30	3,279	60	5,501	60	8,321
20	1,128	40	3,314	70	5,536	80	8,392
25	1,146	50	3,349	75	5,554	24,00	8,462
30	1,163	60	3,385	80	5,571	20	8,533
40	1,199	70	3,420	90	5,606	40	8,603
50	1,234	75	3,438	16,00	5,641	50	8,639
60	1,269	80	3,455	10	5,677	60	8,674
70	1,304	90	3,490	20	5,712	80	8,745
75	1,322	10,00	3,526	25	5,730	25,00	8,815
80	1,340	10	3,561	30	5,747	20	8,883
90	1,375	20	3,597	40	5,783	40	8,956
4,00	1,410	25	3,614	50	5,817	50	8,991
10	1,446	30	3,632	60	5,853	60	9,027
20	1,481	40	3,667	70	5,888	80	9,097
25	1,499	50	3,702	75	5,906	26,00	9,168
30	1,516	60	3,738	80	5,924	20	9,238
40	1,551	70	3,773	90	5,959	40	9,309
50	1,587	75	3,791	17,00	5,994	50	9,344
60	1,622	80	3,808	10	6,030	60	9,379
70	1,657	90	3,843	20	6,065	80	9,450
75	1,675	11,00	3,878	25	6,082	27,00	9,520
80	1,692	10	3,914	30	6,100	20	9,591
90	1,728	20	3,949	40	6,135	40	9,661
5,00	1,763	25	3,967	50	6,170	50	9,697
10	1,798	30	3,984	60	6,206	60	9,732
20	1,833	40	4,020	70	6,241	80	9,802
25	1,851	50	4,055	75	6,259	28,00	9,873
30	1,869	60	4,090	80	6,276	20	9,943
40	1,904	70	4,125	90	6,312	40	10,014
50	1,939	75	4,143	18,00	6,346	50	10,049
60	1,974	80	4,161	10	6,382	60	10,084
70	2,010	90	4,196	20	6,417	80	10,155
75	2,027	12,00	4,231	25	6,435	29,00	10,225
80	2,045	10	4,267	30	6,453	20	10,296
90	2,080	20	4,302	40	6,488	40	10,366
6,00	2,115	25	4,319	50	6,522	50	10,402
10	2,151	30	4,337	60	6,558	60	10,437
20	2,186	40	4,372	70	6,594	80	10,508
25	2,204	50	4,407	75	6,611	30,00	10,578

Mittendurchmesser 68 cm = 213,6 Mittenumfang

Lg. m	cbm	Lg. m	cbm	Lg. m	cbm	Lg. m	cbm
0,10	0,036	**6,30**	2,288	**12,60**	4,576	**18,80**	6,828
20	0,073	**40**	2,324	**70**	4,613	**90**	6,865
25	0,091	**50**	2,361	**75**	4,631	**19,00**	6,900
30	0,109	**60**	2,397	**80**	4,649	**10**	6,937
40	0,145	**70**	2,433	**90**	4,685	**20**	6,973
50	0,182	**75**	2,452	**13,00**	4,721	**25**	6,992
60	0,218	**80**	2,470	**10**	4,758	**30**	7,009
70	0,254	**90**	2,506	**20**	4,794	**40**	7,046
75	0,272	**7,00**	2,542	**25**	4,812	**50**	7,082
80	0,291	**10**	2,578	**30**	4,831	**60**	7,119
90	0,327	**20**	2,615	**40**	4,867	**70**	7,155
1,00	0,363	**25**	2,633	**50**	4,903	**75**	7,173
10	0,399	**30**	2,651	**60**	4,940	**80**	7,191
20	0,436	**40**	2,687	**70**	4,976	**90**	7,228
25	0,454	**50**	2,724	**75**	4,994	**20,00**	7,263
30	0,472	**60**	2,760	**80**	5,012	**20**	7,337
40	0,508	**70**	2,796	**90**	5,049	**40**	7,409
50	0,545	**75**	2,815	**14,00**	5,084	**50**	7,446
60	0,581	**80**	2,833	**10**	5,121	**60**	7,482
70	0,617	**90**	2,869	**20**	5,157	**80**	7,555
75	0,636	**8,00**	2,905	**25**	5,176	**21,00**	7,627
80	0,654	**10**	2,942	**30**	5,194	**20**	7,700
90	0,690	**20**	2,978	**40**	5,230	**40**	7,773
2,00	0,726	**25**	2,996	**50**	5,266	**50**	7,809
10	0,763	**30**	3,014	**60**	5,303	**60**	7,845
20	0,799	**40**	3,051	**70**	5,339	**80**	7,918
25	0,817	**50**	3,087	**75**	5,357	**22,00**	7,990
30	0,835	**60**	3,123	**80**	5,375	**20**	8,063
40	0,872	**70**	3,160	**90**	5,412	**40**	8,136
50	0,908	**75**	3,178	**15,00**	5,448	**50**	8,172
60	0,944	**80**	3,196	**10**	5,484	**60**	8,208
70	0,981	**90**	3,232	**20**	5,521	**80**	8,281
75	0,999	**9,00**	3,269	**25**	5,539	**23,00**	8,354
80	1,017	**10**	3,305	**30**	5,557	**20**	8,426
90	1,053	**20**	3,341	**40**	5,593	**40**	8,499
3,00	1,090	**25**	3,360	**50**	5,629	**50**	8,535
10	1,126	**30**	3,377	**60**	5,666	**60**	8,572
20	1,162	**40**	3,414	**70**	5,702	**80**	8,644
25	1,180	**50**	3,450	**75**	5,720	**24,00**	8,717
30	1,198	**60**	3,486	**80**	5,739	**20**	8,789
40	1,235	**70**	3,523	**90**	5,775	**40**	8,862
50	1,271	**75**	3,541	**16,00**	5,811	**50**	8,898
60	1,307	**80**	3,559	**10**	5,848	**60**	8,935
70	1,344	**90**	3,595	**20**	5,884	**80**	9,007
75	1,362	**10,00**	3,632	**25**	5,902	**25,00**	9,080
80	1,380	**10**	3,668	**30**	5,920	**20**	9,153
90	1,416	**20**	3,705	**40**	5,957	**40**	9,225
4,00	1,453	**25**	3,723	**50**	5,992	**50**	9,261
10	1,489	**30**	3,741	**60**	6,029	**60**	9,298
20	1,525	**40**	3,777	**70**	6,065	**80**	9,371
25	1,544	**50**	3,813	**75**	6,084	**26,00**	9,443
30	1,5&2	**60**	3,850	**80**	6,102	**20**	9,516
40	1,598	**70**	3,886	**90**	6,138	**40**	9,589
50	1,634	**75**	3,904	**17,00**	6,174	**50**	9,625
60	1,671	**80**	3,923	**10**	6,211	**60**	9,661
70	1,707	**90**	3,959	**20**	6,247	**80**	9,734
75	1,725	**11,00**	3,995	**25**	6,265	**27,00**	9,806
80	1,743	**10**	4,032	**30**	6,283	**20**	9,879
90	1,780	**20**	4,068	**40**	6,320	**40**	9,952
5,00	1,816	**25**	4,086	**50**	6,355	**50**	9,988
10	1,852	**30**	4,104	**60**	6,392	**60**	10,024
20	1,888	**40**	4,141	**70**	6,429	**80**	10,097
25	1,907	**50**	4,176	**75**	6,447	**28,00**	10,170
30	1,925	**60**	4,213	**80**	6,465	**20**	10,242
40	1,961	**70**	4,249	**90**	6,501	**40**	10,315
50	1,997	**75**	4,268	**18,00**	6,537	**50**	10,351
60	2,034	**80**	4,286	**10**	6,574	**60**	10,388
70	2,070	**90**	4,322	**20**	6,610	**80**	10,466
75	2,088	**12,00**	4,358	**25**	6,628	**29,00**	10,533
80	2,106	**10**	4,395	**30**	6,647	**20**	10,605
90	2,143	**20**	4,431	**40**	6,683	**40**	10,678
6,00	2,179	**25**	4,440	**50**	6,719	**50**	10,714
10	2,215	**30**	4,467	**60**	6,756	**60**	10,751
20	2,252	**40**	4,504	**70**	6,792	**80**	10,823
25	2,270	**50**	4,540	**75**	6,810	**30,00**	10,896

Mittendurchmesser 69 cm = 216,8 Mittenumfang

Lg. m	cbm	Lg. m	cbm	Lg. m	cbm	Lg. m	cbm
0,10	0,037	**6,30**	2,356	**12,60**	4,711	**18,80**	7,029
20	0,075	**40**	2,393	**70**	4,749	**90**	7,067
25	0,094	**50**	2,431	**75**	4,767	**19,00**	7,105
30	0,112	**60**	2,468	**80**	4,786	**10**	7,142
40	0,150	**70**	2,505	**90**	4,823	**20**	7,179
50	0,187	**75**	2,524	**13,00**	4,861	**25**	7,198
60	0,224	**80**	2,543	**10**	4,898	**30**	7,216
70	0,262	**90**	2,580	**20**	4,935	**40**	7,254
75	0,280	**7,00**	2,618	**25**	4,954	**50**	7,292
80	0,299	**10**	2,655	**30**	4,973	**60**	7,328
90	0,337	**20**	2,692	**40**	5,010	**70**	7,366
1,00	0,374	**25**	2,711	**50**	5,048	**75**	7,385
10	0,411	**30**	2,730	**60**	5,085	**80**	7,403
20	0,449	**40**	2,767	**70**	5,122	**90**	7,441
25	0,467	**50**	2,804	**75**	5,141	**20,00**	7,479
30	0,486	**60**	2,842	**80**	5,160	**20**	7,553
40	0,524	**70**	2,879	**90**	5,197	**40**	7,628
50	0,561	**75**	2,898	**14,00**	5,235	**50**	7,665
60	0,598	**80**	2,917	**10**	5,272	**60**	7,702
70	0,636	**90**	2,954	**20**	5,309	**80**	7,777
75	0,654	**8,00**	2,991	**25**	5,328	**21,00**	7,852
80	0,673	**10**	3,029	**30**	5,347	**20**	7,930
90	0,710	**20**	3,066	**40**	5,384	**40**	8,001
2,00	0,748	**25**	3,085	**50**	5,422	**50**	8,039
10	0,785	**30**	3,104	**60**	5,459	**60**	8,076
20	0,823	**40**	3,141	**70**	5,496	**80**	8,151
25	0,841	**50**	3,178	**75**	5,515	**22,00**	8,226
30	0,860	**60**	3,216	**80**	5,534	**20**	8,301
40	0,897	**70**	3,253	**90**	5,571	**40**	8,375
50	0,935	**75**	3,271	**15,00**	5,669	**50**	8,413
60	0,972	**80**	3,291	**10**	5,646	**60**	8,450
70	1,010	**90**	3,328	**20**	5,683	**80**	8,525
75	1,028	**9,00**	3,365	**25**	5,702	**23,00**	8,600
80	1,047	**10**	3,403	**30**	5,721	**20**	8,675
90	1,084	**20**	3,440	**40**	5,758	**40**	8,749
3,00	1,122	**25**	3,459	**50**	5,796	**50**	8,787
10	1,159	**30**	3,478	**60**	5,833	**60**	8,824
20	1,197	**40**	3,515	**70**	5,870	**80**	8,899
25	1,215	**50**	3,552	**75**	5,889	**24,00**	8,974
30	1,234	**60**	3,590	**80**	5,908	**20**	9,048
40	1,271	**70**	3,627	**90**	5,945	**40**	9,123
50	1,309	**75**	3,645	**16,00**	5,983	**50**	9,161
60	1,346	**80**	3,665	**10**	6,020	**60**	9,198
70	1,384	**90**	3,702	**20**	6,057	**80**	9,273
75	1,402	**10,00**	3,739	**25**	6,076	**25,00**	9,348
80	1,421	**10**	3,776	**30**	6,095	**20**	9,422
90	1,458	**20**	3,814	**40**	6,132	**40**	9,497
4,00	1,496	**25**	3,833	**50**	6,170	**50**	9,535
10	1,533	**30**	3,851	**60**	6,207	**60**	9,572
20	1,571	**40**	3,889	**70**	6,244	**80**	9,647
25	1,589	**50**	3,926	**75**	6,263	**26,00**	9,721
30	1,608	**60**	3,963	**80**	6,282	**20**	9,796
40	1,645	**70**	4,001	**90**	6,319	**40**	9,871
50	1,683	**75**	4,019	**17,00**	6,357	**50**	9,908
60	1,720	**80**	4,038	**10**	6,394	**60**	9,946
70	1,757	**90**	4,076	**20**	6,431	**80**	10,021
75	1,776	**11,00**	4,113	**25**	6,450	**27,00**	10,095
80	1,795	**10**	4,150	**30**	6,469	**20**	10,170
90	1,832	**20**	4,188	**40**	6,505	**40**	10,245
5,00	1,870	**25**	4,206	**50**	6,544	**50**	10,282
10	1,907	**30**	4,225	**60**	6,581	**60**	10,320
20	1,944	**40**	4,262	**70**	6,618	**80**	10,394
25	1,963	**50**	4,300	**75**	6,637	**28,00**	10,469
30	1,982	**60**	4,337	**80**	6,655	**20**	10,544
40	2,019	**70**	4,375	**90**	6,693	**40**	10,619
50	2,057	**75**	4,393	**18,00**	6,731	**50**	10,656
60	2,094	**80**	4,412	**10**	6,768	**60**	10,694
70	2,131	**90**	4,449	**20**	6,805	**80**	10,768
75	2,150	**12,00**	4,487	**25**	6,824	**29,00**	10,843
80	2,169	**10**	4,524	**30**	6,842	**20**	10,918
90	2,206	**20**	4,562	**40**	6,880	**40**	10,993
6,00	2,244	**25**	4,580	**50**	6,918	**50**	11,030
10	2,281	**30**	4,599	**60**	6,955	**60**	11,067
20	2,318	**40**	4,636	**70**	6,992	**80**	11,142
25	2,337	**50**	4,674	**75**	7,011	**30,00**	11,217

Mittendurchmesser 70 cm = 219,9 Mittenumfang

Lg. m	cbm	Lg. m	cbm	Lg. m	cbm	Lg. m	cbm
0,10	0,038	6,30	2,425	12,60	4,848	18,80	7,234
20	0,077	40	2,463	70	4,887	90	7,273
25	0,096	50	2,501	75	4,906	19,00	7,312
30	0,115	60	2,540	80	4,925	10	7,350
40	0,154	70	2,578	90	4,964	20	7,388
50	0,192	75	2,597	13,00	5,003	25	7,407
60	0,231	80	2,617	10	5,041	30	7,427
70	0,269	90	2,655	20	5,079	40	7,465
75	0,289	7,00	2,694	25	5,099	50	7,504
80	0,308	10	2,732	30	5,118	60	7,542
90	0,346	20	2,771	40	5,156	70	7,581
1,00	0,385	25	2,790	50	5,195	75	7,601
10	0,423	30	2,809	60	5,233	80	7,619
20	0,462	40	2,848	70	5,272	90	7,658
25	0,481	50	2,886	75	5,291	20,00	7,697
30	0,500	60	2,925	80	5,310	20	7,773
40	0,539	70	2,963	90	5,349	40	7,850
50	0,577	75	2,982	14,00	5,388	50	7,888
60	0,616	80	3,002	10	5,426	60	7,927
70	0,654	90	3,040	20	5,464	80	8,004
75	0,673	8,00	3,079	25	5,483	21,00	8,081
80	0,693	10	3,117	30	5,503	20	8,158
90	0,731	20	3,156	40	5,541	40	8,235
2,00	0,770	25	3,175	50	5,580	50	8,273
10	0,808	30	3,194	60	5,618	60	8,312
20	0,847	40	3,233	70	5,657	80	8,389
25	0,866	50	3,271	75	5,676	22,00	8,466
30	0,885	60	3,310	80	5,695	20	8,543
40	0,924	70	3,348	90	5,734	40	8,620
50	0,962	75	3,367	15,00	5,773	50	8,658
60	1,001	80	3,387	10	5,811	60	8,697
70	1,039	90	3,425	20	5,849	80	8,773
75	1,058	9,00	3,464	25	5,868	23,00	8,850
80	1,078	10	3,502	30	5,887	20	8,927
90	1,116	20	3,541	40	5,926	40	9,004
3,00	1,155	25	3,559	50	5,965	50	9,043
10	1,193	30	3,579	60	6,003	60	9,081
20	1,232	40	3,618	70	6,041	80	9,158
25	1,251	50	3,656	75	6,061	24,00	9,235
30	1,270	60	3,695	80	6,080	20	9,312
40	1,308	70	3,733	90	6,118	40	9,389
50	1,347	75	3,752	16,00	6,158	50	9,428
60	1,385	80	3,771	10	6,195	60	9,466
70	1,424	90	3,810	20	6,234	80	9,543
75	1,443	10,00	3,848	25	6,253	25,00	9,620
80	1,462	10	3,887	30	6,272	20	9,697
90	1,501	20	3,925	40	6,311	40	9,774
4,00	1,539	25	3,944	50	6,350	50	9,812
10	1,578	30	3,983	60	6,388	60	9,851
20	1,616	40	4,002	70	6,426	80	9,928
25	1,635	50	4,041	75	6,445	26,00	10,005
30	1,655	60	4,079	80	6,465	20	10,082
40	1,693	70	4,117	90	6,503	40	10,159
50	1,732	75	4,137	17,00	6,542	50	10,197
60	1,770	80	4,156	10	6,580	60	10,236
70	1,809	90	4,194	20	6,619	80	10,313
75	1,828	11,00	4,233	25	6,638	27,00	10,389
80	1,847	10	4,271	30	6,657	20	10,467
90	1,886	20	4,310	40	6,696	40	10,544
5,00	1,924	25	4,329	50	6,735	50	10,582
10	1,963	30	4,348	60	6,773	60	10,621
20	2,001	40	4,387	70	6,811	80	10,697
25	2,020	50	4,426	75	6,830	28,00	10,774
30	2,040	60	4,464	80	6,849	20	10,851
40	2,078	70	4,502	90	6,888	40	10,928
50	2,117	75	4,521	18,00	6,927	50	10,967
60	2,155	80	4,541	10	6,965	60	11,053
70	2,194	90	4,579	20	7,003	80	11,082
75	2,213	12,00	4,618	25	7,023	29,00	11,159
80	2,232	10	4,656	30	7,042	20	11,236
90	2,271	20	4,695	40	7,080	40	11 313
6,00	2,309	25	4,714	50	7,120	50	11,352
10	2,348	30	4,733	60	7,157	60	11,390
20	2,386	40	4,772	70	7,196	80	11,467
25	2,405	50	4,811	75	7,215	30,00	11,544

Mittendurchmesser 71 cm = 223,1 Mittenumfang

Lg. m	cbm	Lg. m	cbm	Lg. m	cbm	Lg. m	cbm
0,10	0,040	**6,30**	2,494	**12,60**	4,988	**18,80**	7,443
20	0,079	**40**	2,534	**70**	5,030	**90**	7,483
25	0,099	**50**	2,573	**75**	5,048	**19,00**	7,522
30	0,119	**60**	2,613	**80**	5,068	**10**	7,562
40	0,158	**70**	2,653	**90**	5,107	**20**	7,601
50	0,198	**75**	2,672	**13,00**	5,147	**25**	7,621
60	0,238	**80**	2,692	**10**	5,186	**30**	7,641
70	0,277	**90**	2,732	**20**	5,226	**40**	7,681
75	0,297	**7,00**	2,771	**25**	5,246	**50**	7,720
80	0,317	**10**	2,811	**30**	5,266	**60**	7,760
90	0,356	**20**	2,851	**40**	5,305	**70**	7,799
1,00	0,396	**25**	2,870	**50**	5,345	**75**	7,819
10	0,436	**30**	2,890	**60**	5,384	**80**	7,839
20	0,475	**40**	2,930	**70**	5,424	**90**	7,878
25	0,495	**50**	2,969	**75**	5,444	**20,00**	7,918
30	0,515	**60**	3,009	**80**	5,463	**20**	7,997
40	0,554	**70**	3,049	**90**	5,503	**40**	8,076
50	0,594	**75**	3,068	**14,00**	5,543	**50**	8,116
60	0,633	**80**	3,088	**10**	5,582	**60**	8,156
70	0,673	**90**	3,128	**20**	5,622	**80**	8,235
75	0,693	**8,00**	3,167	**25**	5,642	**21,00**	8,314
80	0,713	**10**	3,207	**30**	5,661	**20**	8,393
90	0,752	**20**	3,247	**40**	5,701	**40**	8,472
2,00	0,792	**25**	3,266	**50**	5,741	**50**	8,512
10	0,831	**30**	3,286	**60**	5,780	**60**	8,551
20	0,871	**40**	3,326	**70**	5,820	**80**	8,631
25	0,891	**50**	3,365	**75**	5,840	**22,00**	8,710
30	0,911	**60**	3,405	**80**	5,859	**20**	8,789
40	0,950	**70**	3,445	**90**	5,899	**40**	8,868
50	0,990	**75**	3,464	**15,00**	5,939	**50**	8,908
60	1,029	**80**	3,484	**10**	9,978	**60**	8,947
70	1,069	**90**	3,524	**20**	6,018	**80**	9,027
75	1,089	**9,00**	3,563	**25**	6,038	**23,00**	9,106
80	1,109	**10**	3,603	**30**	6,057	**20**	9,185
90	1,148	**20**	3,642	**40**	6,097	**40**	9,264
3,00	1,188	**25**	3,662	**50**	6,137	**50**	9,304
10	1,227	**30**	3,682	**60**	6,176	**60**	9,343
20	1,267	**40**	3,722	**70**	6,216	**80**	9,422
25	1,287	**50**	3,761	**75**	6,235	**24,00**	9,502
30	1,307	**60**	3,801	**80**	6,255	**20**	9,581
40	1,346	**70**	3,840	**90**	6,295	**40**	9,660
50	1,386	**75**	3,860	**16,00**	6,335	**50**	9,700
60	1,425	**80**	3,880	**10**	6,374	**60**	9,739
70	1,465	**90**	3,920	**20**	6,414	**80**	9,818
75	1,485	**10,00**	3,959	**25**	6,433	**25,00**	9,898
80	1,504	**10**	3,999	**30**	6,453	**20**	9,977
90	1,544	**20**	4,038	**40**	6,493	**40**	10,056
4,00	1,584	**25**	4,058	**50**	6,533	**50**	10,096
10	1,623	**30**	4,078	**60**	6,572	**60**	10,135
20	1,663	**40**	4,117	**70**	6,612	**80**	10,214
25	1,683	**50**	4,157	**75**	6,631	**26,00**	10,293
30	1,702	**60**	4,197	**80**	6,651	**20**	10,373
40	1,742	**70**	4,236	**90**	6,691	**40**	10,452
50	1,782	**75**	4,256	**17,00**	6,731	**50**	10,491
60	1,821	**80**	4,276	**10**	6,770	**60**	10,531
70	1,861	**90**	4,315	**20**	6,810	**80**	10,610
75	1,881	**11,00**	4,355	**25**	6,829	**27,00**	10,689
80	1,900	**10**	4,395	**30**	6,849	**20**	10,769
90	1,940	**20**	4,434	**40**	6,889	**40**	10,848
5,00	1,980	**25**	4,454	**50**	6,929	**50**	10,887
10	2,019	**30**	4,474	**60**	6,968	**60**	10,927
20	2,059	**40**	4,513	**70**	7,007	**80**	11,006
25	2,078	**50**	4,553	**75**	7,027	**28,00**	11,085
30	2,098	**60**	4,592	**80**	7,047	**20**	11,164
40	2,138	**70**	4,632	**90**	7,087	**40**	11,244
50	2,178	**75**	4,652	**18,00**	7,127	**50**	11,283
60	2,217	**80**	4,672	**10**	7,166	**60**	11,323
70	2,257	**90**	4,711	**20**	7,205	**80**	11,402
75	2,276	**12,00**	4,751	**25**	7,225	**29,00**	11,481
80	2,296	**10**	4,790	**30**	7,245	**20**	11,560
90	2,336	**20**	4,830	**40**	7,285	**40**	11,640
6,00	2,376	**25**	4,850	**50**	7,325	**50**	11,679
10	2,415	**30**	4,870	**60**	7,364	**60**	11,719
20	2,455	**40**	4,909	**70**	7,403	**80**	11,798
25	2,474	**50**	4,949	**75**	7,423	**30,00**	11,877

Mittendurchmesser 72 cm = 226,2 Mittenumfang

Lg. m	cbm	Lg. m	cbm	Lg. m	cbm	Lg. m	cbm
0,10	0,041	**6,30**	2,565	**12,60**	5,131	**18,80**	7,655
20	0,081	**40**	2,606	**70**	5,171	**90**	7,696
25	0,102	**50**	2,646	**75**	5,192	**19,00**	7,736
30	0,122	**60**	2,687	**80**	5,212	**10**	7,778
40	0,163	**70**	2,728	**90**	5,253	**20**	7,818
50	0,204	**75**	2,749	**13,00**	5,293	**25**	7,839
60	0,244	**80**	2,769	**10**	5,334	**30**	7,859
70	0,285	**90**	2,809	**20**	5,375	**40**	7,899
75	0,305	**7,00**	2,850	**25**	5,395	**50**	7,939
80	0,326	**10**	2,891	**30**	5,416	**60**	7,981
90	0,366	**20**	2,931	**40**	5,457	**70**	8,022
1,00	0,407	**25**	2,952	**50**	5,497	**75**	8,041
10	0,448	**30**	2,972	**60**	5,538	**80**	8,063
20	0,489	**40**	3,013	**70**	5,579	**90**	8,103
25	0,509	**50**	3,054	**75**	5,599	**20,00**	8,143
30	0,529	**60**	3,094	**80**	5,619	**20**	8,225
40	0,570	**70**	3,135	**90**	5,660	**40**	8,307
50	0,611	**75**	3,156	**14,00**	5,700	**50**	8,348
60	0,651	**80**	3,176	**10**	5,742	**60**	8,388
70	0,692	**90**	3,216	**20**	5,782	**80**	8,470
75	0,713	**8,00**	3,257	**25**	5,803	**21,00**	8,551
80	0,733	**10**	3,298	**30**	5,823	**20**	8,633
90	0,774	**20**	3,339	**40**	5,864	**40**	8,714
2,00	0,814	**25**	3,359	**50**	5,904	**50**	8,755
10	0,855	**30**	3,379	**60**	5,945	**60**	8,796
20	0,896	**40**	3,420	**70**	5,986	**80**	8,877
25	0,916	**50**	3,461	**75**	6,006	**22,00**	8,958
30	0,936	**60**	3,502	**80**	6,027	**20**	9,040
40	0,977	**70**	3,542	**90**	6,067	**40**	9,121
50	1,018	**75**	3,563	**15,00**	6,107	**50**	9,162
60	1,059	**80**	3,583	**10**	6,149	**60**	9,203
70	1,099	**90**	3,624	**20**	6,189	**80**	9,284
75	1,120	**9,00**	3,664	**25**	6,210	**23,00**	9,366
80	1,140	**10**	3,705	**30**	6,230	**20**	9,447
90	1,181	**20**	3,745	**40**	6,271	**40**	9,529
3,00	1,221	**25**	3,767	**50**	6,311	**50**	9,569
10	1,262	**30**	3,787	**60**	6,352	**60**	9,610
20	1,303	**40**	3,827	**70**	6,393	**80**	9,691
25	1,323	**50**	3,868	**75**	6,413	**24,00**	9,773
30	1,344	**60**	3,909	**80**	6,434	**20**	9,854
40	1,384	**70**	3,949	**90**	6,474	**40**	9,936
50	1,425	**75**	3,970	**16,00**	6,514	**50**	9,976
60	1,466	**80**	3,990	**10**	6,556	**60**	10,017
70	1,506	**90**	4,031	**20**	6,597	**80**	10,099
75	1,527	**10,00**	4,072	**25**	6,617	**25,00**	10,180
80	1,547	**10**	4,113	**30**	6,637	**20**	10,201
90	1,588	**20**	4,153	**40**	6,678	**40**	10,343
4,00	1,629	**25**	4,174	**50**	6,718	**50**	10,384
10	1,669	**30**	4,194	**60**	6,760	**60**	10,424
20	1,710	**40**	4,235	**70**	6,800	**80**	10,506
25	1,731	**50**	4,275	**75**	6,821	**26,00**	10,587
30	1,751	**60**	4,316	**80**	6,841	**20**	10,669
40	1,791	**70**	4,357	**90**	6,882	**40**	10,750
50	1,832	**75**	4,377	**17,00**	6,922	**50**	10,791
60	1,873	**80**	4,398	**10**	6,963	**60**	10,832
70	1,914	**90**	4,439	**20**	7,004	**80**	10,913
75	1,934	**11,00**	4,479	**25**	7,024	**27,00**	10,994
80	1,954	**10**	4,520	**30**	7,045	**20**	11,076
90	1,995	**20**	4,561	**40**	7,085	**40**	10,157
5,00	2,036	**25**	4,581	**50**	7,125	**50**	10,198
10	2,076	**30**	4,601	**60**	7,167	**60**	11,239
20	2,117	**40**	4,642	**70**	7,207	**80**	11,320
25	2,138	**50**	4,682	**75**	7,228	**28,00**	11,402
30	2,158	**60**	4,724	**80**	7,248	**20**	11,483
40	2,199	**70**	4,764	**90**	7,289	**40**	11,565
50	2,239	**75**	4,785	**18,00**	7,329	**50**	11,605
60	2,280	**80**	4,805	**10**	7,370	**60**	11,645
70	2,321	**90**	4,846	**20**	7,411	**80**	11,727
75	2,341	**12,00**	4,886	**25**	7,431	**29,00**	11,809
80	2,361	**10**	4,927	**30**	7,452	**20**	11,890
90	2,402	**20**	4,968	**40**	7,492	**40**	11,972
6,00	2,443	**25**	4,988	**50**	7,532	**50**	12,012
10	2,484	**30**	5,009	**60**	7,574	**60**	12,053
20	2,524	**40**	5,049	**70**	7,615	**80**	12,135
25	2,545	**50**	5,089	**75**	7,635	**30,00**	12,216

Mittendurchmesser 73 cm = 229,3 Mittenumfang

Lg. m	cbm	Lg. m	cbm	Lg. m	cbm	Lg. m	cbm
0,10	0,042	**6,30**	2,637	**12,60**	5,273	**18,80**	7,868
20	0,084	**40**	2,679	**70**	5,315	**90**	7,910
25	0,105	**50**	2,721	**75**	5,336	**19,00**	7,952
30	0,126	**60**	2,762	**80**	5,357	**10**	7,993
40	0,167	**70**	2,804	**90**	5,399	**20**	8,035
50	0,209	**75**	2,825	**13,00**	5,441	**25**	8,056
60	0,251	**80**	2,846	**10**	5,483	**30**	8,077
70	0,293	**90**	2,888	**20**	5,525	**40**	8,119
75	0,314	**7,00**	2,930	**25**	5,546	**50**	8,162
80	0,335	**10**	2,972	**30**	5,567	**60**	8,203
90	0,377	**20**	3,013	**40**	5,608	**70**	8,245
1,00	0,419	**25**	3,034	**50**	5,650	**75**	8,266
10	0,460	**30**	3,055	**60**	5,692	**80**	8,286
20	0,502	**40**	3,097	**70**	5,734	**90**	8,328
25	0,523	**50**	3,139	**75**	5,755	**20,00**	8,371
30	0,544	**60**	3,181	**80**	5,776	**20**	8,455
40	0,586	**70**	3,223	**90**	5,818	**40**	8,538
50	0,628	**75**	3,243	**14,00**	5,860	**50**	8,580
60	0,670	**80**	3,265	**10**	5,901	**60**	8,622
70	0,712	**90**	3,306	**20**	5,943	**80**	8,706
75	0,732	**8,00**	3,348	**25**	5,964	**21,00**	8,789
80	0,753	**10**	3,390	**30**	5,985	**20**	8,872
90	0,795	**20**	3,432	**40**	6,026	**40**	8,956
2,00	0,837	**25**	3,453	**50**	6,069	**50**	8,998
10	0,879	**30**	3,474	**60**	6,110	**60**	9,040
20	0,921	**40**	3,516	**70**	6,152	**80**	9,123
25	0,942	**50**	3,558	**75**	6,173	**22,00**	9,207
30	0,963	**60**	3,599	**80**	6,194	**20**	9,291
40	1,004	**70**	3,641	**90**	6,236	**40**	9,374
50	1,046	**75**	3,662	**15,00**	6,278	**50**	9,416
60	1,088	**80**	3,683	**10**	6,319	**60**	9,458
70	1,130	**90**	3,725	**20**	6,361	**80**	9,542
75	1,151	**9,00**	3,767	**25**	6,382	**23,00**	9,626
80	1,172	**10**	3,809	**30**	6,403	**20**	9,709
90	1,214	**20**	3,851	**40**	6,445	**40**	9,793
3,00	1,256	**25**	3,871	**50**	6,487	**50**	9,835
10	1,297	**30**	3,892	**60**	6,529	**60**	9,877
20	1,339	**40**	3,934	**70**	6,571	**80**	9,960
25	1,360	**50**	3,976	**75**	6,591	**24,00**	10,044
30	1,381	**60**	4,018	**80**	6,612	**20**	10,128
40	1,423	**70**	4,060	**90**	6,654	**40**	10,211
50	1,465	**75**	4,080	**16,00**	6,697	**50**	10,253
60	1,507	**80**	4,102	**10**	6,738	**60**	10,295
70	1,549	**90**	4,144	**20**	6,780	**80**	10,379
75	1,569	**10,00**	4,185	**25**	6,801	**25,00**	10,463
80	1,590	**10**	4,227	**30**	6,822	**20**	10,545
90	1,632	**20**	4,269	**40**	6,863	**40**	10,630
4,00	1,674	**25**	4,290	**50**	6,906	**50**	10,872
10	1,716	**30**	4,311	**60**	6,947	**60**	10,714
20	1,758	**40**	4,352	**70**	6,989	**80**	10,797
25	1,779	**50**	4,395	**75**	7,010	**26,00**	10,881
30	1,800	**60**	4,436	**80**	7,031	**20**	10,995
40	1,842	**70**	4,478	**90**	7,073	**40**	11,048
50	1,883	**75**	4,499	**17,00**	7,115	**50**	11,090
60	1,925	**80**	4,520	**10**	7,156	**60**	11,132
70	1,967	**90**	4,562	**20**	7,198	**80**	11,216
75	1,988	**11,00**	4,604	**25**	7,219	**27,00**	11,300
80	2,009	**10**	4,645	**30**	7,240	**20**	11,383
90	2,051	**20**	4,687	**40**	7,282	**40**	11,467
5,00	2,093	**25**	4,708	**50**	7,324	**50**	11,509
10	2,135	**30**	4,729	**60**	7,366	**60**	11,551
20	2,176	**40**	4,771	**70**	7,408	**80**	11,634
25	2,197	**50**	4,813	**75**	7,428	**28,00**	11,718
30	2,218	**60**	4,855	**80**	7,449	**20**	11,802
40	2,260	**70**	4,897	**90**	7,491	**40**	11,885
50	2,302	**75**	4,917	**18,00**	7,534	**50**	11,927
60	2,344	**80**	4,938	**10**	7,575	**60**	11,969
70	2,386	**90**	4,980	**20**	7,617	**80**	12,053
75	2,406	**12,00**	5,022	**25**	7,638	**29,00**	12,137
80	2,428	**10**	5,064	**30**	7,659	**20**	12,220
90	2,469	**20**	5,106	**40**	7,700	**40**	12,304
6,00	2,511	**25**	5,127	**50**	7,743	**50**	12,346
10	2,553	**30**	5,148	**60**	7,784	**60**	12,388
20	2,595	**40**	5,189	**70**	7,826	**80**	12,471
25	2,616	**50**	5,232	**75**	7,847	**30,00**	12,555

Mittendurchmesser 74 cm = 232,5 Mittenumfang

Lg. m	cbm	Lg. m	cbm	Lg. m	cbm	Lg. m	cbm
0,10	0,043	6,30	2,710	12,60	5,412	18,80	8,086
20	0,086	40	2,753	70	5,462	90	8,129
25	0,108	50	2,796	75	5,484	19,00	8,172
30	0,129	60	2,839	80	5,505	10	8,215
40	0,172	70	2,882	90	5,548	20	8,258
50	0,215	75	2,903	13,00	5,591	25	8,279
60	0,258	80	2,925	10	5,634	30	8,301
70	0,301	90	2,968	20	5,677	40	8,344
75	0,323	7,00	3,011	25	5,699	50	8,387
80	0,344	10	3,054	30	5,720	60	8,430
90	0,387	20	3,097	40	5,763	70	8,473
1,00	0,430	25	3,118	50	5,806	75	8,494
10	0,473	30	3,140	60	5,849	80	8,516
20	0,516	40	3,183	70	5,892	90	8,559
25	0,538	50	3,226	75	5,914	20,00	8,602
30	0,559	60	3,269	80	5,935	20	8,688
40	0,602	70	3,312	90	5,978	40	8,774
50	0,645	75	3,333	14,00	6,021	50	8,817
60	0,688	80	3,355	10	6,064	60	8,860
70	0,731	90	3,398	20	6,107	80	8,946
75	0,753	8,00	3,441	25	6,129	21,00	9,032
80	0,774	10	3,484	30	6,150	20	9,118
90	0,817	20	3,527	40	6,193	40	9,204
2,00	0,860	25	3,548	50	6,236	50	9,247
10	0,903	30	3,570	60	6,280	60	9,290
20	0,946	40	3,613	70	6,323	80	9,376
25	0,968	50	3,656	75	6,344	22,00	9,462
30	0,989	60	3,699	80	6,366	20	9,548
40	1,032	70	3,742	90	6,409	40	9,634
50	1,075	75	3,763	15,00	6,451	50	9,677
60	1,118	80	3,785	10	6,495	60	9,720
70	1,161	90	3,828	20	6,538	80	9,806
75	1,183	9,00	3,871	25	6,559	23,00	9,892
80	1,204	10	3,914	30	6,581	20	9,978
90	1,247	20	3,957	40	6,624	40	10,064
3,00	1,290	25	3,978	50	6,666	50	10,107
10	1,333	30	4,000	60	6,710	60	10,150
20	1,376	40	4,043	70	6,753	80	10,236
25	1,398	50	4,086	75	6,774	24,00	10,322
30	1,419	60	4,129	80	6,796	20	10,408
40	1,462	70	4,172	90	6,839	40	10,494
50	1,505	75	4,194	16,00	6,881	50	10,538
60	1,548	80	4,215	10	6,924	60	10,581
70	1,591	90	4,258	20	6,967	80	10,667
75	1,613	10,00	4,361	25	6,988	25,00	10,753
80	1,634	10	4,344	30	7,010	20	10,839
90	1,677	20	4,387	40	7,053	40	10,925
4,00	1,720	25	4,409	50	7,096	50	10,968
10	1,763	30	4,430	60	7,139	60	11,011
20	1,806	40	4,473	70	7,182	80	11,097
25	1,828	50	4,516	75	7,203	26,00	11,183
30	1,849	60	4,559	80	7,225	20	11 269
40	1,892	70	4,602	90	7,268	40	11,355
50	1,935	75	4,624	17,00	7,311	50	11,398
60	1,978	80	4,645	10	7,355	60	11,441
70	2,021	90	4,688	20	7,398	80	11,527
75	2,043	11,00	4,731	25	7,419	27,00	11,613
80	2,064	10	4,774	30	7,441	20	11,699
90	2,107	20	4,817	40	7,484	40	11,785
5,00	2,150	25	4,839	50	7,526	50	11,828
10	2,193	30	4,860	60	7,570	60	11,871
20	2,236	40	4,903	70	7,613	80	11,957
25	2,258	50	4,946	75	7,634	28,00	12,043
30	2,279	60	4,989	80	7,656	20	12,129
40	2,322	70	5,032	90	7,699	40	12,215
50	2,365	75	5,054	18,00	7,742	50	12,258
60	2,408	80	5,075	10	7,785	60	12,301
70	2,451	90	5,118	20	7,828	80	12,387
75	2,473	12,00	5,161	25	7,849	29,00	12,473
80	2,494	10	5,204	30	7,871	20	12,559
90	2,538	20	5,247	40	7,914	40	12,645
6,00	2,581	25	5,269	50	7,957	50	12,688
10	2,624	30	5,290	60	8,000	60	12,731
20	2,667	40	5,333	70	8,043	80	12,817
25	2,688	50	5,376	75	8,064	30,00	12,903

Mittendurchmesser 75 cm = 235,6 Mittenumfang

Lg. m	cbm	Lg. m	cbm	Lg. m	cbm	Lg. m	cbm
0,10	0,044	**6,30**	2,783	**12,60**	5,567	**18,80**	8,306
20	0,088	**40**	2,827	**70**	5,611	**90**	8,350
25	0,111	**50**	2,872	**75**	5,633	**19,00**	8,394
30	0,133	**60**	2,916	**80**	5,655	**10**	8,438
40	0,177	**70**	2,960	**90**	5,699	**20**	8,483
50	0,221	**75**	2,982	**13,00**	5,743	**25**	8,505
60	0,265	**80**	3,004	**10**	5,788	**30**	8,527
70	0,309	**90**	3,048	**20**	5,832	**40**	8,571
75	0,331	**7,00**	3,093	**25**	5,854	**50**	8,615
80	0,353	**10**	3,137	**30**	5,876	**60**	8,659
90	0,398	**20**	3,181	**40**	5,920	**70**	8,704
1,00	0,442	**25**	3,203	**50**	5,964	**75**	8,725
10	0,486	**30**	3,225	**60**	6,009	**80**	8,748
20	0,530	**40**	3,269	**70**	6,053	**90**	8,792
25	0,552	**50**	3,313	**75**	6,075	**20,00**	8,836
30	0,574	**60**	3,358	**80**	6,097	**20**	8,924
40	0,619	**70**	3,402	**90**	6,141	**40**	9,013
50	0,663	**75**	3,424	**14,00**	6,185	**50**	9,057
60	0,707	**80**	3,446	**10**	6,229	**60**	9,101
70	0,751	**90**	3,490	**20**	6,274	**80**	9,189
75	0,773	**8,00**	3,534	**25**	6,296	**21,00**	9,278
80	0,795	**10**	3,578	**30**	6,318	**20**	9,366
90	0,839	**20**	3,623	**40**	6,362	**40**	9,455
2,00	0,884	**25**	3,645	**50**	6,406	**50**	9,499
10	0,928	**30**	3,667	**60**	6,450	**60**	9,543
20	0,972	**40**	3,711	**70**	6,495	**80**	9,631
25	0,994	**50**	3,755	**75**	6,517	**22,00**	9,720
30	1,016	**60**	3,799	**80**	6,539	**20**	9,808
40	1,060	**70**	3,844	**90**	6,583	**40**	9,896
50	1,104	**75**	3,866	**15,00**	6,627	**50**	9,941
60	1,149	**80**	3,888	**10**	6,671	**60**	9,985
70	1,193	**90**	3,932	**20**	6,715	**80**	10,073
75	1,215	**9,00**	3,976	**25**	6,738	**23,00**	10,161
80	1,237	**10**	4,020	**30**	6,760	**20**	10,250
90	1,281	**20**	4,064	**40**	6,804	**40**	10,338
3,00	1,325	**25**	4,087	**50**	6,848	**50**	10,382
10	1,370	**30**	4,109	**60**	6,892	**60**	10,427
20	1,414	**40**	4,153	**70**	6,936	**80**	10,515
25	1,436	**50**	4,197	**75**	6,958	**24,00**	10,603
30	1,458	**60**	4,241	**80**	6,980	**20**	10,691
40	1,502	**70**	4,285	**90**	7,025	**40**	10,780
50	1,546	**75**	4,308	**16,00**	7,069	**50**	10,824
60	1,590	**80**	4,330	**10**	7,113	**60**	10,868
70	1,635	**90**	4,374	**20**	7,157	**80**	10,957
75	1,657	**10,00**	4,418	**25**	7,179	**25,00**	11,045
80	1,679	**10**	4,462	**30**	7,201	**20**	11,133
90	1,723	**20**	4,506	**40**	7,246	**40**	11,222
4,00	1,767	**25**	4,529	**50**	7,289	**50**	11,266
10	1,811	**30**	4,551	**60**	7,334	**60**	11,310
20	1,856	**40**	4,595	**70**	7,378	**80**	11,398
25	1,878	**50**	4,639	**75**	7,400	**26,00**	11,487
30	1,900	**60**	4,683	**80**	7,422	**20**	11,575
40	1,944	**70**	4,727	**90**	7,466	**40**	11,664
50	1,988	**75**	4,749	**17,00**	7,510	**50**	11,708
60	2,032	**80**	4,771	**10**	7,555	**60**	11,752
70	2,076	**90**	4,816	**20**	7,599	**80**	11,846
75	2,099	**11,00**	4,860	**25**	7,621	**27,00**	11,929
80	2,121	**10**	4,904	**30**	7,643	**20**	12,017
90	2,165	**20**	4,948	**40**	7,687	**40**	12,105
5,00	2,209	**25**	4,970	**50**	7,731	**50**	12,150
10	2,253	**30**	4,992	**60**	7,776	**60**	12,194
20	2,297	**40**	5,037	**70**	7,820	**80**	12,282
25	2,320	**50**	5,081	**75**	7,842	**28,00**	12,370
30	2,341	**60**	5,125	**80**	7,908	**20**	12,459
40	2,386	**70**	5,169	**90**	7,952	**40**	12,547
50	2,430	**75**	5,191	**18,00**	7,964	**50**	12,591
60	2,474	**80**	5,213	**10**	7,997	**60**	12,636
70	2,518	**90**	5,257	**20**	8,041	**80**	12,724
75	2,540	**12,00**	5,301	**25**	8,063	**29,00**	12,812
80	2,562	**10**	5,346	**30**	8,085	**20**	12,901
90	2,607	**20**	5,390	**40**	8,129	**40**	12,989
6,00	2,651	**25**	5,412	**50**	8,173	**50**	13,033
10	2,695	**30**	5,434	**60**	8,218	**60**	13,077
20	2,739	**40**	5,478	**70**	8,262	**80**	13,166
25	2,761	**50**	5,522	**75**	8,284	**30,00**	13,254

Mittendurchmesser 76 cm = 238,8 Mittenumfang

Lg. m	cbm	Lg. m	cbm	Lg. m	cbm	Lg. m	cbm
0,10	0,045	**6,30**	2,858	**12,60**	5,715	**18,80**	8,528
20	0,091	**40**	2,903	**70**	5,761	**90**	8,573
25	0,113	**50**	2,949	**75**	5,783	**19,00**	8,619
30	0,136	**60**	2,994	**80**	5,806	**10**	8,664
40	0,181	**70**	3,039	**90**	5,851	**20**	8,709
50	0,227	**75**	3,062	**13,00**	5,897	**25**	8,732
60	0,272	**80**	3,085	**10**	5,942	**30**	8,755
70	0,318	**90**	3,130	**20**	5,988	**40**	8,800
75	0,340	**7,00**	3,176	**25**	6,010	**50**	8,846
80	0,363	**10**	3,221	**30**	6,033	**60**	8,891
90	0,408	**20**	3,266	**40**	6,078	**70**	8,936
1,00	0,454	**25**	3,289	**50**	6,124	**75**	8,960
10	0,499	**30**	3,312	**60**	6,169	**80**	8,981
20	0,544	**40**	3,357	**70**	6,214	**90**	9,027
25	0,567	**50**	3,402	**75**	6,237	**20,00**	9,073
30	0,590	**60**	3,448	**80**	6,260	**20**	9,164
40	0,635	**70**	3,493	**90**	6,305	**40**	9,254
50	0,680	**75**	3,515	**14,00**	6,351	**50**	9,300
60	0,726	**80**	3,538	**10**	6,396	**60**	9,345
70	0,771	**90**	3,584	**20**	6,441	**80**	9,436
75	0,794	**8,00**	3,629	**25**	6,464	**21,00**	9,526
80	0,817	**10**	3,675	**30**	6,487	**20**	9,616
90	0,862	**20**	3,720	**40**	6,532	**40**	9,707
2,00	0,907	**25**	3,742	**50**	6,578	**50**	9,752
10	0,953	**30**	3,765	**60**	6,623	**60**	9,798
20	0,998	**40**	3,811	**70**	6,668	**80**	9,889
25	1,021	**50**	3,856	**75**	6,691	**22,00**	9,979
30	1,043	**60**	3,901	**80**	6,713	**20**	10,070
40	1,089	**70**	3,947	**90**	6,759	**40**	10,161
50	1,134	**75**	3,969	**15,00**	6,805	**50**	10,206
60	1,179	**80**	3,992	**10**	6,849	**60**	10,251
70	1,225	**90**	4,037	**20**	6,895	**80**	10,342
75	1,247	**9,00**	4,083	**25**	6,917	**23,00**	10,433
80	1,270	**10**	4,128	**30**	6,940	**20**	10,524
90	1,316	**20**	4,174	**40**	6,985	**40**	10,614
3,00	1,361	**25**	4,196	**50**	7,032	**50**	10,660
10	1,406	**30**	4,219	**60**	7,076	**60**	10,705
20	1,452	**40**	4,264	**70**	7,122	**80**	10,796
25	1,474	**50**	4,310	**75**	7,144	**24,00**	10,886
30	1,497	**60**	4,355	**80**	7,167	**20**	10,977
40	1,542	**70**	4,400	**90**	7,212	**40**	11,068
50	1,588	**75**	4,423	**16,00**	7,258	**50**	11,113
60	1,633	**80**	4,446	**10**	7,303	**60**	11,159
70	1,678	**90**	4,491	**20**	7,348	**80**	11,249
75	1,701	**10,00**	4,536	**25**	7,371	**25,00**	11,340
80	1,724	**10**	4,581	**30**	7,394	**20**	11,431
90	1,769	**20**	4,627	**40**	7,439	**40**	11,521
4,00	1,815	**25**	4,649	**50**	7,485	**50**	11,567
10	1,860	**30**	4,672	**60**	7,530	**60**	11,612
20	1,905	**40**	4,717	**70**	7,575	**80**	11,703
25	1,928	**50**	4,763	**75**	7,598	**26,00**	11,794
30	1,951	**60**	4,808	**80**	7,621	**20**	11,884
40	1,996	**70**	4,854	**90**	7,666	**40**	11,975
50	2,041	**75**	4,876	**17,00**	7,712	**50**	12,020
60	2,087	**80**	4,899	**10**	7,757	**60**	12,066
70	2,132	**90**	4,944	**20**	7,802	**80**	12,157
75	2,155	**11,00**	4,990	**25**	7,825	**27,00**	12,247
80	2,178	**10**	5,035	**30**	7,847	**20**	12,338
90	2,223	**20**	5,080	**40**	7,893	**40**	12,429
5,00	2,268	**25**	5,103	**50**	7,939	**50**	12,474
10	2,314	**30**	5,126	**60**	7,983	**60**	12,519
20	2,359	**40**	5,171	**70**	8,029	**80**	12,610
25	2,381	**50**	5,217	**75**	8,051	**28,00**	12,701
30	2,404	**60**	5,262	**80**	8,074	**20**	12,792
40	2,450	**70**	5,307	**90**	8,119	**40**	12,882
50	2,495	**75**	5,330	**18,00**	8,166	**50**	12,928
60	2,540	**80**	5,353	**10**	8,210	**60**	12,973
70	2,586	**90**	5,398	**20**	8,256	**80**	13,064
75	2,608	**12,00**	5,444	**25**	8,278	**29,00**	13,154
80	2,631	**10**	5,489	**30**	8,301	**20**	13,245
90	2,677	**20**	5,534	**40**	8,346	**40**	13,336
6,00	2,722	**25**	5,557	**50**	8,392	**50**	13,381
10	2,767	**30**	5,579	**60**	8,437	**60**	13,427
20	2,813	**40**	5,625	**70**	8,482	**80**	13,517
25	2,835	**50**	5,671	**75**	8,505	**30,00**	13,608

Mittendurchmesser 77 cm = 241,9 Mittenumfang

Lg. m	cbm	Lg. m	cbm	Lg. m	cbm	Lg. m	cbm
0,10	0,047	6,30	2,934	12,60	5,868	18,80	8,755
20	0,093	40	2,980	70	5,914	90	8,802
25	0,116	50	3,027	75	5,938	19,00	8,848
30	0,140	60	3,073	80	5,961	10	8,895
40	0,186	70	3,120	90	6,008	20	8,941
50	0,233	75	3,144	13,00	6,054	25	8,965
60	0,279	80	3,167	10	6,101	30	8,988
70	0,326	90	3,213	20	6,147	40	9,035
75	0,349	7,00	3,260	25	6,171	50	9,080
80	0,373	10	3,306	30	6,194	60	9,128
90	0,419	20	3,353	40	6,240	70	9,174
1,00	0,466	25	3,376	50	6,286	75	9,197
10	0,512	30	3,399	60	6,334	80	9,221
20	0,559	40	3,446	70	6,380	90	9,267
25	0,582	50	3,492	75	6,403	20,00	9,314
30	0,605	60	3,539	80	6,427	20	9,407
40	0,652	70	3,586	90	6,473	40	9,500
50	0,698	75	3,609	14,00	6,519	50	9,547
60	0,745	80	3,632	10	6,566	60	9,593
70	0,792	90	3,679	20	6,613	80	9,687
75	0,815	8,00	3,725	25	6,636	21,00	9,780
80	0,838	10	3,772	30	6,660	20	9,873
90	0,885	20	3,818	40	6,706	40	9,966
2,00	0,931	25	3,842	50	6,752	50	10,013
10	0,978	30	3,865	60	6,799	60	10,059
20	1,024	40	3,912	70	6,846	80	10,152
25	1,048	50	3,958	75	6,869	22,00	10,245
30	1,071	60	4,005	80	6,892	20	10,339
40	1,118	70	4,051	90	6,939	40	10,432
50	1,164	75	4,075	15,00	6,985	50	10,478
60	1,211	80	4,098	10	7,032	60	10,525
70	1,257	90	4,144	20	7,079	80	10,618
75	1,281	9,00	4,191	25	7,102	23,00	10,711
80	1,304	10	4,238	30	7,125	20	10,804
90	1,350	20	4,284	40	7,172	40	10,897
3,00	1,397	25	4,308	50	7,218	50	10,944
10	1,444	30	4,331	60	7,265	60	10,991
20	1,490	40	4,377	70	7,312	80	11,084
25	1,514	50	4,424	75	7,335	24,00	11,177
30	1,537	60	4,470	80	7,358	20	11,270
40	1,583	70	4,517	90	7,405	40	11,363
50	1,630	75	4,541	16,00	7,451	50	11,410
60	1,676	80	4,564	10	7,498	60	11,456
70	1,723	90	4,610	20	7,544	80	11,549
75	1,746	10,00	4,657	25	7,568	25,00	11,642
80	1,770	10	4,704	30	7,591	20	11,736
90	1,816	20	4,750	40	7,638	40	11,829
4,00	1,863	25	4,773	50	7,683	50	11,875
10	1,909	30	4,797	60	7,731	60	11,922
20	1,956	40	4,843	70	7,777	80	12,015
25	1,979	50	4,889	75	7,801	26,00	12,108
30	2,002	60	4,936	80	7,824	20	12,201
40	2,049	70	4,983	90	7,870	40	12,295
50	2,095	75	5,006	17,00	7,916	50	12,341
60	2,142	80	5,030	10	7,964	60	12,388
70	2,189	90	5,076	20	8,010	80	12,481
75	2,212	11,00	5,122	25	8,033	27,00	12,574
80	2,235	10	5,169	30	8,057	20	12,667
90	2,282	20	5,216	40	8,103	40	12,760
5,00	2,328	25	5,239	50	8,149	50	12,807
10	2,375	30	5,262	60	8,196	60	12,853
20	2,421	40	5,309	70	8,243	80	12,947
25	2,445	50	5,355	75	8,266	28,00	13,046
30	2,468	60	5,402	80	8,290	20	13,133
40	2,515	70	5,449	90	8,336	40	13,226
50	2,561	75	5,472	18,00	8,382	50	13,273
60	2,608	80	5,495	10	8,429	60	13,319
70	2,654	90	5,542	20	8,476	80	13,412
75	2,678	12,00	5,588	25	8,499	29,00	13,505
80	2,701	10	5,635	30	8,522	20	13,598
90	2,747	20	5,682	40	8,569	40	13,692
6,00	2,794	25	5,705	50	8,615	50	13,738
10	2,841	30	5,728	60	8,662	60	13,785
20	2,887	40	5,775	70	8,709	80	13,878
25	2,911	50	5,821	75	8,732	30,00	13,971

Mittendurchmesser 78 cm = 245,0 Mittenumfang

Lg. m	cbm	Lg. m	cbm	Lg. m	cbm	Lg. m	cbm
0,10	0,048	**6,30**	3,010	**12,60**	6,020	**18,80**	8,983
20	0,096	**40**	3,058	**70**	6,068	**90**	9,030
25	0,120	**50**	3,106	**75**	6,092	**19,00**	9,079
30	0,143	**60**	3,154	**80**	6,116	**10**	9,126
40	0,191	**70**	3,202	**90**	6,164	**20**	9,174
50	0,239	**75**	3,225	**13,00**	6,212	**25**	9,198
60	0,287	**80**	3,249	**10**	6,259	**30**	9,222
70	0,334	**90**	3,297	**20**	6,307	**40**	9,369
75	0,358	**7,00**	3,345	**25**	6,331	**50**	9,318
80	0,382	**10**	3,393	**30**	6,355	**60**	9,365
90	0,430	**20**	3,440	**40**	6,403	**70**	9,413
1,00	0,478	**25**	3,464	**50**	6,451	**75**	9,437
10	0,526	**30**	3,488	**60**	6,498	**80**	9,460
20	0,573	**40**	3,536	**70**	6,546	**90**	9,508
25	0,597	**50**	3,584	**75**	6,570	**20,00**	9,557
30	0,621	**60**	3,632	**80**	6,594	**20**	9,653
40	0,669	**70**	3,679	**90**	6,641	**40**	9,748
50	0,717	**75**	3,703	**14,00**	6,690	**50**	9,796
60	0,765	**80**	3,727	**10**	6,737	**60**	9,844
70	0,812	**90**	3,775	**20**	6,785	**80**	9,939
75	0,836	**8,00**	3,823	**25**	6,809	**21,00**	10,033
80	0,860	**10**	3,870	**30**	6,833	**20**	10,129
90	0,908	**20**	3,918	**40**	6,880	**40**	10,225
2,00	0,956	**25**	3,942	**50**	6,929	**50**	10,273
10	1,003	**30**	3,966	**60**	6,976	**60**	10,321
20	1,051	**40**	4,014	**70**	7,024	**80**	10,416
25	1,075	**50**	4,062	**75**	7,048	**22,00**	10,512
30	1,099	**60**	4,109	**80**	7,071	**20**	10,607
40	1,147	**70**	4,157	**90**	7,119	**40**	10,703
50	1,195	**75**	4,181	**15,00**	7,168	**50**	10,751
60	1,242	**80**	4,205	**10**	7,215	**60**	10,798
70	1,290	**90**	4,253	**20**	7,263	**80**	10,894
75	1,314	**9,00**	4,301	**25**	7,287	**23,00**	10,989
80	1,338	**10**	4,348	**30**	7,310	**20**	11,085
90	1,386	**20**	4,396	**40**	7,358	**40**	11,181
3,00	1,434	**25**	4,420	**50**	7,406	**50**	11,228
10	1,481	**30**	4,444	**60**	7,454	**60**	11,276
20	1,529	**40**	4,492	**70**	7,502	**80**	11,372
25	1,553	**50**	4,539	**75**	7,525	**24,00**	11,467
30	1,577	**60**	4,587	**80**	7,549	**20**	11,563
40	1,625	**70**	4,635	**90**	7,597	**40**	11,658
50	1,672	**75**	4,659	**16,00**	7,645	**50**	11,706
60	1,720	**80**	4,683	**10**	7,693	**60**	11,754
70	1,768	**90**	4,731	**20**	7,740	**80**	11,849
75	1,792	**10,00**	4,778	**25**	7,764	**25,00**	11,945
80	1,816	**10**	4,826	**30**	7,788	**20**	12,041
90	1,864	**20**	4,874	**40**	7,836	**40**	12,136
4,00	1,911	**25**	4,898	**50**	7,884	**50**	12,184
10	1,959	**30**	4,921	**60**	7,932	**60**	12,232
20	2,007	**40**	4,969	**70**	7,979	**80**	12,327
25	2,031	**50**	5,017	**75**	8,003	**26,00**	12,423
30	2,055	**60**	5,065	**80**	8,027	**20**	12,518
40	2,102	**70**	5,113	**90**	8,075	**40**	12,614
50	2,150	**75**	5,136	**17,00**	8,123	**50**	12,662
60	2,198	**80**	5,160	**10**	8,170	**60**	12,710
70	2,246	**90**	5,208	**20**	8,218	**80**	12,805
75	2,270	**11,00**	5,256	**25**	8,242	**27,00**	12,901
80	2,294	**10**	5,304	**30**	8,266	**20**	12,996
90	2,341	**20**	5,351	**40**	8,314	**40**	13,092
5,00	2,389	**25**	5,375	**50**	8,362	**50**	13,140
10	2,437	**30**	5,399	**60**	8,409	**60**	13,187
20	2,485	**40**	5,447	**70**	8,457	**80**	13,283
25	2,509	**50**	5,495	**75**	8,481	**28,00**	13,378
30	2,533	**60**	5,543	**80**	8,505	**20**	13,474
40	2,580	**70**	5,590	**90**	8,553	**40**	13,579
50	2,628	**75**	5,614	**18,00**	8,601	**50**	13,617
60	2,676	**80**	5,638	**10**	8,648	**60**	13,665
70	2,724	**90**	5,686	**20**	8,696	**80**	13,761
75	2,747	**12,00**	5,734	**25**	8,720	**29,00**	13,856
80	2,771	**10**	5,781	**30**	8,744	**20**	13,952
90	2,819	**20**	5,829	**40**	8,792	**40**	14,047
6,00	2,867	**25**	5,853	**50**	8,840	**50**	14,095
10	2,915	**30**	5,877	**60**	8,887	**60**	14,143
20	2,963	**40**	5,925	**70**	8,935	**80**	14,238
25	2,986	**50**	5,973	**75**	8,959	**30,00**	14,334

Mittendurchmesser 79 cm = 248,2 Mittenumfang

Lg. m	cbm	Lg. m	cbm	Lg. m	cbm	Lg. m	cbm
0,10	0,049	6,30	3,088	12,60	6,177	18,80	9,216
20	0,098	40	3,137	70	6,226	90	9,265
25	0,123	50	3,186	75	6,250	19,00	9,313
30	0,147	60	3,235	80	6,275	10	9,363
40	0,196	70	3,284	90	6,324	20	9,412
50	0,245	75	3,309	13,00	6,372	25	9,436
60	0,294	80	3,333	10	6,422	30	9,461
70	0,343	90	3,382	20	6,471	40	9,510
75	0,368	7,00	3,431	25	6,495	50	9,558
80	0,392	10	3,480	30	6,520	60	9,608
90	0,441	20	3,529	40	6,569	70	9,657
1,00	0,490	25	3,554	50	6,617	75	9,681
10	0,539	30	3,578	60	6,667	80	9,706
20	0,588	40	3,627	70	6,716	90	9,755
25	0,613	50	3,676	75	6,740	20,00	9,803
30	0,637	60	3,725	80	6,765	20	9,902
40	0,686	70	3,774	90	6,814	40	10,000
50	0,735	75	3,799	14,00	6,862	50	10,049
60	0,784	80	3,823	10	6,912	60	10,098
70	0,833	90	3,872	20	6,961	80	10,196
75	0,858	8,00	3,921	25	6,985	21,00	10,294
80	0,882	10	3,970	30	7,010	20	10,392
90	0,931	20	4,019	40	7,059	40	10,490
2,00	0,980	25	4,044	50	7,107	50	10,539
10	1,029	30	4,068	60	7,157	60	10,588
20	1,078	40	4,117	70	7,206	80	10,686
25	1,103	50	4,166	75	7,231	22,00	10,784
30	1,127	60	4,215	80	7,255	20	10,882
40	1,176	70	4,264	90	7,304	40	10,981
50	1,225	75	4,289	15,00	7,353	50	11,030
60	1,274	80	4,313	10	7,402	60	11,079
70	1,323	90	4,362	20	7,451	80	11,177
75	1,348	9,00	4,412	25	7,476	23,00	11,275
80	1,372	10	4,461	30	7,500	20	11,373
90	1,421	20	4,510	40	7,549	40	11,471
3,00	1,471	25	4,534	50	7,598	50	11,520
10	1,520	30	4,559	60	7,647	60	11,569
20	1,569	40	4,608	70	7,696	80	11,667
25	1,593	50	4,657	75	7,721	24,00	11,765
30	1,618	60	4,706	80	7,745	20	11,863
40	1,667	70	4,755	90	7,794	40	11,961
50	1,716	75	4,779	16,00	7,843	50	12,010
60	1,765	80	4,804	10	7,892	60	12,059
70	1,814	90	4,853	20	7,941	80	12,157
75	1,838	10,00	4,902	25	7,966	25,00	12,255
80	1,863	10	4,951	30	7,990	20	12,353
90	1,912	20	5,000	40	8,039	40	12,451
4,00	1,961	25	5,025	50	8,088	50	12,500
10	2,010	30	5,049	60	8,137	60	12,549
20	2,059	40	5,098	70	8,186	80	12,647
25	2,083	50	5,147	75	8,211	26,00	12,745
30	2,108	60	5,196	80	8,235	20	12,843
40	2,157	70	5,245	90	8,284	40	12,941
50	2,206	75	5,270	17,00	8,333	50	12,990
60	2,255	80	5,294	10	8,382	60	13,039
70	2,304	90	5,343	20	8,431	80	13,137
75	2,328	11,00	5,392	25	8,456	27,00	13,235
80	2,353	10	5,441	30	8,481	20	13,333
90	2,402	20	5,490	40	8,530	40	13,432
5,00	2,451	25	5,515	50	8,578	50	13,481
10	2,500	30	5,539	60	8,628	60	13,530
20	2,549	40	5,588	70	8,677	80	13,628
25	2,574	50	5,637	75	8,701	28,00	13,726
30	2,598	60	5,686	80	8,726	20	13,824
40	2,647	70	5,735	90	8,775	40	13,922
50	2,696	75	5,760	18,00	8,823	50	13,971
60	2,745	80	5,784	10	8,873	60	14,020
70	2,794	90	5,833	20	8,922	80	14,118
75	2,819	12,00	5,882	25	8,946	29,00	14,216
80	2,843	10	5,931	30	8,971	20	14,314
90	2,892	20	5,980	40	9,020	40	14,412
6,00	2,941	25	6,005	50	9,068	50	14,461
10	2,990	30	6,030	60	9,118	60	14,510
20	3,039	40	6,070	70	9,167	80	14,608
25	3,064	50	6,127	75	9,191	30,00	14,706

Mittendurchmesser 80 cm = 251,3 Mittenumfang

Lg. m	cbm	Lg. m	cbm	Lg. m	cbm	Lg. m	cbm
0,10	0,050	**6,30**	3,167	**12,60**	6,334	**18,80**	9,451
20	0,101	**40**	3,217	**70**	6,384	**90**	9,501
25	0,126	**50**	3,267	**75**	6,409	**19,00**	9,551
30	0,151	**60**	3,318	**80**	6,435	**10**	9,602
40	0,201	**70**	3,368	**90**	6,485	**20**	9,652
50	0,251	**75**	3,393	**13,00**	6,535	**25**	9,677
60	0,302	**80**	3,418	**10**	6,585	**30**	9,702
70	0,352	**90**	3,468	**20**	6,636	**40**	9,752
75	0,377	**7,00**	3,519	**25**	6,661	**50**	9,802
80	0,402	**10**	3,569	**30**	6,686	**60**	9,853
90	0,452	**20**	3,619	**40**	6,736	**70**	9,903
1,00	0,503	**25**	3,645	**50**	6,786	**75**	9,927
10	0,553	**30**	3,669	**60**	6,837	**80**	9,954
20	0,603	**40**	3,720	**70**	6,887	**90**	10,004
25	0,628	**50**	3,770	**75**	6,912	**20,00**	10,054
30	0,653	**60**	3,820	**80**	6,937	**20**	10,155
40	0,704	**70**	3,870	**90**	6,988	**40**	10,255
50	0,754	**75**	3,896	**14,00**	7,037	**50**	10,305
60	0,804	**80**	3,921	**10**	7,088	**60**	10,356
70	0,855	**90**	3,971	**20**	7,138	**80**	10,456
75	0,880	**8,00**	4,021	**25**	7,164	**21,00**	10,557
80	0,905	**10**	4,072	**30**	7,189	**20**	10,607
90	0,955	**20**	4,122	**40**	7,239	**40**	10,758
2,00	1,005	**25**	4,147	**50**	7,289	**50**	10,808
10	1,056	**30**	4,172	**60**	7,339	**60**	10,858
20	1,106	**40**	4,222	**70**	7,390	**80**	10,959
25	1,131	**50**	4,273	**75**	7,415	**22,00**	11,059
30	1,156	**60**	4,323	**80**	7,440	**20**	11,160
40	1,206	**70**	4,373	**90**	7,490	**40**	11,261
50	1,257	**75**	4,399	**15,00**	7,540	**50**	11,311
60	1,307	**80**	4,423	**10**	7,591	**60**	11,361
70	1,357	**90**	4,474	**20**	7,641	**80**	11,462
75	1,382	**9,00**	4,524	**25**	7,666	**23,00**	11,562
80	1,407	**10**	4,574	**30**	7,691	**20**	11,663
90	1,458	**20**	4,624	**40**	7,741	**40**	11,763
3,00	1,508	**25**	4,650	**50**	7,791	**50**	11,813
10	1,558	**30**	4,675	**60**	7,842	**60**	11,864
20	1,608	**40**	4,725	**70**	7,892	**80**	11,964
25	1,634	**50**	4,775	**75**	7,918	**24,00**	12,065
30	1,659	**60**	4,825	**80**	7,943	**20**	12,165
40	1,709	**70**	4,876	**90**	7,993	**40**	12,266
50	1,759	**75**	4,901	**16,00**	8,043	**50**	12,316
60	1,810	**80**	4,926	**10**	8,094	**60**	12,366
70	1,860	**90**	4,976	**20**	8,144	**80**	12,467
75	1,885	**10,00**	5,027	**25**	8,169	**25,00**	12,568
80	1,910	**10**	5,077	**30**	8,194	**20**	12,608
90	1,960	**20**	5,128	**40**	8,244	**40**	12,769
4,00	2,011	**25**	5,153	**50**	8,294	**50**	12,819
10	2,061	**30**	5,178	**60**	8,345	**60**	12,869
20	2,111	**40**	5,228	**70**	8,395	**80**	12,970
25	2,136	**50**	5,278	**75**	8,420	**26,00**	13,070
30	2,161	**60**	5,329	**80**	8,445	**20**	13,171
40	2,212	**70**	5,379	**90**	8,496	**40**	13,271
50	2,262	**75**	5,404	**17,00**	8,546	**50**	13,322
60	2,312	**80**	5,429	**10**	8,596	**60**	13,372
70	2,362	**90**	5,479	**20**	8,646	**80**	13,472
75	2,388	**11,00**	5,529	**25**	8,672	**27,00**	13,573
80	2,413	**10**	5,580	**30**	8,697	**20**	13,673
90	2,463	**20**	5,630	**40**	8,747	**40**	13,774
5,00	2,513	**25**	5,655	**50**	8,797	**50**	13,824
10	2,564	**30**	5,681	**60**	8,848	**60**	13,875
20	2,614	**40**	5,731	**70**	8,898	**80**	13,975
25	2,639	**50**	5,781	**75**	8,923	**28,00**	14,076
30	2,664	**60**	5,831	**80**	8,948	**20**	14,176
40	2,714	**70**	5,882	**90**	8,998	**40**	14,277
50	2,765	**75**	5,907	**18,00**	9,048	**50**	14,327
60	2,815	**80**	5,932	**10**	9,099	**60**	14,377
70	2,865	**90**	5,982	**20**	9,149	**80**	14,478
75	2,891	**12,00**	6,032	**25**	9,174	**29,00**	14,578
80	2,915	**10**	6,083	**30**	9,199	**20**	14,679
90	2,966	**20**	6,133	**40**	9,250	**40**	14,779
6,00	3,016	**25**	6,158	**50**	9,300	**50**	14,830
10	3,066	**30**	6,183	**60**	9,350	**60**	14,880
20	3,116	**40**	6,233	**70**	9,401	**80**	14,980
25	3,142	**50**	6,283	**75**	9,426	**30,00**	15,081

Mittendurchmesser 81 cm = 254,5 Mittenumfang

Lg. m	cbm	Lg. m	cbm	Lg. m	cbm	Lg. m	cbm
0,10	0,052	**6,30**	3,246	**12,60**	6,493	**18,80**	9,688
20	0,103	**40**	3,298	**70**	6,544	**90**	9,739
25	0,129	**50**	3,349	**75**	6,570	**19,00**	9,791
30	0,155	**60**	3,401	**80**	6,596	**10**	9,842
40	0,206	**70**	3,453	**90**	6,647	**20**	9,894
50	0,258	**75**	3,478	**13,00**	6,699	**25**	9,920
60	0,309	**80**	3,504	**10**	6,750	**30**	9,945
70	0,361	**90**	3,556	**20**	6,802	**40**	9,997
75	0,387	**7,00**	3,607	**25**	6,828	**50**	10,049
80	0,412	**10**	3,659	**30**	6,854	**60**	10,100
90	0,464	**20**	3,710	**40**	6,905	**70**	10,151
1,00	0,515	**25**	3,736	**50**	6,957	**75**	10,177
10	0,567	**30**	3,762	**60**	7,008	**80**	10,203
20	0,618	**40**	3,813	**70**	7,060	**90**	10,255
25	0,642	**50**	3,865	**75**	7,085	**20,00**	10,306
30	0,670	**60**	3,916	**80**	7,111	**20**	10,409
40	0,721	**70**	3,968	**90**	7,163	**40**	10,512
50	0,773	**75**	3,994	**14,00**	7,214	**50**	10,564
60	0,824	**80**	4,019	**10**	7,266	**60**	10,615
70	0,876	**90**	4,071	**20**	7,317	**80**	10,718
75	0,900	**8,00**	4,122	**25**	7,343	**21,00**	10,821
80	0,928	**10**	4,174	**30**	7,369	**20**	10,924
90	0,979	**20**	4,225	**40**	7,420	**40**	11,027
2,00	1,031	**25**	4,251	**50**	7,472	**50**	11,079
10	1,082	**30**	4,277	**60**	7,523	**60**	11,131
20	1,134	**40**	4,329	**70**	7,575	**80**	11,234
25	1,159	**50**	4,380	**75**	7,601	**22,00**	11,337
30	1,185	**60**	4,432	**80**	7,626	**20**	11,440
40	1,237	**70**	4,483	**90**	7,678	**40**	11,543
50	1,288	**75**	4,509	**15,00**	7,730	**50**	11,594
60	1,340	**80**	4,535	**10**	7,781	**60**	11,646
70	1,391	**90**	4,586	**20**	7,833	**80**	11,749
75	1,417	**9,00**	4,638	**25**	7,858	**23,00**	11,852
80	1,443	**10**	4,689	**30**	7,884	**20**	11,955
90	1,494	**20**	4,741	**40**	7,936	**40**	12,057
3,00	1,546	**25**	4,767	**50**	7,987	**50**	12,110
10	1,597	**30**	4,792	**60**	8,039	**60**	12,161
20	1,649	**40**	4,844	**70**	8,090	**80**	12,264
25	1,675	**50**	4,895	**75**	8,116	**24,00**	12,367
30	1,700	**60**	4,947	**80**	8,142	**20**	12,469
40	1,752	**70**	4,998	**90**	8,193	**40**	12,573
50	1,804	**75**	5,024	**16,00**	8,245	**50**	12,625
60	1,855	**80**	5,050	**10**	8,296	**60**	12,676
70	1,907	**90**	5,101	**20**	8,348	**80**	12,779
75	1,932	**10,00**	5,153	**25**	8,374	**25,00**	12,883
80	1,958	**10**	5,205	**30**	8,399	**20**	12,986
90	2,010	**20**	5,256	**40**	8,451	**40**	13,089
4,00	2,061	**25**	5,282	**50**	8,502	**50**	13,140
10	2,113	**30**	5,308	**60**	8,554	**60**	13,192
20	2,164	**40**	5,359	**70**	8,606	**80**	13,295
25	2,190	**50**	5,411	**75**	8,631	**26,00**	13,398
30	2,216	**60**	5,462	**80**	8,657	**20**	13,501
40	2,267	**70**	5,514	**90**	8,709	**40**	13,604
50	2,319	**75**	5,540	**17,00**	8,760	**50**	13,656
60	2,370	**80**	5,565	**10**	8,812	**60**	13,707
70	2,422	**90**	5,617	**20**	8,863	**80**	13,810
75	2,448	**11,00**	5,668	**25**	8,889	**27,00**	13,913
80	2,473	**10**	5,720	**30**	8,915	**20**	14,016
90	2,525	**20**	5,771	**40**	8,966	**40**	14,119
5,00	2,577	**25**	5,797	**50**	9,018	**50**	14,171
10	2,628	**30**	5,823	**60**	9,069	**60**	14,222
20	2,680	**40**	5,874	**70**	9,121	**80**	14,325
25	2,705	**50**	5,926	**75**	9,147	**28,00**	14,428
30	2,731	**60**	5,978	**80**	9,172	**20**	14,532
40	2,783	**70**	6,029	**90**	9,224	**40**	14,635
50	2,834	**75**	6,055	**18,00**	9,275	**50**	14,686
60	2,836	**80**	6,081	**10**	9,327	**60**	14,738
70	2,937	**90**	6,132	**20**	9,379	**80**	14,841
75	2,963	**12,00**	6,184	**25**	9,414	**29,00**	14,944
80	2,989	**10**	6,235	**30**	9,430	**20**	15,047
90	3,040	**20**	6,287	**40**	9,482	**40**	15,150
6,00	3,092	**25**	6,312	**50**	9,533	**50**	15,201
10	3,143	**30**	6,338	**60**	9,585	**60**	15,253
20	3,195	**40**	6,390	**70**	9,636	**80**	15,356
25	3,221	**50**	6,441	**75**	9,662	**30,00**	15,459

Mittendurchmesser 82 cm = 257,6 Mittenumfang

Lg. m	cbm	Lg. m	cbm	Lg. m	cbm	Lg. m	cbm
0,10	0,053	**6,30**	3,327	**12,60**	6,654	**18,80**	9,928
20	0,106	**40**	3,380	**70**	6,707	**90**	9,981
25	0,132	**50**	3,433	**75**	6,733	**19,00**	10,034
30	0,158	**60**	3,485	**80**	6,760	**10**	10,087
40	0,211	**70**	3,538	**90**	6,813	**20**	10,140
50	0,264	**75**	3,565	**13,00**	6,865	**25**	10,166
60	0,317	**80**	3,591	**10**	6,918	**30**	10,192
70	0,370	**90**	3,644	**20**	6,971	**40**	10,245
75	0,396	**7,00**	3,697	**25**	6,997	**50**	10,298
80	0,422	**10**	3,750	**30**	7,024	**60**	10,351
90	0,475	**20**	3,802	**40**	7,077	**70**	10,404
1,00	0,528	**25**	3,829	**50**	7,129	**75**	10,430
10	0,581	**30**	3,855	**60**	7,182	**80**	10,456
20	0,634	**40**	3,908	**70**	7,235	**90**	10,509
25	0,660	**50**	3,961	**75**	7,261	**20,00**	10,561
30	0,687	**60**	4,014	**80**	7,288	**20**	10,669
40	0,739	**70**	4,066	**90**	7,341	**40**	10,773
50	0,792	**75**	4,093	**14,00**	7,393	**50**	10,826
60	0,845	**80**	4,119	**10**	7,446	**60**	10,879
70	0,898	**90**	4,172	**20**	7,499	**80**	10,985
75	0,924	**8,00**	4,225	**25**	7,525	**21,00**	11,090
80	0,951	**10**	4,278	**30**	7,552	**20**	11,196
90	1,003	**20**	4,330	**40**	7,605	**40**	11,301
2,00	1,056	**25**	4,357	**50**	7,657	**50**	11,354
10	1,109	**30**	4,383	**60**	7,710	**60**	11,407
20	1,162	**40**	4,436	**70**	7,763	**80**	11,513
25	1,188	**50**	4,489	**75**	7,790	**22,00**	11,618
30	1,215	**60**	4,542	**80**	7,816	**20**	11,724
40	1,267	**70**	4,594	**90**	7,869	**40**	11,829
50	1,320	**75**	4,621	**15,00**	7,922	**50**	11,882
60	1,373	**80**	4,647	**10**	7,974	**60**	11,935
70	1,426	**90**	4,700	**20**	8,027	**80**	12,041
75	1,452	**9,00**	4,753	**25**	8,054	**23,00**	12,146
80	1,479	**10**	4,806	**30**	8,080	**20**	12,252
90	1,531	**20**	4,859	**40**	8,133	**40**	12,358
3,00	1,584	**25**	4,885	**50**	8,186	**50**	12,410
10	1,637	**30**	4,911	**60**	8,238	**60**	12,463
20	1,690	**40**	4,964	**70**	8,291	**80**	12,569
25	1,716	**50**	5,017	**75**	8,318	**24,00**	12,674
30	1,743	**60**	5,070	**80**	8,344	**20**	12,780
40	1,796	**70**	5,123	**90**	8,397	**40**	12,886
50	1,848	**75**	5,149	**16,00**	8,450	**50**	12,939
60	1,901	**80**	5,175	**10**	8,502	**60**	12,991
70	1,954	**90**	5,228	**20**	8,555	**80**	13,097
75	1,980	**10,00**	5,281	**25**	8,582	**25,00**	13,203
80	2,007	**10**	5,334	**30**	8,608	**20**	13,308
90	2,060	**20**	5,387	**40**	8,661	**40**	13,414
4,00	2,112	**25**	5,413	**50**	8,714	**50**	13,467
10	2,165	**30**	5,439	**60**	8,767	**60**	13,519
20	2,218	**40**	5,492	**70**	8,819	**80**	13,625
25	2,244	**50**	5,545	**75**	8,846	**26,00**	13,731
30	2,271	**60**	5,598	**80**	8,872	**20**	13,836
40	2,324	**70**	5,651	**90**	8,925	**40**	13,942
50	2,376	**75**	5,677	**17,00**	8,978	**50**	13,995
60	2,429	**80**	5,704	**10**	9,031	**60**	14,048
70	2,482	**90**	5,756	**20**	9,083	**80**	14,153
75	2,508	**11,00**	5,809	**25**	9,110	**27,00**	14,259
80	2,535	**10**	5,862	**30**	9,136	**20**	14,364
90	2,588	**20**	5,915	**40**	9,189	**40**	14,470
5,00	2,641	**25**	5,941	**50**	9,242	**50**	14,523
10	2,693	**30**	5,968	**60**	9,295	**60**	14,576
20	2,746	**40**	6,020	**70**	9,347	**80**	14,681
25	2,773	**50**	6,073	**75**	9,374	**28,00**	14,787
30	2,799	**60**	6,126	**80**	9,400	**20**	14,892
40	2,852	**70**	6,179	**90**	9,453	**40**	14,998
50	2,905	**75**	6,205	**18,00**	9,506	**50**	15,051
60	2,957	**80**	6,232	**10**	9,559	**60**	15,104
70	3,010	**90**	6,284	**20**	9,611	**80**	15,209
75	3,037	**12,00**	6,337	**25**	9,638	**29,00**	15,315
80	3,063	**10**	6,390	**30**	9,664	**20**	15,421
90	3,116	**20**	6,443	**40**	9,717	**40**	15,526
6,00	3,169	**25**	6,469	**50**	9,770	**50**	15,579
10	3,221	**30**	6,496	**60**	9,823	**60**	15,632
20	3,274	**40**	6,548	**70**	9,876	**80**	15,737
25	3,301	**50**	6,601	**75**	9,902	**30,00**	15,843

Mittendurchmesser 83 cm = 260,8 Mittenumfang

Lg. m	cbm	Lg. m	cbm	Lg. m	cbm	Lg. m	cbm
0,10	0,054	**6,30**	3,409	**12,60**	6,818	**18,80**	10,173
20	0,108	**40**	3,463	**70**	6,872	**90**	10,227
25	0,135	**50**	3,517	**75**	6,899	**19,00**	10,280
30	0,162	**60**	3,571	**80**	6,926	**10**	10,335
40	0,216	**70**	3,625	**90**	6,980	**20**	10,389
50	0,271	**75**	3,652	**13,00**	7,034	**25**	10,416
60	0,325	**80**	3,679	**10**	7,088	**30**	10,443
70	0,379	**90**	3,733	**20**	7,143	**40**	10,497
75	0,406	**7,00**	3,787	**25**	7,170	**50**	10,550
80	0,433	**10**	3,842	**30**	7,197	**60**	10,606
90	0,487	**20**	3,896	**40**	7,251	**70**	10,660
1,00	0,541	**25**	3,923	**50**	7,304	**75**	10,686
10	0,595	**30**	3,950	**60**	7,359	**80**	10,714
20	0,649	**40**	4,004	**70**	7,413	**90**	10,768
25	0,676	**50**	4,058	**75**	7,440	**20,00**	10,822
30	0,703	**60**	4,112	**80**	7,467	**20**	10,930
40	0,757	**70**	4,166	**90**	7,521	**40**	11,038
50	0,812	**75**	4,194	**14,00**	7,575	**50**	11,093
60	0,866	**80**	4,220	**10**	7,630	**60**	11,147
70	0,920	**90**	4,274	**20**	7,684	**80**	11,255
75	0,947	**8,00**	4,328	**25**	7,711	**21,00**	11,363
80	0,974	**10**	4,383	**30**	7,738	**20**	11,471
90	1,028	**20**	4,437	**40**	7,792	**40**	11,580
2,00	1,082	**25**	4,464	**50**	7,845	**50**	11,634
10	1,136	**30**	4,491	**60**	7,900	**60**	11,688
20	1,190	**40**	4,545	**70**	7,954	**80**	11,796
25	1,218	**50**	4,599	**75**	7,991	**22,00**	11,904
30	1,244	**60**	4,653	**80**	8,008	**20**	12,012
40	1,299	**70**	4,707	**90**	8,062	**40**	12,121
50	1,353	**75**	4,735	**15,00**	8,116	**50**	12,175
60	1,407	**80**	4,761	**10**	8,171	**60**	12,229
70	1,461	**90**	4,815	**20**	8,225	**80**	12,337
75	1,488	**9,00**	4,870	**25**	8,252	**23,00**	12,445
80	1,515	**10**	4,924	**30**	8,279	**20**	12,554
90	1,569	**20**	4,978	**40**	8,333	**40**	12,662
3,00	1,623	**25**	5,005	**50**	8,386	**50**	12,716
10	1,677	**30**	5,032	**60**	8,441	**60**	12,770
20	1,731	**40**	5,086	**70**	8,495	**80**	12,878
25	1,759	**50**	5,140	**75**	8,522	**24,00**	12,986
30	1,786	**60**	5,194	**80**	8,549	**20**	13,095
40	1,840	**70**	5,248	**90**	8,604	**40**	13,203
50	1,894	**75**	5,276	**16,00**	8,657	**50**	13,257
60	1,948	**80**	5,302	**10**	8,712	**60**	13,311
70	2,002	**90**	5,357	**20**	8,766	**80**	13,419
75	2,029	**10,00**	5,411	**25**	8,793	**25,00**	13,528
80	2,056	**10**	5,485	**30**	8,820	**20**	13,636
90	2,110	**20**	5,519	**40**	8,874	**40**	13,744
4,00	2,164	**25**	5,546	**50**	8,928	**50**	13,798
10	2,218	**30**	5,573	**60**	8,982	**60**	13,852
20	2,272	**40**	5,627	**70**	9,036	**80**	13,960
25	2,300	**50**	5,681	**75**	9,063	**26,00**	14,069
30	2,327	**60**	5,736	**80**	9,091	**20**	14,177
40	2,381	**70**	5,790	**90**	9,145	**40**	14,285
50	2,435	**75**	5,817	**17,00**	9,198	**50**	14,339
60	2,489	**80**	5,843	**10**	9,253	**60**	14,393
70	2,543	**90**	5,898	**20**	9,307	**80**	14,502
75	2,570	**11,00**	5,952	**25**	9,334	**27,00**	14,610
80	2,597	**10**	6,006	**30**	9,361	**20**	14,718
90	2,651	**20**	6,060	**40**	9,415	**40**	14,826
5,00	2,705	**25**	6,087	**50**	9,469	**50**	14,889
10	2,759	**30**	6,114	**60**	9,523	**60**	14,934
20	2,814	**40**	6,169	**70**	9,578	**80**	15,043
25	2,841	**50**	6,222	**75**	9,605	**28,00**	15,151
30	2,868	**60**	6,277	**80**	9,632	**20**	15,259
40	2,922	**70**	6,331	**90**	9,686	**40**	15,367
50	2,976	**75**	6,358	**18,00**	9,739	**50**	15,421
60	3,030	**80**	6,385	**10**	9,794	**60**	15,476
70	3,084	**90**	6,439	**20**	9,848	**80**	15,584
75	3,111	**12,00**	6,493	**25**	9,875	**29,00**	15,692
80	3,138	**10**	6,547	**30**	9,902	**20**	15,800
90	3,192	**20**	6,601	**40**	9,956	**40**	15,908
6,00	3,246	**25**	6,629	**50**	10,010	**50**	15,963
10	3,300	**30**	6,656	**60**	10,065	**60**	16,017
20	3,355	**40**	6,710	**70**	10,119	**80**	16,125
25	3,382	**50**	6,763	**75**	10,146	**30,00**	16,233

Mittendurchmesser 84 cm = 263,9 Mittenumfang

Lg. m	cbm	Lg. m	cbm	Lg. m	cbm	Lg. m	cbm
0,10	0,055	6,30	3,491	12,60	6,983	18,80	10,419
20	0,111	40	3,547	70	7,038	90	10,474
25	0,139	50	3,602	75	7,066	19,00	10,529
30	0,166	60	3,658	80	7,094	10	10,585
40	0,222	70	3,713	90	7,149	20	10,641
50	0,277	75	3,741	13,00	7,204	25	10,668
60	0,333	80	3,768	10	7,260	30	10,696
70	0,388	90	3,824	20	7,315	40	10,752
75	0,416	7,00	3,879	25	7,343	50	10,807
80	0,443	10	3,935	30	7,371	60	10,862
90	0,499	20	3,990	40	7,426	70	10,918
1,00	0,554	25	4,018	50	7,481	75	10 945
10	0,610	30	4,046	60	7,537	80	10,973
20	0,665	40	4,101	70	7,593	90	11,029
25	0,693	50	4,156	75	7,620	20,00	11,084
30	0,720	60	4,212	80	7,648	20	11,195
40	0,776	70	4,267	90	7,703	40	11,306
50	0,831	75	4,295	14,00	7,758	50	11,361
60	0,887	80	4,323	10	7,814	60	11,417
70	0,942	90	4,378	20	7,870	80	11,527
75	0,970	8,00	4,433	25	7,897	21,00	11,638
80	0,998	10	4,489	30	7,925	20	11,749
90	1,053	20	4,544	40	7,981	40	11,860
2,00	1,108	25	4,572	50	8,036	50	11,915
10	1,164	30	4,600	60	8,091	60	11,971
20	1,219	40	4,655	70	8,147	80	12,082
25	1,247	50	4,711	75	8,175	22,00	12,192
30	1,275	60	4,766	80	8,202	20	12,303
40	1,330	70	4,821	90	8,258	40	12,414
50	1,385	75	4,849	15,00	8,313	50	12,470
60	1,441	80	4,877	10	8,368	60	12,525
70	1,496	90	4,932	20	8,424	80	12,636
75	1,524	9,00	4,988	25	8,452	23,00	12,747
80	1,552	10	5,043	30	8,479	20	12,857
90	1,607	20	5,098	40	8,535	40	12,968
3,00	1,663	25	5,126	50	8,590	50	13,024
10	1,718	30	5,154	60	8,646	60	13,079
20	1,773	40	5,209	70	8,701	80	13,190
25	1,801	50	5,265	75	8,729	24,00	13,301
30	1,829	60	5,320	80	8,756	20	13,412
40	1,884	70	5,376	90	8,812	40	13,523
50	1,940	75	5,403	16,00	8,867	50	13,578
60	1,995	80	5,431	10	8,923	60	13,633
70	2,050	90	5,486	20	8,978	80	13,744
75	2,078	10,00	5,542	25	9,006	25,00	13,855
80	2,106	10	5,597	30	9,034	20	13,980
90	2,161	20	5,653	40	9,089	40	14,077
4,00	2,217	25	5,681	50	9,144	50	14,132
10	2,272	30	5,708	60	9,200	60	14,188
20	2,328	40	5,764	70	9,255	80	14,298
25	2,355	50	5,819	75	9,283	26,00	14,409
30	2,383	60	5,875	80	9,311	20	14,520
40	2,438	70	5,930	90	9,366	40	14,631
50	2,494	75	5,958	17,00	9,421	50	14,680
60	2,549	80	5,985	10	9,477	60	14,742
70	2,605	90	6,041	20	9,532	80	14,853
75	2,632	11,00	6,096	25	9,560	27,00	14,968
80	2,660	10	6,152	30	9,588	20	15,074
90	2,715	20	6,207	40	9,643	40	15,185
5,00	2,771	25	6,235	50	9,698	50	15,241
10	2,826	30	6,283	60	9,754	60	15,296
20	2,882	40	6,318	70	9,809	80	15,407
25	2,910	50	6,373	75	9,837	28,00	15,518
30	2,937	60	6,429	80	9,865	20	15,628
40	2,993	70	6,484	90	9,920	40	15,739
50	3,048	75	6,512	18,00	9,975	50	15,795
60	3,103	80	6,549	10	10,031	60	15,850
70	3,159	90	6,595	20	10,086	80	15,961
75	3,187	12,00	6,650	25	10,114	29,00	16,072
80	3,214	10	6,706	30	10,142	20	16,183
90	3,270	20	6,761	40	10,197	40	16,294
6,00	3,325	25	6,789	50	10,252	50	16,349
10	3,380	30	6,817	60	10,308	60	16,404
20	3,436	40	6,872	70	10,364	80	16,515
25	3,464	50	6,927	75	10,391	30,00	16,626

Mittendurchmesser 85 cm = 267,0 Mittenumfang

Lg. m	cbm	Lg. m	cbm	Lg. m	cbm	Lg. m	cbm
0,10	0,057	**6,30**	3,575	**12,60**	7,151	**18,80**	10,669
20	0,113	**40**	3,632	**70**	7,207	**90**	10,726
25	0,142	**50**	3,688	**75**	7,236	**19,00**	10,782
30	0,170	**60**	3,745	**80**	7,264	**10**	10,839
40	0,227	**70**	3,802	**90**	7,321	**20**	10,896
50	0,284	**75**	3,831	**13,00**	7,377	**25**	10,925
60	0,340	**80**	3,859	**10**	7,434	**30**	10,953
70	0,397	**90**	3,915	**20**	7,491	**40**	11,010
75	0,426	**7,00**	3,972	**25**	7,519	**50**	11,065
80	0,454	**10**	4,029	**30**	7,548	**60**	11,123
90	0,511	**20**	4,086	**40**	7,605	**70**	11,180
1,00	0,567	**25**	4,114	**50**	7,661	**75**	11,207
10	0,624	**30**	4,142	**60**	7,718	**80**	11,237
20	0,681	**40**	4,199	**70**	7,775	**90**	11,293
25	0,709	**50**	4,256	**75**	7,803	**20,00**	11,348
30	0,738	**60**	4,313	**80**	7,832	**20**	11,464
40	0,794	**70**	4,369	**90**	7,888	**40**	11,577
50	0,851	**75**	4,398	**14,00**	7,944	**50**	11,634
60	0,908	**80**	4,426	**10**	8,002	**60**	11,691
70	0,965	**90**	4,483	**20**	8,059	**80**	11,804
75	0,993	**8,00**	4,540	**25**	8,087	**21,00**	11,918
80	1,021	**10**	4,596	**30**	8,115	**20**	12,031
90	1,078	**20**	4,653	**40**	8,172	**40**	12,145
2,00	1,135	**25**	4,682	**50**	8,228	**50**	12,201
10	1,192	**30**	4,710	**60**	8,286	**60**	12,258
20	1,248	**40**	4,767	**70**	8,342	**80**	12,372
25	1,277	**50**	4,823	**75**	8,371	**22,00**	12,485
30	1,305	**60**	4,880	**80**	8,399	**20**	12,599
40	1,362	**70**	4,937	**90**	8,456	**40**	12,712
50	1,419	**75**	4,966	**15,00**	8,512	**50**	12,769
60	1,475	**80**	4,994	**10**	8,569	**60**	12,826
70	1,532	**90**	5,050	**20**	8,626	**80**	12,939
75	1,561	**9,00**	5,107	**25**	8,654	**23,00**	13,053
80	1,589	**10**	5,164	**30**	8,683	**20**	13,166
90	1,646	**20**	5,221	**40**	8,740	**40**	13,280
3,00	1,702	**25**	5,249	**50**	8,795	**50**	13,336
10	1,759	**30**	5,277	**60**	8,853	**60**	13,393
20	1,816	**40**	5,334	**70**	8,910	**80**	13,507
25	1,844	**50**	5,391	**75**	8,938	**24,00**	13,620
30	1,873	**60**	5,448	**80**	8,967	**20**	13,734
40	1,929	**70**	5,504	**90**	9,023	**40**	13,847
50	1,986	**75**	5,533	**16,00**	9,079	**50**	13,904
60	2,043	**80**	5,561	**10**	9,137	**60**	13,961
70	2,100	**90**	5,618	**20**	9,194	**80**	14,074
75	2,128	**10,00**	5,675	**25**	9,222	**25,00**	14,188
80	2,156	**10**	5,732	**30**	9,250	**20**	14,301
90	2,213	**20**	5,789	**40**	9,307	**40**	14,415
4,00	2,270	**25**	5,817	**50**	9,363	**50**	14,471
10	2,327	**30**	5,845	**60**	9,421	**60**	14,518
20	2,383	**40**	5,902	**70**	9,477	**80**	14,642
25	2,412	**50**	5,958	**75**	9,506	**26,00**	14,755
30	2,440	**60**	6,016	**80**	9,534	**20**	14,869
40	2,497	**70**	6,072	**90**	9,591	**40**	14,982
50	2,554	**75**	6,101	**17,00**	9,647	**50**	15,039
60	2,610	**80**	6,129	**10**	9,704	**60**	15,096
70	2,667	**90**	6,186	**20**	9,761	**80**	15,209
75	2,696	**11,00**	6,242	**25**	9,789	**27,00**	15,323
80	2,724	**10**	6,299	**30**	9,818	**20**	15,436
90	2,781	**20**	6,356	**40**	9,875	**40**	15,550
5,00	2,837	**25**	6,384	**50**	9,930	**50**	15,606
10	2,894	**30**	6,413	**60**	9,988	**60**	15,663
20	2,951	**40**	6,470	**70**	10,045	**80**	15,767
25	2,979	**50**	6,526	**75**	10,073	**28,00**	15,890
30	3,007	**60**	6,583	**80**	10,102	**20**	16,004
40	3,064	**70**	6,640	**90**	10,158	**40**	16,117
50	3,121	**75**	6,668	**18,00**	10,214	**50**	16,174
60	3,178	**80**	6,697	**10**	10,272	**60**	16,231
70	3,234	**90**	6,753	**20**	10,329	**80**	16,344
75	3,263	**12,00**	6,809	**25**	10,357	**29,00**	16,458
80	3,291	**10**	6,867	**30**	10,385	**20**	16,571
90	3,348	**20**	6,924	**40**	10,442	**40**	16,685
6,00	3,405	**25**	6,952	**50**	10,498	**50**	16,741
10	3,461	**30**	6,980	**60**	10,556	**60**	16,798
20	3,518	**40**	7,037	**70**	10,612	**80**	16,912
25	3,547	**50**	7,093	**75**	10,641	**30,00**	17,025

Mittendurchmesser 86 cm = 270,2 Mittenumfang

Lg. m	cbm	Lg. m	cbm	Lg. m	cbm	Lg. m	cbm
0,10	0,058	**6,30**	3,660	**12,60**	7,319	**18,80**	10,921
20	0,116	**40**	3,718	**70**	7,377	**90**	10,979
25	0,145	**50**	3,776	**75**	7,407	**19,00**	11,037
30	0,174	**60**	3,834	**80**	7,436	**10**	11,095
40	0,232	**70**	3,892	**90**	7,494	**20**	11,153
50	0,290	**75**	3,921	**13,00**	7,551	**25**	11,182
60	0,349	**80**	3,950	**10**	7,610	**30**	11,211
70	0,407	**90**	4,008	**20**	7,668	**40**	11,270
75	0,436	**7,00**	4,066	**25**	7,697	**50**	11,326
80	0,465	**10**	4,124	**30**	7,726	**60**	11,386
90	0,523	**20**	4,182	**40**	7,784	**70**	11,444
1,00	0,581	**25**	4,212	**50**	7,842	**75**	11,472
10	0,639	**30**	4,240	**60**	7,900	**80**	11,502
20	0,697	**40**	4,299	**70**	7,958	**90**	11,560
25	0,726	**50**	4,357	**75**	7,987	**20,00**	11,618
30	0,755	**60**	4,415	**80**	8,016	**20**	11,734
40	0,813	**70**	4,473	**90**	8,075	**40**	11,850
50	0,871	**75**	4,502	**14,00**	8,132	**50**	11,909
60	0,929	**80**	4,531	**10**	8,191	**60**	11,967
70	0,987	**90**	4,589	**20**	8,249	**80**	12,083
75	1,017	**8,00**	4,647	**25**	8,278	**21,00**	12,199
80	1,046	**10**	4,705	**30**	8,307	**20**	12,315
90	1,104	**20**	4,763	**40**	8,365	**40**	12,431
2,00	1,162	**25**	4,792	**50**	8,423	**50**	12,489
10	1,220	**30**	4,821	**60**	8,481	**60**	12,547
20	1,278	**40**	4,879	**70**	8,539	**80**	12,664
25	1,307	**50**	4,937	**75**	8,568	**22,00**	12,780
30	1,336	**60**	4,996	**80**	8,597	**20**	12,896
40	1,394	**70**	5,054	**90**	8,655	**40**	13,012
50	1,452	**75**	5,083	**15,00**	8,713	**50**	13,070
60	1,510	**80**	5,112	**10**	8,772	**60**	13,128
70	1,568	**90**	5,170	**20**	8,830	**80**	13,245
75	1,597	**9,00**	5,228	**25**	8,859	**23,00**	13,361
80	1,626	**10**	5,286	**30**	8,888	**20**	13,477
90	1,685	**20**	5,344	**40**	8,946	**40**	13,593
3,00	1,743	**25**	5,373	**50**	9,004	**50**	13,651
10	1,801	**30**	5,402	**60**	9,062	**60**	13,709
20	1,859	**40**	5,460	**70**	9,120	**80**	13,825
25	1,888	**50**	5,518	**75**	9,149	**24,00**	13,942
30	1,917	**60**	5,576	**80**	9,178	**20**	14,058
40	1,975	**70**	5,635	**90**	9,236	**40**	14,174
50	2,033	**75**	5,664	**16,00**	9,294	**50**	14,232
60	2,091	**80**	5,693	**10**	9,353	**60**	14,290
70	2,149	**90**	5,751	**20**	9,411	**80**	14,406
75	2,178	**10,00**	5,809	**25**	9,440	**25,00**	14,523
80	2,207	**10**	5,867	**30**	9,469	**20**	14,639
90	2,265	**20**	5,925	**40**	9,527	**40**	14,755
4,00	2,324	**25**	5,954	**50**	9,585	**50**	14,813
10	2,382	**30**	5,983	**60**	9,643	**60**	14,871
20	2,440	**40**	6,041	**70**	9,701	**80**	14,987
25	2,469	**50**	6,099	**75**	9,730	**26,00**	15,103
30	2,498	**60**	6,158	**80**	9,759	**20**	15,229
40	2,556	**70**	6,216	**90**	9,817	**40**	15,336
50	2,614	**75**	6,245	**17,00**	9,875	**50**	15,394
60	2,672	**80**	6,274	**10**	9,933	**60**	15,452
70	2,730	**90**	6,332	**20**	9,992	**80**	15,568
75	2,759	**11,00**	6,390	**25**	10,021	**27,00**	15,684
80	2,788	**10**	6,448	**30**	10,050	**20**	15,801
90	2,846	**20**	6,506	**40**	10,108	**40**	15,917
5,00	2,904	**25**	6,535	**50**	10,165	**50**	15,975
10	2,962	**30**	6,564	**60**	10,224	**60**	16,033
20	3,021	**40**	6,632	**70**	10,282	**80**	16,149
25	3,050	**50**	6,680	**75**	10,311	**28,00**	16,265
30	3,079	**60**	6,738	**80**	10,340	**20**	16,381
40	3,137	**70**	6,797	**90**	10,398	**40**	16,498
50	3,195	**75**	6,826	**18,00**	10,456	**50**	16,556
60	3,253	**80**	6,855	**10**	10,514	**60**	16,614
70	3,311	**90**	6,913	**20**	10,572	**80**	16,730
75	3,340	**12,00**	6,971	**25**	10,601	**29,00**	16,846
80	3,369	**10**	7,029	**30**	10,631	**20**	16,962
90	3,427	**20**	7,087	**40**	10,689	**40**	17,078
6,00	3,485	**25**	7,116	**50**	10,746	**50**	17,137
10	3,543	**30**	7,145	**60**	10,805	**60**	17,195
20	3,601	**40**	7,203	**70**	10,863	**80**	17,311
25	3,631	**50**	7,261	**75**	10,892	**30,00**	17,427

Mittendurchmesser 87 cm = 273,3 Mittenumfang

Lg. m	cbm	Lg. m	cbm	Lg. m	cbm	Lg. m	cbm
0,10	0,058	**6,30**	3,745	**12,60**	7,491	**18,80**	11,177
20	0,119	**40**	3,805	**70**	7,550	**90**	11,236
25	0,149	**50**	3,864	**75**	7,580	**19,00**	11,295
30	0,178	**60**	3,923	**80**	7,610	**10**	11,355
40	0,238	**70**	3,983	**90**	7,669	**20**	11,414
50	0,297	**75**	4,013	**13,00**	7,728	**25**	11,444
60	0,357	**80**	4,042	**10**	7,788	**30**	11,474
70	0,416	**90**	4,102	**20**	7,847	**40**	11,533
75	0,446	**7,00**	4,161	**25**	7,877	**50**	11,593
80	0,476	**10**	4,221	**30**	7,907	**60**	11,652
90	0,535	**20**	4,280	**40**	7,966	**70**	11,712
1,00	0,594	**25**	4,310	**50**	8,025	**75**	11,741
10	0,654	**30**	4,340	**60**	8,085	**80**	11,771
20	0,713	**40**	4,399	**70**	8,145	**90**	11,831
25	0,743	**50**	4,459	**75**	8,174	**20,00**	11,889
30	0,773	**60**	4,518	**80**	8,204	**20**	12,009
40	0,832	**70**	4,577	**90**	8,264	**40**	12,128
50	0,892	**75**	4,607	**14,00**	8,323	**50**	12,187
60	0,951	**80**	4,637	**10**	8,383	**60**	12,247
70	1,011	**90**	4,696	**20**	8,442	**80**	12,366
75	1,040	**8,00**	4,756	**25**	8,472	**21,00**	12,485
80	1,070	**10**	4,815	**30**	8,501	**20**	12,603
90	1,129	**20**	4,875	**40**	8,561	**40**	12,722
2,00	1,189	**25**	4,905	**50**	8,620	**50**	12,782
10	1,248	**30**	4,934	**60**	8,680	**60**	12,841
20	1,308	**40**	4,994	**70**	8,739	**80**	12,960
25	1,338	**50**	5,053	**75**	8,769	**22,00**	13,079
30	1,367	**60**	5,112	**80**	8,799	**20**	13,198
40	1,427	**70**	5,172	**90**	8,858	**40**	13,317
50	1,486	**75**	5,202	**15,00**	8,917	**50**	13,376
60	1,546	**80**	5,231	**10**	8,977	**60**	13,436
70	1,605	**90**	5,291	**20**	9,036	**80**	13,555
75	1,635	**9,00**	5,350	**25**	9,066	**23,00**	13,674
80	1,665	**10**	5,410	**30**	9,096	**20**	13,792
90	1,724	**20**	5,469	**40**	9,155	**40**	13,911
3,00	1,783	**25**	5,499	**50**	9,214	**50**	13,971
10	1,843	**30**	5,529	**60**	9,274	**60**	14,030
20	1,902	**40**	5,588	**70**	9,334	**80**	14,149
25	1,932	**50**	5,647	**75**	9,363	**24,00**	14,268
30	1,962	**60**	5,707	**80**	9,393	**20**	14,387
40	2,021	**70**	5,766	**90**	9,453	**40**	14,506
50	2,081	**75**	5,796	**16,00**	9,512	**50**	14,565
60	2,140	**80**	5,826	**10**	9,572	**60**	14,625
70	2,200	**90**	5,885	**20**	9,631	**80**	14,744
75	2,229	**10,00**	5,945	**25**	9,661	**25,00**	14,863
80	2,259	**10**	6,005	**30**	9,690	**20**	14,981
90	2,318	**20**	6,064	**40**	9,750	**40**	15,100
4,00	2,378	**25**	6,094	**50**	9,809	**50**	15,160
10	2,437	**30**	6,123	**60**	9,869	**60**	15,219
20	2,497	**40**	6,183	**70**	9,928	**80**	15,338
25	2,527	**50**	6,242	**75**	9,958	**26,00**	15,457
30	2,556	**60**	6,302	**80**	9,988	**20**	15,576
40	2,616	**70**	6,361	**90**	10,047	**40**	15,695
50	2,675	**75**	6,391	**17,00**	10,106	**50**	15,754
60	2,735	**80**	6,421	**10**	10,166	**60**	15,814
70	2,794	**90**	6,480	**20**	10,225	**80**	15,933
75	2,824	**11,00**	6,539	**25**	10,255	**27,00**	16,052
80	2,853	**10**	6,599	**30**	10,285	**20**	16,170
90	2,913	**20**	6,658	**40**	10,344	**40**	16,289
5,00	2,972	**25**	6,688	**50**	10,403	**50**	16,349
10	3,032	**30**	6,718	**60**	10,463	**60**	16,408
20	3,091	**40**	6,777	**70**	10,523	**80**	16,527
25	3,121	**50**	6,836	**75**	10,552	**28,00**	16,646
30	3,151	**60**	6,896	**80**	10,582	**20**	16,765
40	3,210	**70**	6,956	**90**	10,642	**40**	16,884
50	3,270	**75**	6,985	**18,00**	10,700	**50**	16,943
60	3,329	**80**	7,015	**10**	10,761	**60**	17,003
70	3,388	**90**	7,075	**20**	10,820	**80**	17,122
75	3,418	**12,00**	7,134	**25**	10,850	**29,00**	17,241
80	3,448	**10**	7,194	**30**	10,879	**20**	17,359
90	3,507	**20**	7,253	**40**	10,939	**40**	17,478
6,00	3,567	**25**	7,283	**50**	10,998	**50**	17,538
10	3,626	**30**	7,312	**60**	11,058	**60**	17,597
20	3,686	**40**	7,372	**70**	11,117	**80**	17,716
25	3,716	**50**	7,431	**75**	11,147	**30,00**	17,835

Mittendurchmesser 88 cm = 276,5 Mittenumfang

Lg. m	cbm	Lg. m	cbm	Lg. m	cbm	Lg. m	cbm
0,10	0,061	**6,30**	3,832	**12,60**	7,663	**18,80**	11,434
20	0,122	**40**	3,893	**70**	7,724	**90**	11,495
25	0,152	**50**	3,953	**75**	7,755	**19,00**	11,556
30	0,182	**60**	4,014	**80**	7,785	**10**	11,617
40	0,243	**70**	4,075	**90**	7,846	**20**	11,677
50	0,304	**75**	4,105	**13,00**	7,907	**25**	11,708
60	0,365	**80**	4,136	**10**	7,967	**30**	11,738
70	0,426	**90**	4,197	**20**	8,028	**40**	11,799
75	0,456	**7,00**	4,257	**25**	8,059	**50**	11,860
80	0,487	**10**	4,318	**30**	8,089	**60**	11,921
90	0,547	**20**	4,379	**40**	8,150	**70**	11,982
1,00	0,608	**25**	4,409	**50**	8,211	**75**	12,012
10	0,669	**30**	4,440	**60**	8,272	**80**	12,042
20	0,730	**40**	4,501	**70**	8,332	**90**	12,103
25	0,760	**50**	4,562	**75**	8,363	**20,00**	12,163
30	0,791	**60**	4,622	**80**	8,393	**20**	12,286
40	0,851	**70**	4,683	**90**	8,454	**40**	12,407
50	0,912	**75**	4,713	**14,00**	8,515	**50**	12,468
60	0,973	**80**	4,744	**10**	8,576	**60**	12,529
70	1,034	**90**	4,805	**20**	8,636	**80**	12,651
75	1,064	**8,00**	4,866	**25**	8,667	**21,00**	12,772
80	1,095	**10**	4,927	**30**	8,697	**20**	12,894
90	1,156	**20**	4,987	**40**	8,758	**40**	13,016
2,00	1,216	**25**	5,018	**50**	8,819	**50**	13,076
10	1,277	**30**	5,048	**60**	8,880	**60**	13,137
20	1,338	**40**	5,109	**70**	8,941	**80**	13,259
25	1,369	**50**	5,170	**75**	8,971	**22,00**	13,380
30	1,399	**60**	5,231	**80**	9,001	**20**	13,502
40	1,460	**70**	5,291	**90**	9,062	**40**	13,624
50	1,521	**75**	5,322	**15,00**	9,123	**50**	13,685
60	1,581	**80**	5,352	**10**	9,184	**60**	13,745
70	1,642	**90**	5,413	**20**	9,245	**80**	13,867
75	1,673	**9,00**	5,474	**25**	9,275	**23,00**	13,989
80	1,703	**10**	5,535	**30**	9,306	**20**	14,110
90	1,764	**20**	5,596	**40**	9,366	**40**	14,232
3,00	1,825	**25**	5,626	**50**	9,427	**50**	14,293
10	1,885	**30**	5,656	**60**	9,488	**60**	14,354
20	1,946	**40**	5,717	**70**	9,549	**80**	14,475
25	1,977	**50**	5,778	**75**	9,579	**24,00**	14,597
30	2,007	**60**	5,839	**80**	9,610	**20**	14,718
40	2,068	**70**	5,900	**90**	9,670	**40**	14,840
50	2,129	**75**	5,930	**16,00**	9,731	**50**	14,901
60	2,190	**80**	5,960	**10**	9,792	**60**	14,962
70	2,250	**90**	6,021	**20**	9,853	**80**	15,083
75	2,281	**10,00**	6,082	**25**	9,883	**25,00**	15,205
80	2,311	**10**	6,143	**30**	9,914	**20**	15,327
90	2,372	**20**	6,204	**40**	9,975	**40**	15,448
4,00	2,433	**25**	6,234	**50**	10,036	**50**	15,509
10	2,494	**30**	6,265	**60**	10,096	**60**	15,570
20	2,554	**40**	6,325	**70**	10,157	**80**	15,692
25	2,585	**50**	6,386	**75**	10,187	**26,00**	15,813
30	2,615	**60**	6,447	**80**	10,218	**20**	15,935
40	2,676	**70**	6,508	**90**	10,279	**40**	16,057
50	2,737	**75**	6,538	**17,00**	10,340	**50**	16,117
60	2,798	**80**	6,569	**10**	10,400	**60**	16,178
70	2,859	**90**	6,629	**20**	10,461	**80**	16,300
75	2,889	**11,00**	6,690	**25**	10,492	**27,00**	16,421
80	2,919	**10**	6,751	**30**	10,522	**20**	16,543
90	2,980	**20**	6,812	**40**	10,583	**40**	16,665
5,00	3,041	**25**	6,842	**50**	10,644	**50**	16,726
10	3,102	**30**	6,873	**60**	10,704	**60**	16,786
20	3,163	**40**	6,934	**70**	10,765	**80**	16,908
25	3,193	**50**	6,994	**75**	10,796	**28,00**	17,030
30	3,224	**60**	7,055	**80**	10,826	**20**	17,151
40	3,284	**70**	7,116	**90**	10,887	**40**	17,273
50	3,345	**75**	7,146	**18,00**	10,948	**50**	17,334
60	3,406	**80**	7,177	**10**	11,008	**60**	17,395
70	3,467	**90**	7,238	**20**	11,069	**80**	17,516
75	3,497	**12,00**	7,299	**25**	11,100	**29,00**	17,638
80	3,528	**10**	7,359	**30**	11,130	**20**	17,759
90	3,588	**20**	7,420	**40**	11,191	**40**	17,881
6,00	3,649	**25**	7,451	**50**	11,252	**50**	17,942
10	3,710	**30**	7,481	**60**	11,313	**60**	18,003
20	3,771	**40**	7,542	**70**	11,373	**80**	18,124
25	3,801	**50**	7,603	**75**	11,404	**30,00**	18,246

Mittendurchmesser 89 cm = 279,6 Mittenumfang

Lg. m	cbm	Lg. m	cbm	Lg. m	cbm	Lg. m	cbm
0,10	0,062	**6,30**	3,919	**12,60**	7,839	**18,80**	11,696
20	0,124	**40**	3,982	**70**	7,901	**90**	11,758
25	0,156	**50**	4,044	**75**	7,932	**19,00**	11,820
30	0,187	**60**	4,106	**80**	7,963	**10**	11,882
40	0,249	**70**	4,168	**90**	8,025	**20**	11,944
50	0,311	**75**	4,199	**13,00**	8,087	**25**	11,975
60	0,373	**80**	4,230	**10**	8,150	**30**	12,007
70	0,435	**90**	4,293	**20**	8,212	**40**	12,069
75	0,467	**7,00**	4,355	**25**	8,243	**50**	12,130
80	0,498	**10**	4,417	**30**	8,274	**60**	12,193
90	0,560	**20**	4,479	**40**	8,336	**70**	12,255
1,00	0,622	**25**	4,510	**50**	8,399	**75**	12,287
10	0,684	**30**	4,541	**60**	8,461	**80**	12,318
20	0,747	**40**	4,604	**70**	8,523	**90**	12,380
25	0,778	**50**	4,666	**75**	8,554	**20,00**	12,442
30	0,809	**60**	4,728	**80**	8,585	**20**	12,566
40	0,871	**70**	4,790	**90**	8,647	**40**	12,691
50	0,933	**75**	4,821	**14,00**	8,710	**50**	12,753
60	0,995	**80**	4,852	**10**	8,772	**60**	12,815
70	1,058	**90**	4,915	**20**	8,834	**80**	12,940
75	1,089	**8,00**	4,977	**25**	8,865	**21,00**	13,064
80	1,120	**10**	5,039	**30**	8,896	**20**	13,189
90	1,182	**20**	5,101	**40**	8,958	**40**	13,313
2,00	1,244	**25**	5,132	**50**	9,021	**50**	13,375
10	1,306	**30**	5,164	**60**	9,083	**60**	13,437
20	1,369	**40**	5,226	**70**	9,145	**80**	13,562
25	1,400	**50**	5,288	**75**	9,176	**22,00**	13,686
30	1,431	**60**	5,350	**80**	9,207	**20**	13,811
40	1,493	**70**	5,412	**90**	9,269	**40**	13,935
50	1,555	**75**	5,443	**15,00**	9,332	**50**	13,997
60	1,617	**80**	5,475	**10**	9,394	**60**	14,060
70	1,680	**90**	5,537	**20**	9,456	**80**	14,184
75	1,711	**9,00**	5,599	**25**	9,487	**23,00**	14,308
80	1,742	**10**	5,661	**30**	9,518	**20**	14,433
90	1,804	**20**	5,723	**40**	9,580	**40**	14,557
3,00	1,866	**25**	5,754	**50**	9,643	**50**	14,619
10	1,929	**30**	5,786	**60**	9,705	**60**	14,682
20	1,991	**40**	5,848	**70**	9,767	**80**	14,806
25	2,022	**50**	5,910	**75**	9,798	**24,00**	14,930
30	2,053	**60**	5,972	**80**	9,829	**20**	15,065
40	2,115	**70**	6,035	**90**	9,891	**40**	15,179
50	2,177	**75**	6,065	**16,00**	9,954	**50**	15,242
60	2,240	**80**	6,097	**10**	10,016	**60**	15,304
70	2,302	**90**	6,159	**20**	10,078	**80**	15,428
75	2,333	**10,00**	6,221	**25**	10,109	**25,00**	15,553
80	2,364	**10**	6,283	**30**	10,140	**20**	15,677
90	2,426	**20**	6,345	**40**	10,202	**40**	15,801
4,00	2,488	**25**	6,377	**50**	10,265	**50**	15,864
10	2,551	**30**	6,407	**60**	10,327	**60**	15,926
20	2,613	**40**	6,470	**70**	10,389	**80**	16,050
25	2,644	**50**	6,532	**75**	10,420	**26,00**	16,175
30	2,675	**60**	6,594	**80**	10,451	**20**	16,299
40	2,737	**70**	6,657	**90**	10,514	**40**	16,423
50	2,800	**75**	6,688	**17,00**	10,576	**50**	16,488
60	2,862	**80**	6,719	**10**	10,638	**60**	16,548
70	2,924	**90**	6,781	**20**	10,700	**80**	16,672
75	2,955	**11,00**	6,843	**25**	10,731	**27,00**	16,797
80	2,986	**10**	6,905	**30**	10,762	**20**	16,921
90	3,048	**20**	6,968	**40**	10,825	**40**	17,046
5,00	3,111	**25**	6,999	**50**	10,887	**50**	17,108
10	3,173	**30**	7,030	**60**	10,949	**60**	17,170
20	3,235	**40**	7,092	**70**	11,011	**80**	17,294
25	3,266	**50**	7,154	**75**	11,042	**28,00**	17,419
30	3,297	**60**	7,216	**80**	11,073	**20**	17,543
40	3,359	**70**	7,279	**90**	11,136	**40**	17,668
50	3,422	**75**	7,310	**18,00**	11,198	**50**	17,730
60	3,484	**80**	7,341	**10**	11,259	**60**	17,792
70	3,546	**90**	7,403	**20**	11,322	**80**	17,917
75	3,577	**12,00**	7,465	**25**	11,353	**29,00**	18,041
80	3,608	**10**	7,527	**30**	11,384	**20**	18,165
90	3,670	**20**	7,590	**40**	11,447	**40**	18,289
6,00	3,733	**25**	7,621	**50**	11,509	**50**	18,352
10	3,795	**30**	7,652	**60**	11,571	**60**	18,414
20	3,857	**40**	7,714	**70**	11,633	**80**	18,539
25	3,888	**50**	7,776	**75**	11,664	**30,00**	18,663

Mittendurchmesser 90 cm = 282,7 Mittenumfang

Lg. m	cbm	Lg. m	cbm	Lg. m	cbm	Lg. m	cbm
0,10	0,064	6,30	4,008	12,60	8,016	18,80	11,961
20	0,127	40	4,072	70	8,080	90	12,024
25	0,159	50	4,135	75	8,112	19,00	12,087
30	0,191	60	4,199	80	8,143	10	12,151
40	0,254	70	4,262	90	8,207	20	12,215
50	0,318	75	4,294	13,00	8,270	25	12,237
60	0,382	80	4,326	10	8,334	30	12,279
70	0,445	90	4,390	20	8,398	40	12,342
75	0,477	7,00	4,453	25	8,430	50	12,405
80	0,509	10	4,517	30	8,462	60	12,470
90	0,573	20	4,580	40	8,525	70	12,533
1,00	0,636	25	4,613	50	8,588	75	12,564
10	0,700	30	4,644	60	8,652	80	12,597
20	0,763	40	4,708	70	8,716	90	12,660
25	0,795	50	4,771	75	8,748	20,00	12,723
30	0,827	60	4,835	80	8,780	20	12,851
40	0,891	70	4,899	90	8,843	40	12,979
50	0,954	75	4,931	14,00	8,906	50	13,042
60	1,018	80	4,962	10	8,970	60	13,106
70	1,081	90	5,026	20	9,034	80	13,233
75	1,113	8,00	5,089	25	9,066	21,00	13,360
80	1,145	10	5,153	30	9,098	20	13,487
90	1,209	20	5,217	40	9,161	40	13,615
2,00	1,272	25	5,249	50	9,225	50	13,678
10	1,336	30	5,280	60	9,289	60	13,742
20	1,400	40	5,344	70	9,352	80	13,869
25	1,432	50	5,407	75	9,384	22,00	13,996
30	1,463	60	5,471	80	9,416	20	14,124
40	1,527	70	5,535	90	9,479	40	14,251
50	1,590	75	5,567	15,00	9,543	50	14,315
60	1,654	80	5,598	10	9,607	60	14,378
70	1,718	90	5,662	20	9,670	80	14,505
75	1,745	9,00	5,726	25	9,702	23,00	14,633
80	1,781	10	5,789	30	9,734	20	14,760
90	1,845	20	5,853	40	9,798	40	14,887
3,00	1,909	25	5,885	50	9,861	50	14,951
10	1,972	30	5,916	60	9,925	60	15,014
20	2,036	40	5,980	70	9,988	80	15,142
25	2,068	50	6,044	75	10,020	24,00	15,269
30	2,099	60	6,107	80	10,052	20	15,396
40	2,163	70	6,171	90	10,116	40	15,523
50	2,227	75	6,203	16,00	10,179	50	15,587
60	2,290	80	6,235	10	10,243	60	15,651
70	2,354	90	6,298	20	10,306	80	15,778
75	2,386	10,00	6,362	25	10,338	25,00	15,905
80	2,417	10	6,426	30	10,370	20	16,032
90	2,481	20	6,489	40	10,434	40	16,160
4,00	2,545	25	6,521	50	10,497	50	16,223
10	2,608	30	6,553	60	10,561	60	16,287
20	2,672	40	6,617	70	10,625	80	16,414
25	2,704	50	6,680	75	10,656	26,00	16,541
30	2,736	60	6,744	80	10,688	20	16,668
40	2,799	70	6,807	90	10,752	40	16,796
50	2,863	75	6,839	17,00	10,815	50	16,859
60	2,926	80	6,871	10	10,879	60	16,923
70	2,990	90	6,935	20	10,943	80	17,050
75	3,022	11,00	6,998	25	10,975	27,00	17,177
80	3,054	10	7,062	30	11,006	20	17,305
90	3,117	20	7,125	40	11,070	40	17,432
5,00	3,181	25	7,157	50	11,133	50	17,496
10	3,244	30	7,189	60	11,197	60	17,559
20	3,308	40	7,253	70	11,261	80	17,686
25	3,340	50	7,316	75	11,293	28,00	17,814
30	3,372	60	7,380	80	11,324	20	17,941
40	3,435	70	7,444	90	11,388	40	18,068
50	3,499	75	7,475	18,00	11,451	50	18,132
60	3,563	80	7,507	10	11,515	60	18,195
70	3,626	90	7,571	20	11,579	80	18,323
75	3,658	12,00	7,534	25	11,611	29,00	18,450
80	3,690	10	7,698	30	11,643	20	18,577
90	3,753	20	7,762	40	11,706	40	18,704
6,00	3,817	25	7,794	50	11,769	50	18,768
10	3,881	30	7,825	60	11,833	60	18,832
20	3,944	40	7,889	70	11,897	80	18,959
25	3,976	50	7,952	75	11,929	30,00	19,086

Mittendurchmesser 91 cm = 285,9 Mittenumfang

Lg. m	cbm	Lg. m	cbm	Lg. m	cbm	Lg. m	cbm
0,10	0,065	**6,30**	4,097	**12,60**	8,195	**18,80**	12,228
20	0,130	**40**	4,162	**70**	8,260	**90**	12,293
25	0,163	**50**	4,228	**75**	8,293	**19,00**	12,357
30	0,195	**60**	4,293	**80**	8,325	**10**	12,423
40	0,260	**70**	4,358	**90**	8,390	**20**	12,488
50	0,325	**75**	4,390	**13,00**	8,455	**25**	12,520
60	0,390	**80**	4,423	**10**	8,520	**30**	12,553
70	0,455	**90**	4,488	**20**	8,585	**40**	12,618
75	0,488	**7,00**	4,553	**25**	8,618	**50**	12,683
80	0,520	**10**	4,618	**30**	8,650	**60**	12,748
90	0,585	**20**	4,683	**40**	8,715	**70**	12,813
1,00	0,650	**25**	4,715	**50**	8,780	**75**	12,845
10	0,715	**30**	4,748	**60**	8,845	**80**	12,878
20	0,780	**40**	4,813	**70**	8,911	**90**	12,943
25	0,813	**50**	4,878	**75**	8,943	**20,00**	13,008
30	0,846	**60**	4,943	**80**	8,976	**20**	13,138
40	0,911	**70**	5,008	**90**	9,041	**40**	13,268
50	0,976	**75**	5,041	**14,00**	9,105	**50**	13,333
60	1,041	**80**	5,073	**10**	9,171	**60**	13,398
70	1,106	**90**	5,138	**20**	9,236	**80**	13,528
75	1,138	**8,00**	5,203	**25**	9,268	**21,00**	13,658
80	1,171	**10**	5,268	**30**	9,301	**20**	13,789
90	1,236	**20**	5,333	**40**	9,366	**40**	13,919
2,00	1,301	**25**	5,366	**50**	9,431	**50**	13,984
10	1,366	**30**	5,398	**60**	9,496	**60**	14,049
20	1,431	**40**	5,463	**70**	9,561	**80**	14,179
25	1,463	**50**	5,528	**75**	9,593	**22,00**	14,309
30	1,496	**60**	5,593	**80**	9,626	**20**	14,439
40	1,561	**70**	5,658	**90**	9,691	**40**	14,569
50	1,626	**75**	5,691	**15,00**	9,756	**50**	14,634
60	1,691	**80**	5,723	**10**	9,821	**60**	14,699
70	1,756	**90**	5,788	**20**	9,886	**80**	14,829
75	1,789	**9,00**	5,854	**25**	9,919	**23,00**	14,959
80	1,821	**10**	5,919	**30**	9,951	**20**	15,089
90	1,886	**20**	5,984	**40**	10,016	**40**	15,219
3,00	1,951	**25**	6,016	**50**	10,081	**50**	15,284
10	2,016	**30**	6,049	**60**	10,146	**60**	15,349
20	2,081	**40**	6,114	**70**	10,211	**80**	15,480
25	2,114	**50**	6,179	**75**	10,244	**24,00**	15,610
30	2,146	**60**	6,244	**80**	10,276	**20**	15,740
40	2,211	**70**	6,309	**90**	10,341	**40**	15,870
50	2,276	**75**	6,341	**16,00**	10,406	**50**	15,935
60	2,341	**80**	6,374	**10**	10,471	**60**	16,000
70	2,406	**90**	6,439	**20**	10,537	**80**	16,130
75	2,439	**10,00**	6,504	**25**	10,569	**25,00**	16,260
80	2,471	**10**	6,569	**30**	10,602	**20**	16,390
90	2,537	**20**	6,634	**40**	10,667	**40**	16,520
4,00	2,602	**25**	6,667	**50**	10,731	**50**	16,585
10	2,667	**30**	6,699	**60**	10,797	**60**	16,650
20	2,732	**40**	6,764	**70**	10,862	**80**	16,780
25	2,764	**50**	6,829	**75**	10,894	**26,00**	16,910
30	2,797	**60**	6,894	**80**	10,927	**20**	17,041
40	2,862	**70**	6,959	**90**	10,992	**40**	17,171
50	2,927	**75**	6,992	**17,00**	11,057	**50**	17,236
60	2,992	**80**	7,024	**10**	11,122	**60**	17,301
70	3,057	**90**	7,089	**20**	11,197	**80**	17,431
75	3,089	**11,00**	7,154	**25**	11,229	**27,00**	17,561
80	3,122	**10**	7,219	**30**	11,252	**20**	17,691
90	3,187	**20**	7,285	**40**	11,317	**40**	17,821
5,00	3,252	**25**	7,317	**50**	11,382	**50**	17,886
10	3,317	**30**	7,350	**60**	11,447	**60**	17,951
20	3,382	**40**	7,415	**70**	11,512	**80**	18,081
25	3,415	**50**	7,479	**75**	11,545	**28,00**	18,211
30	3,447	**60**	7,545	**80**	11,577	**20**	18,341
40	3,512	**70**	7,610	**90**	11,642	**40**	18,471
50	3,577	**75**	7,642	**18,00**	11,707	**50**	18,536
60	3,642	**80**	7,675	**10**	11,772	**60**	18,601
70	3,707	**90**	7,740	**20**	11,837	**80**	18,732
75	3,740	**12,00**	7,805	**25**	11,870	**29,00**	18,862
80	3,772	**10**	7,870	**30**	11,902	**20**	18,992
90	3,837	**20**	7,935	**40**	11,967	**40**	19,122
6,00	3,902	**25**	7,967	**50**	12,032	**50**	19,187
10	3,967	**30**	8,000	**60**	12,097	**60**	19,252
20	4,032	**40**	8,065	**70**	12,163	**80**	19,382
25	4,065	**50**	8,130	**75**	12,195	**30,00**	19,512

Mittendurchmesser 92 cm = 289,0 Mittenumfang

Lg. m	cbm	Lg. m	cbm	Lg. m	cbm	Lg. m	cbm
0,10	0,066	**6,30**	4,188	**12,60**	8,377	**18,80**	12,498
20	0,133	**40**	4,254	**70**	8,443	**90**	12,565
25	0,166	**50**	4,321	**75**	8,476	**19,00**	12,630
30	0,199	**60**	4,387	**80**	8,509	**10**	12,698
40	0,266	**70**	4,454	**90**	8,576	**20**	12,764
50	0,332	**75**	4,487	**13,00**	8,642	**25**	12,797
60	0,399	**80**	4,520	**10**	8,709	**30**	12,831
70	0,465	**90**	4,587	**20**	8,775	**40**	12,897
75	0,499	**7,00**	4,653	**25**	8,809	**50**	12,963
80	0,532	**10**	4,720	**30**	8,842	**60**	13,030
90	0,598	**20**	4,786	**40**	8,908	**70**	13,097
1,00	0,665	**25**	4,820	**50**	8,974	**75**	13,129
10	0,731	**30**	4,853	**60**	9,041	**80**	13,163
20	0,798	**40**	4,919	**70**	9,108	**90**	13,230
25	0,831	**50**	4,986	**75**	9,141	**20,00**	13,295
30	0,864	**60**	5,052	**80**	9,174	**20**	13,429
40	0,931	**70**	5,119	**90**	9,241	**40**	13,562
50	0,997	**75**	5,152	**14,00**	9,307	**50**	13,628
60	1,064	**80**	5,185	**10**	9,374	**60**	13,695
70	1,130	**90**	5,252	**20**	9,440	**80**	13,828
75	1,163	**8,00**	5,318	**25**	9,473	**21,00**	13,961
80	1,197	**10**	5,385	**30**	9,507	**20**	14,094
90	1,263	**20**	5,451	**40**	9,573	**40**	14,227
2,00	1,330	**25**	5,485	**50**	9,639	**50**	14,293
10	1,396	**30**	5,518	**60**	9,706	**60**	14,360
20	1,462	**40**	5,584	**70**	9,773	**80**	14,493
25	1,496	**50**	5,650	**75**	9,806	**22,00**	14,626
30	1,529	**60**	5,717	**80**	9,839	**20**	14,759
40	1,595	**70**	5,783	**90**	9,906	**40**	14,892
50	1,662	**75**	5,817	**15,00**	9,971	**50**	14,958
60	1,728	**80**	5,850	**10**	10,039	**60**	15,025
70	1,795	**90**	5,916	**20**	10,105	**80**	15,157
75	1,828	**9,00**	5,983	**25**	10,138	**23,00**	15,290
80	1,861	**10**	6,049	**30**	10,171	**20**	15,423
90	1,928	**20**	6,116	**40**	10,238	**40**	15,556
3,00	1,994	**25**	6,149	**50**	10,304	**50**	15,623
10	2,061	**30**	6,182	**60**	10,371	**60**	15,689
20	2,127	**40**	8,249	**70**	10,437	**80**	15,822
25	2,161	**50**	6,315	**75**	10,471	**24,00**	15,955
30	2,194	**60**	6,382	**80**	10,504	**20**	16,088
40	2,260	**70**	6,448	**90**	10,570	**40**	16,221
50	2,327	**75**	6,482	**16,00**	10,636	**50**	16,288
60	2,393	**80**	6,515	**10**	10,703	**60**	16,354
70	2,460	**90**	6,581	**20**	10,770	**80**	16,487
75	2,493	**10,00**	6,648	**25**	10,803	**25,00**	16,620
80	2,526	**10**	6,715	**30**	10,836	**20**	16,753
90	2,593	**20**	6,781	**40**	10,903	**40**	16,886
4,00	2,659	**25**	6,814	**50**	10,969	**50**	16,952
10	2,726	**30**	6,847	**60**	11,036	**60**	17,019
20	2,792	**40**	6,914	**70**	11,102	**80**	17,152
25	2,825	**50**	6,980	**75**	11,135	**26,00**	17,285
30	2,858	**60**	7,047	**80**	11,169	**20**	17,418
40	2,925	**70**	7,113	**90**	11,235	**40**	17,551
50	2,991	**75**	7,147	**17,00**	11,301	**50**	17,617
60	3,058	**80**	7,180	**10**	11,368	**60**	17,684
70	3,124	**90**	7,246	**20**	11,435	**80**	17,817
75	3,158	**11,00**	7,312	**25**	11,468	**27,00**	17,950
80	3,191	**10**	7,379	**30**	11,501	**20**	18,083
90	3,257	**20**	7,446	**40**	11,568	**40**	18,210
5,00	3,324	**25**	7,479	**50**	11,633	**50**	18,282
10	3,390	**30**	7,512	**60**	11,701	**60**	18,349
20	3,457	**40**	7,579	**70**	11,767	**80**	18,481
25	3,490	**50**	7,645	**75**	11,800	**28,00**	18,614
30	3,523	**60**	7,712	**80**	11,833	**20**	18,747
40	3,590	**70**	7,778	**90**	11,900	**40**	18,880
50	3,656	**75**	7,811	**18,00**	11,966	**50**	18,947
60	8,723	**80**	7,845	**10**	12,033	**60**	19,013
70	3,789	**90**	7,911	**20**	12,099	**80**	19,146
75	3,823	**12,00**	7,977	**25**	12,133	**29,00**	19,279
80	3,856	**10**	8,044	**30**	12,166	**20**	19,412
90	3,922	**20**	8,111	**40**	12,232	**40**	19,545
6,00	3,989	**25**	8,144	**50**	12,298	**50**	19,612
10	4,055	**30**	8,177	**60**	12,365	**60**	19,678
20	4,122	**40**	8,244	**70**	12,432	**80**	19,811
25	4,155	**50**	8,310	**75**	12,465	**30,00**	19,944

Mittendurchmesser 93 cm = 292,2 Mittenumfang

Lg. m	cbm	Lg. m	cbm	Lg. m	cbm	Lg. m	cbm
0,10	0,068	**6,30**	4,280	**12,60**	8,559	**18,80**	12,771
20	0,136	**40**	4,347	**70**	8,627	**90**	12,839
25	0,170	**50**	4,415	**75**	8,661	**19,00**	12,907
30	0,204	**60**	4,483	**80**	8,695	**10**	12,975
40	0,272	**70**	4,551	**90**	8,763	**20**	13,043
50	0,340	**75**	4,585	**13,00**	8,831	**25**	13,077
60	0,408	**80**	4,619	**10**	8,899	**30**	13,111
70	0,476	**90**	4,687	**20**	8,967	**40**	13,178
75	0,510	**7,00**	4,755	**25**	9,001	**50**	13,246
80	0,543	**10**	4,823	**30**	9,035	**60**	13,314
90	0,611	**20**	4,891	**40**	9,103	**70**	13,382
1,00	0,679	**25**	4,925	**50**	9,170	**75**	13,416
10	0,747	**30**	4,959	**60**	9,239	**80**	13,450
20	0,815	**40**	5,027	**70**	9,306	**90**	13,518
25	0,849	**50**	5,095	**75**	9,340	**20,00**	13,586
30	0,883	**60**	5,163	**80**	9,374	**20**	13,722
40	0,951	**70**	5,231	**90**	9,442	**40**	13,858
50	1,019	**75**	5,265	**14,00**	9,510	**50**	13,926
60	1,087	**80**	5,298	**10**	9,578	**60**	13,994
70	1,155	**90**	5,366	**20**	9,646	**80**	14,129
75	1,189	**8,00**	5,434	**25**	9,680	**21,00**	14,265
80	1,223	**10**	5,502	**30**	9,714	**20**	14,401
90	1,291	**20**	5,570	**40**	9,782	**40**	14,537
2,00	1,359	**25**	5,604	**50**	9,850	**50**	14,605
10	1,427	**30**	5,638	**60**	9,918	**60**	14,673
20	1,494	**40**	5,706	**70**	9,986	**80**	14,809
25	1,528	**50**	5,774	**75**	10,020	**22,00**	14,945
30	1,562	**60**	5,842	**80**	10,054	**20**	15,081
40	1,630	**70**	5,910	**90**	10,122	**40**	15,216
50	1,698	**75**	5,944	**15,00**	10,189	**50**	15,284
60	1,766	**80**	5,978	**10**	10,257	**60**	15,352
70	1,834	**90**	6,046	**20**	10,325	**80**	15,488
75	1,868	**9,00**	6,114	**25**	10,359	**23,00**	15,624
80	1,902	**10**	6,182	**30**	10,393	**20**	15,760
90	1,970	**20**	6,249	**40**	10,461	**40**	15,896
3,00	2,038	**25**	6,284	**50**	10,529	**50**	15,964
10	2,106	**30**	6,317	**60**	10,597	**60**	16,032
20	2,174	**40**	6,385	**70**	10,665	**80**	16,167
25	2,208	**50**	6,453	**75**	10,699	**24,00**	16,303
30	2,242	**60**	6,521	**80**	10,733	**20**	16,439
40	2,310	**70**	6,589	**90**	10,801	**40**	16,575
50	2,378	**75**	6,623	**16,00**	10,869	**50**	16,643
60	2,445	**80**	6,657	**10**	10,937	**60**	16,711
70	2,513	**90**	6,725	**20**	11,005	**80**	16,847
75	2,547	**10,00**	6,793	**25**	11,039	**25,00**	16,983
80	2,581	**10**	6,861	**30**	11,073	**20**	17,118
90	2,649	**20**	6,929	**40**	11,141	**40**	17,254
4,00	2,717	**25**	6,963	**50**	11,208	**50**	17,322
10	2,785	**30**	6,997	**60**	11,276	**60**	17,390
20	2,853	**40**	7,065	**70**	11,344	**80**	17,526
25	2,887	**50**	7,133	**75**	11,378	**26,00**	17,662
30	2,921	**60**	7,201	**80**	11,412	**20**	17,798
40	2,989	**70**	7,269	**90**	11,480	**40**	17,934
50	3,057	**75**	7,303	**17,00**	11,548	**50**	18,002
60	3,125	**80**	7,336	**10**	11,616	**60**	18,069
70	3,193	**90**	7,404	**20**	11,684	**80**	18,205
75	3,227	**11,00**	7,472	**25**	11,718	**27,00**	18,341
80	3,261	**10**	7,540	**30**	11,752	**20**	18,477
90	3,329	**20**	7,608	**40**	11,820	**40**	18,613
5,00	3,396	**25**	7,642	**50**	11,888	**50**	18,681
10	3,464	**30**	7,676	**60**	11,956	**60**	18,749
20	3,532	**40**	7,744	**70**	12,024	**80**	18,885
25	3,566	**50**	7,812	**75**	12,058	**28,00**	19,020
30	3,600	**60**	7,880	**80**	12,092	**20**	19,156
40	3,668	**70**	7,948	**90**	12,160	**40**	19,292
50	3,736	**75**	7,982	**18,00**	12,227	**50**	19,360
60	3,804	**80**	8,016	**10**	12,295	**60**	19,428
70	3,872	**90**	8,084	**20**	12,363	**80**	19,564
75	3,906	**12,00**	8,151	**25**	12,397	**29,00**	19,700
80	3,940	**10**	8,220	**30**	12,431	**20**	19,836
90	4,008	**20**	8,288	**40**	12,499	**40**	19,971
6,00	4,076	**25**	8,321	**50**	12,567	**50**	20,039
10	4,144	**30**	8,355	**60**	12,635	**60**	20,107
20	4,212	**40**	8,423	**70**	12,703	**80**	20,243
25	4,246	**50**	8,491	**75**	12,737	**30,00**	20,379

Mittendurchmesser 94 cm = 295,3 Mittenumfang

Lg. m	cbm	Lg. m	cbm	Lg. m	cbm	Lg. m	cbm
0,10	0,069	**6,30**	4,372	**12,60**	8,744	**18,80**	13,047
20	0,139	**40**	4,441	**70**	8,814	**90**	13,117
25	0,174	**50**	4,511	**75**	8,849	**19,00**	13,186
30	0,208	**60**	4,580	**80**	8,883	**10**	13,255
40	0,278	**70**	4,650	**90**	8,953	**20**	13,325
50	0,347	**75**	4,685	**13,00**	9,022	**25**	13,360
60	0,416	**80**	4,719	**10**	9,091	**30**	13,394
70	0,486	**90**	4,788	**20**	9,161	**40**	13,464
75	0,521	**7,00**	4,858	**25**	9,196	**50**	13,533
80	0,555	**10**	4,927	**30**	9,230	**60**	13,602
90	0,625	**20**	4,997	**40**	9,300	**70**	13,672
1,00	0,694	**25**	5,032	**50**	9,369	**75**	13,706
10	0,763	**30**	5,066	**60**	9,438	**80**	13,741
20	0,833	**40**	5,135	**70**	9,508	**90**	13,811
25	0,868	**50**	5,205	**75**	9,543	**20,00**	13,880
30	0,902	**60**	5,274	**80**	9,577	**20**	14,019
40	0,972	**70**	5,344	**90**	9,647	**40**	14,158
50	1,041	**75**	5,379	**14,00**	9,716	**50**	14,227
60	1,110	**80**	5,413	**10**	9,785	**60**	14,296
70	1,180	**90**	5,482	**20**	9,855	**80**	14,435
75	1,215	**8,00**	5,552	**25**	9,890	**21,00**	14,574
80	1,249	**10**	5,621	**30**	9,924	**20**	14,723
90	1,319	**20**	5,691	**40**	9,994	**40**	14,852
2,00	1,388	**25**	5,726	**50**	10,063	**50**	14,921
10	1,457	**30**	5,760	**60**	10,132	**60**	14,990
20	1,527	**40**	5,829	**70**	10,202	**80**	15,129
25	1,562	**50**	5,899	**75**	10,237	**22,00**	15,268
30	1,596	**60**	5,968	**80**	10,271	**20**	15,407
40	1,666	**70**	6,038	**90**	10,341	**40**	15,546
50	1,735	**75**	6,073	**15,00**	10,410	**50**	15,615
60	1,804	**80**	6,107	**10**	10,479	**60**	15,684
70	1,874	**90**	6,176	**20**	10,549	**80**	15,823
75	1,909	**9,00**	6,246	**25**	10,584	**23,00**	15,962
80	1,943	**10**	6,315	**30**	10,618	**20**	16,101
90	2,013	**20**	6,385	**40**	10,688	**40**	16,240
3,00	2,082	**25**	6,420	**50**	10,757	**50**	16,309
10	2,151	**30**	6,454	**60**	10,826	**60**	16,378
20	2,221	**40**	6,523	**70**	10,896	**80**	16,517
25	2,256	**50**	6,593	**75**	10,931	**24,00**	16,656
30	2,290	**60**	6,662	**80**	10,965	**20**	16,795
40	2,360	**70**	6,732	**90**	11,035	**40**	16,934
50	2,429	**75**	6,767	**16,00**	11,104	**50**	17,003
60	2,498	**80**	6,801	**10**	11,173	**60**	17,072
70	2,568	**90**	6,870	**20**	11,243	**80**	17,211
75	2,603	**10,00**	6,940	**25**	11,278	**25,00**	17,350
80	2,637	**10**	7,009	**30**	11,312	**20**	17,489
90	2,707	**20**	7,078	**40**	11,382	**40**	17,628
4,00	2,776	**25**	7,114	**50**	11,451	**50**	17,697
10	2,845	**30**	7,148	**60**	11,520	**60**	17,766
20	2,915	**40**	7,218	**70**	11,590	**80**	17,905
25	2,950	**50**	7,287	**75**	11,625	**26,00**	18,044
30	2,984	**60**	7,356	**80**	11,659	**20**	18,183
40	3,054	**70**	7,426	**90**	11,729	**40**	18,322
50	3,123	**75**	7,461	**17,00**	11,798	**50**	18,391
60	3,192	**80**	7,495	**10**	11,867	**60**	18,460
70	3,262	**90**	7,565	**20**	11,937	**80**	18,599
75	3,297	**11,00**	7,634	**25**	11,972	**27,00**	18,738
80	3,331	**10**	7,703	**30**	12,006	**20**	18,877
90	3,400	**20**	7,773	**40**	12,076	**40**	19,016
5,00	3,470	**25**	7,808	**50**	12,145	**50**	19,085
10	3,539	**30**	7,842	**60**	12,214	**60**	19,154
20	3,609	**40**	7,912	**70**	12,284	**80**	19,293
25	3,644	**50**	7,981	**75**	12,319	**28,00**	19,432
30	3,678	**60**	8,050	**80**	12,353	**20**	19,571
40	3,747	**70**	8,120	**90**	12,423	**40**	19,710
50	3,817	**75**	8,155	**18,00**	12,492	**50**	19,779
60	3,886	**80**	8,189	**10**	12,561	**60**	19,848
70	3,956	**90**	8,259	**20**	12,631	**80**	19,987
75	3,991	**12,00**	8,328	**25**	12,666	**29,00**	20,126
80	4,025	**10**	8,397	**30**	12,700	**20**	20,265
90	4,094	**20**	8,467	**40**	12,770	**40**	20,404
6,00	4,164	**25**	8,502	**50**	12,839	**50**	20,473
10	4,233	**30**	8,536	**60**	12,908	**60**	20,542
20	4,303	**40**	8,606	**70**	12,978	**80**	20,681
25	4,338	**50**	8,675	**75**	13,013	**30,00**	20,820

Mittendurchmesser 95 cm = 298,5 Mittenumfang

Lg. m	cbm	Lg. m	cbm	Lg. m	cbm	Lg. m	cbm
0,10	0,071	6,30	4,466	12,60	8,931	18,80	13,325
20	0,142	40	4,536	70	9,002	90	13,396
25	0,177	50	4,607	75	9,037	19,00	13,468
30	0,213	60	4,678	80	9,073	10	13,538
40	0,284	70	4,749	90	9,144	20	13,609
50	0,354	75	4,784	13,00	9,215	25	13,644
60	0,425	80	4,820	10	9,285	30	13,680
70	0,496	90	4,891	20	9,356	40	13,751
75	0,532	7,00	4,962	25	9,392	50	13,822
80	0,567	10	5,033	30	9,427	60	13,893
90	0,638	20	5,104	40	9,498	70	13,963
1,00	0,709	25	5,139	50	9,569	75	13,999
10	0,780	30	5,174	60	9,640	80	14,034
20	0,851	40	5,245	70	9,711	90	14,105
25	0,886	50	5,316	75	9,746	20,00	14,176
30	0,921	60	5,387	80	9,781	20	14,318
40	0,992	70	5,458	90	9,852	40	14,459
50	1,063	75	5,493	14,00	9,924	50	14,530
60	1,134	80	5,529	10	9,994	60	14,601
70	1,205	90	5,600	20	10,065	80	14,743
75	1,240	8,00	5,671	25	10,100	21,00	14,885
80	1,276	10	5,741	30	10,136	20	15,027
90	1,347	20	5,812	40	10,207	40	15,168
2,00	1,418	25	5,848	50	10,278	50	15,239
10	1,489	30	5,883	60	10,349	60	15,310
20	1,559	40	5,954	70	10,419	80	15,452
25	1,595	50	6,025	75	10,455	22,00	15,594
30	1,630	60	6,096	80	10,490	20	15,735
40	1,701	70	6,167	90	10,561	40	15,877
50	1,772	75	6,202	15,00	10,632	50	15,948
60	1,843	80	6,238	10	10,703	60	16,019
70	1,914	90	6,309	20	10,774	80	16,161
75	1,949	9,00	6,379	25	10,809	23,00	16,302
80	1,985	10	6,450	30	10,845	20	16,444
90	2,056	20	6,521	40	10,916	40	16,586
3,00	2,126	25	6,556	50	10,987	50	16,657
10	2,197	30	6,592	60	11,057	60	16,728
20	2,268	40	6,663	70	11,128	80	16,869
25	2,304	50	6,734	75	11,164	24,00	17,011
30	2,339	60	6,805	80	11,199	20	17,153
40	2,410	70	6,876	90	11,270	40	17,295
50	2,481	75	6,911	16,00	11,341	50	17,366
60	2,552	80	6,946	10	11,412	60	17,437
70	2,623	90	7,017	20	11,483	80	17,578
75	2,658	10,00	7,088	25	11,518	25,00	17,720
80	2,694	10	7,159	30	11,553	20	17,862
90	2,764	20	7,230	40	11,624	40	18,004
4,00	2,835	25	7,265	50	11,696	50	18,074
10	2,906	30	7,301	60	11,766	60	18,145
20	2,977	40	7,372	70	11,837	80	18,287
25	3,012	50	7,443	75	11,872	26,00	18,429
30	3,048	60	7,513	80	11,908	20	18,571
40	3,119	70	7,584	90	11,979	40	18,712
50	3,190	75	7,620	17,00	12,050	50	14,783
60	3,261	80	7,655	10	12,121	60	18,854
70	3,331	90	7,726	20	12,191	80	18,996
75	3,367	11,00	7,797	25	12,227	27,00	19,138
80	3,402	10	7,868	30	12,262	20	19,279
90	3,473	20	7,939	40	12,333	40	19,421
5,00	3,544	25	7,974	50	12,404	50	19,492
10	3,615	30	8,009	60	12,475	60	19,563
20	3,686	40	8,080	70	12,546	80	19,705
25	3,721	50	8,151	75	12,581	28,00	19,846
30	3,757	60	8,222	80	12,617	20	19,988
40	3,828	70	8,293	90	12,688	40	20,139
50	3,899	75	8,328	18,00	12,759	50	20,201
60	3,969	80	8,364	10	12,829	60	20,272
70	4,040	90	8,435	20	12,900	80	20,413
75	4,076	12,00	8,506	25	12,936	29,00	20,555
80	4,111	10	8,577	30	12,971	20	20,697
90	4,182	20	8,647	40	13,042	40	20,839
6,00	4,253	25	8,683	50	13,113	50	20,910
10	4,324	30	8,718	60	13,184	60	20,981
20	4,395	40	8,789	70	13,255	80	21,122
25	4,430	50	8,860	75	13,290	30,00	21,264

Mittendurchmesser 96 cm = 301,6 Mittenumfang

Lg. m	cbm	Lg. m	cbm	Lg. m	cbm	Lg. m	cbm
0,10	0,072	**6,30**	4,560	**12,60**	9,120	**18,80**	13,607
20	0,145	**40**	4,632	**70**	9,192	**90**	13,680
25	0,181	**50**	4,705	**75**	9,229	**19,00**	13,753
30	0,217	**60**	4,777	**80**	9,265	**10**	13,825
40	0,290	**70**	4,850	**90**	9,337	**20**	13,897
50	0,362	**75**	4,886	**13,00**	9,410	**25**	13,933
60	0,434	**80**	4,922	**10**	9,482	**30**	13,969
70	0,507	**90**	4,994	**20**	9,554	**40**	14,042
75	0,543	**7,00**	5,067	**25**	9,590	**50**	14,115
80	0,579	**10**	5,139	**30**	9,627	**60**	14,187
90	0,651	**20**	5,212	**40**	9,699	**70**	14,259
1,00	0,724	**25**	5,248	**50**	9,772	**75**	11,296
10	0,796	**30**	5,284	**60**	9,844	**80**	14,331
20	0,869	**40**	5,356	**70**	9,916	**90**	14,404
25	0,905	**50**	5,429	**75**	9,952	**20,00**	14,476
30	0,941	**60**	5,501	**80**	9,988	**20**	14,621
40	1,013	**70**	5,573	**90**	10,061	**40**	14,766
50	1,086	**75**	5,610	**14,00**	10,134	**50**	14,838
60	1,158	**80**	5,646	**10**	10,206	**60**	14,910
70	1,231	**90**	5,718	**20**	10,278	**80**	15,055
75	1,267	**8,00**	5,791	**25**	10,314	**21,00**	15,200
80	1,303	**10**	5,863	**30**	10,350	**20**	15,345
90	1,375	**20**	5,935	**40**	10,423	**40**	15,489
2,00	1,448	**25**	5,971	**50**	10,495	**50**	15,562
10	1,520	**30**	6,008	**60**	10,568	**60**	15,634
20	1,592	**40**	6,080	**70**	10,640	**80**	15,779
25	1,629	**50**	6,153	**75**	10,676	**22,00**	15,924
30	1,665	**60**	6,225	**80**	10,712	**20**	16,068
40	1,737	**70**	6,297	**90**	10,785	**40**	16,213
50	1,810	**75**	6,333	**15,00**	10,857	**50**	16,286
60	1,882	**80**	6,370	**10**	10,929	**60**	16,358
70	1,954	**90**	6,442	**20**	11,002	**80**	16,503
75	1,991	**9,00**	6,514	**25**	11,038	**23,00**	16,647
80	2,027	**10**	6,587	**30**	11,074	**20**	16,792
90	2,099	**20**	6,659	**40**	11,147	**40**	16,937
3,00	2,171	**25**	6,695	**50**	11,219	**50**	17,009
10	2,244	**30**	6,732	**60**	11,291	**60**	17,082
20	2,316	**40**	6,804	**70**	11,364	**80**	17,226
25	2,352	**50**	6,876	**75**	11,400	**24,00**	17,371
30	2,389	**60**	6,949	**80**	11,436	**20**	17,516
40	2,461	**70**	7,021	**90**	11,508	**40**	17,661
50	2,533	**75**	7,057	**16,00**	11,581	**50**	17,733
60	2,606	**80**	7,093	**10**	11,653	**60**	17,806
70	2,678	**90**	7,166	**20**	11,726	**80**	17,950
75	2,714	**10,00**	7,238	**25**	11,762	**25,00**	18,095
80	2,751	**10**	7,310	**30**	11,798	**20**	18,240
90	2,823	**20**	7,383	**40**	11,870	**40**	18,385
4,00	2,895	**25**	7,419	**50**	11,943	**50**	18,457
10	2,968	**30**	7,455	**60**	12,015	**60**	18,529
20	3,040	**40**	7,528	**70**	12,088	**80**	18,674
25	3,076	**50**	7,600	**75**	12,124	**26,00**	18,819
30	3,112	**60**	7,672	**80**	12,160	**20**	18,964
40	3,185	**70**	7,745	**90**	12,232	**40**	19,108
50	3,257	**75**	7,781	**17,00**	12,305	**50**	19,181
60	3,330	**80**	7,817	**10**	12,377	**60**	19,253
70	3,402	**90**	7,889	**20**	12,449	**80**	19,398
75	3,438	**11,00**	7,962	**25**	12,486	**27,00**	19,543
80	3,474	**10**	8,034	**30**	12,522	**20**	19,687
90	3,547	**20**	8,107	**40**	12,594	**40**	19,832
5,00	3,619	**25**	8,143	**50**	12,667	**50**	19,905
10	3,692	**30**	8,179	**60**	12,739	**60**	19,977
20	3,764	**40**	8,251	**70**	12,811	**80**	20,122
25	3,780	**50**	8,324	**75**	12,848	**28,00**	20,266
30	3,836	**60**	8,396	**80**	12,884	**20**	20,411
40	3,909	**70**	8,469	**90**	12,956	**40**	20,558
50	3,981	**75**	8,505	**18,00**	13,029	**50**	20,628
60	4,053	**80**	8,541	**10**	13,101	**60**	20,701
70	4,126	**90**	8,613	**20**	13,173	**80**	20,845
75	4,162	**12,00**	8,686	**25**	13,209	**29,00**	20,990
80	4,198	**10**	8,758	**30**	13,246	**20**	21,135
90	4,271	**20**	8,830	**40**	13,318	**40**	21,280
6,00	4,343	**25**	8,867	**50**	13,391	**50**	21,352
10	4,415	**30**	8,903	**60**	13,463	**60**	21,425
20	4,488	**40**	8,975	**70**	13,535	**80**	21,569
25	4,524	**50**	9,048	**75**	13,571	**30,00**	21,714

Mittendurchmesser 97 cm = 304,7 Mittenumfang

Lg. m	cbm	Lg. m	cbm	Lg. m	cbm	Lg. m	cbm
0,10	0,074	**6,30**	4,656	**12,60**	9,311	**18,80**	13,893
20	0,148	**40**	4,729	**70**	9,385	**90**	13,967
25	0,185	**50**	4,803	**75**	9,422	**19,00**	14,041
30	0,222	**60**	4,877	**80**	9,459	**10**	14,115
40	0,296	**70**	4,951	**90**	9,533	**20**	14,189
50	0,369	**75**	4,988	**13,00**	9,607	**25**	14,226
60	0,443	**80**	5,025	**10**	9,681	**30**	14,263
70	0,517	**90**	5,099	**20**	9,755	**40**	14,337
75	0,554	**7,00**	5,173	**25**	9,792	**50**	14,410
80	0,591	**10**	5,247	**30**	9,829	**60**	14,484
90	0,665	**20**	5,321	**40**	9,903	**70**	14,558
1,00	0,739	**25**	5,358	**50**	9,976	**75**	14,595
10	0,813	**30**	5,395	**60**	10,050	**80**	14,632
20	0,887	**40**	5,468	**70**	10,124	**90**	14,706
25	0,924	**50**	5,542	**75**	10,161	**20,00**	14,780
30	0,961	**60**	5,616	**80**	10,198	**20**	14,928
40	1,035	**70**	5,690	**90**	10,272	**40**	15,076
50	1,108	**75**	5,727	**14,00**	10,346	**50**	15,150
60	1,182	**80**	5,764	**10**	10,420	**60**	15,223
70	1,256	**90**	5,838	**20**	10,494	**80**	15,371
75	1,293	**8,00**	5,912	**25**	10,531	**21,00**	15,519
80	1,330	**10**	5,986	**30**	10,568	**20**	15,667
90	1,404	**20**	6,060	**40**	10,642	**40**	15,815
2,00	1,478	**25**	6,097	**50**	10,715	**50**	15,889
10	1,552	**30**	6,134	**60**	10,789	**60**	15,962
20	1,626	**40**	6,207	**70**	10,863	**80**	16,110
25	1,662	**50**	6,281	**75**	10,900	**22,00**	16,258
30	1,700	**60**	6,355	**80**	10,937	**20**	16,406
40	1,774	**70**	6,429	**90**	11,011	**40**	16,554
50	1,847	**75**	6,466	**15,00**	11,085	**50**	16,628
60	1,921	**80**	6,503	**10**	11,159	**60**	16,701
70	1,995	**90**	6,577	**20**	11,233	**80**	16,849
75	2,032	**9,00**	6,651	**25**	11,270	**23,00**	16,997
80	2,069	**10**	6,725	**30**	11,307	**20**	17,145
90	2,143	**20**	6,799	**40**	11,381	**40**	17,293
3,00	2,217	**25**	6,836	**50**	11,454	**50**	17,367
10	2,291	**30**	6,873	**60**	11,528	**60**	17,440
20	2,365	**40**	6,946	**70**	11,602	**80**	17,588
25	2,402	**50**	7,020	**75**	11,639	**24,00**	17,736
30	2,439	**60**	7,094	**80**	11,676	**20**	17,884
40	2,513	**70**	7,168	**90**	11,750	**40**	18,032
50	2,586	**75**	7,205	**16,00**	11,824	**50**	18,106
60	2,660	**80**	7,242	**10**	11,898	**60**	18,179
70	2,734	**90**	7,316	**20**	11,972	**80**	18,327
75	2,771	**10,00**	7,390	**25**	12,009	**25,00**	18,475
80	2,808	**10**	7,464	**30**	12,046	**20**	18,623
90	2,882	**20**	7,538	**40**	12,120	**40**	18,771
4,00	2,956	**25**	7,575	**50**	12,193	**50**	18,845
10	3,030	**30**	7,612	**60**	12,267	**60**	18,918
20	3,104	**40**	7,686	**70**	12,341	**80**	19,066
25	3,141	**50**	7,759	**75**	12,378	**26,00**	19,214
30	3,178	**60**	7,833	**80**	12,415	**20**	19,362
40	3,252	**70**	7,907	**90**	12,489	**40**	19,510
50	3,325	**75**	7,944	**17,00**	12,563	**50**	19,584
60	3,399	**80**	7,981	**10**	12,637	**60**	19,657
70	3,473	**90**	8,055	**20**	12,711	**80**	19,805
75	3,510	**11,00**	8,129	**25**	12,748	**27,00**	19,953
80	3,547	**10**	8,203	**30**	12,785	**20**	20,101
90	3,621	**20**	8,277	**40**	12,859	**40**	20,249
5,00	3,695	**25**	8,314	**50**	12,932	**50**	20,323
10	3,769	**30**	8,351	**60**	13,006	**60**	20,396
20	3,843	**40**	8,425	**70**	13,080	**80**	20,544
25	3,880	**50**	8,498	**75**	13,117	**28,00**	20,692
30	3,917	**60**	8,572	**80**	13,154	**20**	20,840
40	3,991	**70**	8,646	**90**	13,228	**40**	20,988
50	4,064	**75**	8,683	**18,00**	13,302	**50**	21,062
60	4,138	**80**	8,720	**10**	13,376	**60**	21,135
70	4,212	**90**	8,794	**20**	13,450	**80**	21,283
75	4,249	**12,00**	8,868	**25**	13,487	**29,00**	21,431
80	4,286	**10**	8,942	**30**	13,524	**20**	21,579
90	4,360	**20**	9,016	**40**	13,598	**40**	21,727
6,00	4,434	**25**	9,053	**50**	13,671	**50**	21,801
10	4,508	**30**	9,090	**60**	13,745	**60**	21,874
20	4,582	**40**	9,164	**70**	13,819	**80**	22,022
25	4,619	**50**	9,237	**75**	13,856	**30,00**	22,170

Mittendurchmesser 98 cm = 307,9 Mittenumfang

Lg. m	cbm	Lg. m	cbm	Lg. m	cbm	Lg. m	cbm
0,10	0,075	**6,30**	4,752	**12,60**	9,504	**18,80**	14,181
20	0,151	**40**	4,828	**70**	9,580	**90**	14,256
25	0,189	**50**	4,903	**75**	9,617	**19,00**	14,332
30	0,226	**60**	4,978	**80**	9,655	**10**	14,407
40	0,302	**70**	5,054	**90**	9,731	**20**	14,483
50	0,377	**75**	5,092	**13,00**	9,806	**25**	14,520
60	0,453	**80**	5,129	**10**	9,881	**30**	14,558
70	0,528	**90**	5,205	**20**	9,957	**40**	14,633
75	0,566	**7,00**	5,280	**25**	9,995	**50**	14,709
80	0,603	**10**	5,356	**30**	10,032	**60**	14,784
90	0,679	**20**	5,431	**40**	10,108	**70**	14,860
1,00	0,754	**25**	5,469	**50**	10,183	**75**	14,897
10	0,830	**30**	5,506	**60**	10,259	**80**	14,935
20	0,905	**40**	5,582	**70**	10,334	**90**	15,011
25	0,943	**50**	5,657	**75**	10,372	**20,00**	15,086
30	0,981	**60**	5,733	**80**	10,409	**20**	15,237
40	1,056	**70**	5,808	**90**	10,485	**40**	15,388
50	1,131	**75**	5,846	**14,00**	10,560	**50**	15,463
60	1,207	**80**	5,884	**10**	10,636	**60**	15,539
70	1,282	**90**	5,959	**20**	10,711	**80**	15,689
75	1,320	**8,00**	6,034	**25**	10,749	**21,00**	15,840
80	1,358	**10**	6,110	**30**	10,787	**20**	15,991
90	1,433	**20**	6,185	**40**	10,862	**40**	16,142
2,00	1,509	**25**	6,223	**50**	10,937	**50**	16,218
10	1,584	**30**	6,261	**60**	11,013	**60**	16,293
20	1,659	**40**	6,336	**70**	11,088	**80**	16,444
25	1,697	**50**	6,412	**75**	11,126	**22,00**	16,594
30	1,735	**60**	6,487	**80**	11,164	**20**	16,746
40	1,810	**70**	6,562	**90**	11,239	**40**	16,896
50	1,886	**75**	6,600	**15,00**	11,314	**50**	16,972
60	1,961	**80**	6,638	**10**	11,390	**60**	17,047
70	2,037	**90**	6,713	**20**	11,465	**80**	17,198
75	2,074	**9,00**	6,789	**25**	11,503	**23,00**	17,349
80	2,112	**10**	6,864	**30**	11,541	**20**	17,500
90	2,187	**20**	6,940	**40**	11,616	**40**	17,651
3,00	2,263	**25**	6,977	**50**	11,692	**50**	17,726
10	2,338	**30**	7,015	**60**	11,767	**60**	17,802
20	2,414	**40**	7,090	**70**	11,843	**80**	17,952
25	2,452	**50**	7,166	**75**	11,883	**24,00**	18,103
30	2,489	**60**	7,241	**80**	11,918	**20**	18,254
40	2,565	**70**	7,317	**90**	11,993	**40**	18,405
50	2,640	**75**	7,354	**16,00**	12,069	**50**	18,480
60	2,715	**80**	7,392	**10**	12,144	**60**	18,556
70	2,791	**90**	7,468	**20**	12,220	**80**	18,707
75	2,829	**10,00**	7,543	**25**	12,257	**25,00**	18,858
80	2,866	**10**	7,618	**30**	12,295	**20**	19,008
90	2,942	**20**	7,694	**40**	12,371	**40**	19,159
4,00	3,017	**25**	7,732	**50**	12,446	**50**	19,235
10	3,093	**30**	7,769	**60**	12,521	**60**	19,310
20	3,168	**40**	7,845	**70**	12,597	**80**	19,461
25	3,206	**50**	7,920	**75**	12,635	**26,00**	19,612
30	3,243	**60**	7,996	**80**	12,672	**20**	19,763
40	3,319	**70**	8,071	**90**	12,748	**40**	19,914
50	3,394	**75**	8,109	**17,00**	12,823	**50**	19,989
60	3,470	**80**	8,146	**10**	12,899	**60**	20,064
70	3,545	**90**	8,222	**20**	12,974	**80**	20,215
75	3,583	**11,00**	8,297	**25**	13,012	**27,00**	20,366
80	3,621	**10**	8,373	**30**	13,049	**20**	20,517
90	3,696	**20**	8,448	**40**	13,125	**40**	20,668
5,00	3,771	**25**	8,486	**50**	13,200	**50**	20,743
10	3,847	**30**	8,524	**60**	13,276	**60**	20,819
20	3,922	**40**	8,599	**70**	13,351	**80**	20,970
25	3,960	**50**	8,674	**75**	13,389	**28,00**	21,120
30	3,998	**60**	8,750	**80**	13,427	**20**	21,271
40	4,073	**70**	8,825	**90**	13,502	**40**	21,422
50	4,149	**75**	8,863	**18,00**	13,577	**50**	21,498
60	4,224	**80**	8,901	**10**	13,653	**60**	21,573
70	4,299	**90**	8,976	**20**	13,728	**80**	21,724
75	4,337	**12,00**	9,052	**25**	13,766	**29,00**	21,875
80	4,375	**10**	9,127	**30**	13,804	**20**	22,026
90	4,450	**20**	9,203	**40**	13,879	**40**	22,176
6,00	4,526	**25**	9,240	**50**	13,955	**50**	22,252
10	4,601	**30**	9,278	**60**	14,030	**60**	22,327
20	4,677	**40**	9,353	**70**	14,105	**80**	22,478
25	4,714	**50**	9,429	**75**	14,143	**30,00**	22,629

Mittendurchmesser 99 cm = 311,0 Mittenumfang

Lg. m	cbm	Lg. m	cbm	Lg. m	cbm	Lg. m	cbm
0,10	0,077	6,30	4,850	12,60	9,700	18,80	14,472
20	0,154	40	4,927	70	9,777	90	14,549
25	0,193	50	5,004	75	9,815	19,00	14,626
30	0,231	60	5,080	80	9,853	10	14,703
40	0,308	70	5,157	90	9,930	20	14,780
50	0,385	75	5,196	13,00	10,007	25	14,819
60	0,462	80	5,234	10	10,084	30	14,857
70	0,539	90	5,311	20	10,161	40	14,034
75	0,577	7,00	5,388	25	10,200	50	15,011
80	0,616	10	5,465	30	10,238	60	15,088
90	0,693	20	5,542	40	10,315	70	15,165
1,00	0,770	25	5,581	50	10,392	75	15,203
10	0,847	30	5,619	60	10,469	80	15,242
20	0,924	40	5,696	70	10,546	90	15,319
25	0,962	50	5,773	75	10,585	20,00	15,395
30	1,001	60	5,850	80	10,623	20	15,550
40	1,078	70	5,927	90	10,700	40	15,704
50	1,155	75	5,966	14,00	10,777	50	15,781
60	1,232	80	6,004	10	10,854	60	15,858
70	1,309	90	6,081	20	10,931	80	16,012
75	1,347	8,00	6,158	25	10,970	21,00	16,166
80	1,386	10	6,235	30	11,008	20	16,320
90	1,463	20	6,312	40	11,085	40	16,474
2,00	1,540	25	6,351	50	11,162	50	16,551
10	1,617	30	6,389	60	11,239	60	16,628
20	1,693	40	6,466	70	11,316	80	16,782
25	1,732	50	6,543	75	11,355	22,00	16,936
30	1,770	60	6,620	80	11,393	20	17,090
40	1,847	70	6,697	90	11,470	40	17,244
50	1,924	75	6,736	15,00	11,547	50	17,321
60	2,001	80	6,774	10	11,624	60	17,398
70	2,078	90	6,851	20	11,701	80	17,551
75	2,117	9,00	6,928	25	11,740	23,00	17,705
80	2,155	10	7,005	30	11,778	20	17,859
90	2,232	20	7,082	40	11,855	40	18,013
3,00	2,309	25	7,121	50	11,931	50	18,090
10	2,386	30	7,159	60	12,009	60	18,167
20	2,463	40	7,236	70	12,086	80	18,321
25	2,502	50	7,313	75	12,124	24,00	18,475
30	2,540	60	7,390	80	12,163	20	18,629
40	2,617	70	7,467	90	12,240	40	18,783
50	2,694	75	7,506	16,00	12,316	50	18,860
60	2,771	80	7,544	10	12,394	60	18,937
70	2,848	90	7,621	20	12,471	80	19,091
75	2,887	10,00	7,698	25	12,509	25,00	19,245
80	2,925	10	7,775	30	12,548	20	19,399
90	3,002	20	7,852	40	12,625	40	19,553
4,00	3,079	25	7,891	50	12,701	50	19,630
10	3,156	30	7,929	60	12,779	60	19,707
20	3,233	40	8,006	70	12,856	80	19,861
25	3,272	50	8,083	75	12,894	26,00	20,015
30	3,310	60	8,160	80	12,933	20	20,169
40	3,387	70	8,237	90	13,010	40	20,323
50	3,464	75	8,275	17,00	13,086	50	20,400
60	3,541	80	8,314	10	13,164	60	20,477
70	3,618	90	8,391	20	13,241	80	20,631
75	3,657	11,00	8,467	25	13,279	27,00	20,785
80	3,695	10	8,545	30	13,318	20	20,939
90	3,772	20	8,622	40	13,395	40	21,093
5,00	3,849	25	8,660	50	13,471	50	21,170
10	3,926	30	8,699	60	13,549	60	21,247
20	4,003	40	8,776	70	13,626	80	21,400
25	4,041	50	8,852	75	13,664	28,00	21,554
30	4,080	60	8,930	80	13,702	20	21,708
40	4,157	70	9,007	90	13,779	40	21,862
50	4,234	75	9,045	18,00	13,856	50	21,939
60	4,311	80	9,084	10	13,933	60	22,016
70	4,388	90	9,161	20	14,010	80	22,170
75	4,426	12,00	9,237	25	14,049	29,00	22,324
80	4,405	10	9,315	30	14,087	20	22,478
90	4,542	20	9,392	40	14,164	40	22,632
6,00	4,619	25	9,430	50	14,241	50	22,709
10	4,696	30	9,469	60	14,318	60	22,786
20	4,773	40	9,546	70	14,395	80	22,940
25	4,811	50	9,622	75	14,434	30,00	23,094

Mittendurchmesser 100 cm = 314,2 Mittenumfang

Lg. m	cbm	Lg. m	cbm	Lg. m	cbm	Lg. m	cbm
0,10	0,079	6,30	4,948	12,60	9,896	18,80	14,766
20	0,157	40	5,027	70	9,975	90	14,844
25	0,196	50	5,105	75	10,014	19,00	14,923
30	0,236	60	5,184	80	10,053	10	15,001
40	0,314	70	5,262	90	10,132	20	15,080
50	0,393	75	5,301	13,00	10,210	25	15,119
60	0,471	80	5,341	10	10,289	30	15,158
70	0,550	90	5,419	20	10,367	40	15,237
75	0,589	7,00	5,498	25	10,407	50	15,315
80	0,628	10	5,576	30	10,446	60	15,394
90	0,707	20	5,655	40	10,524	70	15,472
1,00	0,785	25	5,694	50	10,603	75	15,512
10	0,864	30	5,733	60	10,681	80	15,551
20	0,942	40	5,812	70	10,760	90	15,630
25	0,982	50	5,890	75	10,799	20,00	15,708
30	1,021	60	5,969	80	10,839	20	15,865
40	1,100	70	6,048	90	10,917	40	16,022
50	1,178	75	6,087	14,00	10,996	50	16,101
60	1,257	80	6,126	10	11,074	60	16,179
70	1,335	90	6,205	20	11,153	80	16,336
75	1,375	8,00	6,283	25	11,192	21,00	16,493
80	1,414	10	6,362	30	11,231	20	16,651
90	1,492	20	6,440	40	11,310	40	16,808
2,00	1,571	25	6,480	50	11,388	50	16,886
10	1,649	30	6,519	60	11,467	60	16,965
20	1,728	40	6,597	70	11,545	80	17,122
25	1,767	50	6,676	75	11,585	22,00	17,279
30	1,806	60	6,754	80	11,624	20	17,436
40	1,885	70	6,833	90	11,703	40	17,593
50	1,963	75	6,872	15,00	11,781	50	17,672
60	2,042	80	6,912	10	11,860	60	17,750
70	2,121	90	6,990	20	11,938	80	17,907
75	2,160	9,00	7,069	25	11,977	23,00	18,064
80	2,199	10	7,147	30	12,017	20	18,221
90	2,278	20	7,226	40	12,095	40	18,378
3,00	2,356	25	7,265	50	12,174	50	18,457
10	2,435	30	7,304	60	12,252	60	18,535
20	2,513	40	7,383	70	12,331	80	18,693
25	2,553	50	7,461	75	12,370	24,00	18,850
30	2,592	60	7,540	80	12,409	20	19,007
40	2,670	70	7,618	90	12,488	40	19,164
50	2,749	75	7,638	16,00	12,566	50	19,242
60	2,827	80	7,697	10	12,645	60	19,321
70	2,906	90	7,775	20	12,724	80	19,478
75	2,945	10,00	7,854	25	12,763	25,00	19,635
80	2,985	10	7,933	30	12,802	20	19,792
90	3,063	20	8,011	40	12,881	40	19,949
4,00	3,142	25	8,050	50	12,959	50	20,028
10	3,220	30	8,090	60	13,038	60	20,106
20	3,299	40	8,168	70	13,116	80	20,263
25	3,338	50	8,247	75	13,156	26,00	20,420
30	3,377	60	8,325	80	13,195	20	20,578
40	3,456	70	8,404	90	13,273	40	20,735
50	3,534	75	8,443	17,00	13,352	50	20,813
60	3,613	80	8,482	10	13,430	60	20,892
70	3,691	90	8,561	20	13,509	80	21,049
75	3,731	11,00	8,639	25	13,548	27,00	21,206
80	3,770	10	8,718	30	13,587	20	21,363
90	3,848	20	8,797	40	13,667	40	21,520
5,00	3,927	25	8,836	50	13,744	50	21,599
10	4,006	30	8,875	60	13,823	60	21,677
20	4,084	40	8,954	70	13,902	80	21,834
25	4,123	50	9,032	75	13,941	28,00	21,991
30	4,163	60	9,111	80	13,980	20	22,148
40	4,241	70	9,189	90	14,059	40	22,305
50	4,320	75	9,229	18,00	14,137	50	22,384
60	4,398	80	9,268	10	14,216	60	22,462
70	4,477	90	9,346	20	14,294	80	22,620
75	4,516	12,00	9,425	25	14,335	29,00	22,777
80	4,555	10	9,503	30	14,373	20	22,934
90	4,634	20	9,582	40	14,451	40	23,091
6,00	4,712	25	9,621	50	14,530	50	23,169
10	4,791	30	9,660	60	14,608	60	23,248
20	4,869	40	9,739	70	14,687	80	23,405
25	4,909	50	9,818	75	14,726	30,00	23,562